JOURNAL

D'UN

VOYAGE EN CHINE

EN 1843, 1844, 1845, 1846.

MARSEILLE. — IMPRIMERIE CARNAUD, DIRIGÉE PAR BARRAS AINÉ.
Rue Saint-Ferréol, 27.

Journal D'un Voyage En Chine En 1843, 1844, 1845, 1846, Volume 2

Jules Itier

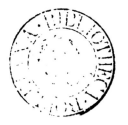

Itier Daguer. Freeman lith:

MAISON DE CAMPAGNE DE PAN TSEN CHEA,
près Canton.

JOURNAL

D'UN

VOYAGE EN CHINE

EN 1843, 1844, 1845, 1846

PAR

M. JULES ITIER

Inveni portum ; spes et fortuna valete ;
Sat me ludisti, ludite nunc alios.

A PARIS

CHEZ DAUVIN ET FONTAINE, LIBRAIRES-ÉDITEURS

35, Passages des Panoramas et Galerie de la Bourse, 1.

—

1848

JOURNAL

D'UN

VOYAGE EN CHINE

EN 1843, 1844, 1845, 1846.

⎯⎯⊶⦵⊷⎯⎯

CHAPITRE Ier.

∿∿

BREST. — TÉNÉRIFFE. — LE PASSAGE DE LA LIGNE.

❂

Brest, 16 novembre 1843.

Me voici donc au rendez-vous donné aux membres de l'ambassade envoyée en Chine. — A peine quelques mois se sont-ils écoulés depuis mon retour d'Amérique, et déjà je vais reprendre la mer, me lancer à travers son immensité. J'avais cependant juré de ne plus mettre le pied sur l'Océan ; c'était, il est vrai, par un jour de tempête et dans une position critique. Partis de la Guadeloupe avec un équipage décimé par la fièvre jaune, nous avions vu, contre l'ordinaire, s'accroître le nombre de nos malades ; il ne resta plus bientôt pour la manœuvre du trois-mâts l'*Antonin* que cinq hommes, y compris le capitaine et le second. Le vent soufflait avec violence ; la mer était affreuse ; les vagues couvraient le pont de l'avant à l'arrière comme d'un vaste linceul ; les bordages disjoints cédaient en gémissant au choc des flots ; une forte voie d'eau s'était déclarée, que nos pompes, engagées par du café en grain répandu dans la cale, ne parvenaient qu'à grand peine à franchir. Depuis notre départ, j'avais été tour-à-tour médecin, apothicaire, timonier ; mais le travail de la pompe m'avait conduit au bout de mes forces, décuplées cependant par la meilleure volonté du monde de ne pas me noyer. Dans cet instant suprême, j'avais renouvelé les plaintes et les serments de Panurge dans la tempête : *O Parques !* m'étais-je écrié, *que ne me filâtes-vous pour planteur de choux, car ils ont toujours en terre un pied, et l'autre n'en est pas loing ?* et j'avais juré par Rabelais, mon maître, de ne plus quitter le *plancher des vaches*, et me voici à la veille d'entreprendre quelque chose comme le tour du monde! Mais aussi avais-je pu compter, à mon retour, sur une mission en Chine? Et le moyen, je vous prie, de résister à l'enivrante tentation de voir de mes yeux cet étrange pays, où tout semble être en contradiction avec les idées reçues ailleurs, où la civilisation date des premiers pas de l'homme sur la terre ; contrée mystérieuse, hier encore vierge du contact de l'Europe, et qui va s'ouvrir à

notre ardente curiosité comme pour nous offrir le tableau vivant d'un passé inconnu ; immense sujet d'étude
et de méditation sur l'homme dans les diverses formes
qu'il affecte en société ; recherches bien autrement intéressantes que l'exploration monotone de ces pays sauvages et de leurs habitants en enfance , qui , dans leurs
développements incomplets , ne se distinguent les uns
des autres que par des usages bizarres ou monstrueux,
réfractaires à toute déduction philosophique.

29 novembre.

Les vents se tiennent obstinément depuis quinze
jours *dans le trou*, comme dit le marin de Brest quand
ils soufflent invariablement de l'ouest-sud-ouest. Or ,
l'art nautique n'a trouvé jusqu'ici rien de mieux à conseiller au navigateur en partance que d'attendre le plus
gaîment possible qu'il plaise aux vents de souffler dans
une autre direction ; je ne suis pas d'ailleurs de ceux
qui prétendent que Brest est une ville triste et sombre,
toujours plongée dans les brouillards , où la vie s'écoule
monotone et maussade comme tout un jour de pluie ;
mais quand cela serait , je ne pourrais qu'en rendre
grâces à la Providence qui aurait arrangé les choses de
manière à adoucir les regrets de la séparation.

Toutefois , deux circonstances neutralisaient l'effet
de cette combinaison providentielle : la présence de mon
frère , mon meilleur ami , venu jusqu'à Brest pour me
serrer la main, et l'accueil plein de cordialité que nous
avions reçu d'un ancien ami de famille , l'amiral préfet
maritime Grivel , qui nous avait donné , selon son ex-

pression hospitalière, place au feu et à la chandelle. Les dîners, les soirées et les bals se succèdent à la préfecture maritime sous la menace incessante du départ qu'un changement de vent peut à tout instant décider; nous avons de fréquentes alertes dont l'effet est de compléter notre installation à bord de la frégate la *Syrène*. La chambre que j'y occupe est à babord dans le carré du commandant; c'est une espèce de boîte de dix pieds de longueur sur sept pieds de largeur et cinq et demi de hauteur; on a trouvé le moyen d'y faire entrer une commode, une table, un secrétaire et deux chaises; un moelleux tapis couvre le plancher; une glace, en complétant cet élégant ameublement, contribue à donner à ma chambre l'aspect d'un mystérieux boudoir qu'éclaire le jour douteux d'un sabord. Et mon lit! j'oubliais d'en parler; nous l'occupons, un canon de trente et moi. Ce rude camarade de lit a choisi heureusement sa place au dessous de la mienne, un léger matelas nous sépare, et vienne le roulis, je suis, grâces aux cordes qui le fixent au plancher, à l'abri de la brutalité de ses étreintes; c'est que nous ne roulerions pas impunément dans les bras l'un de l'autre!

11 décembre.

Partons-nous? — Telle est la question de chaque matin; les vents qui sont dans le trou depuis trois semaines, en sortiront demain peut-être; cette vie d'incertitude n'est pas sans charmes; on vit au jour le jour, sans projet, saisissant le plaisir au passage, on ne pense à rien et cela repose après avoir pensé à tout.

Il est six heures du matin ; les vents sont favorables ; déjà le signal du départ est donné, chacun se hâte de courir à bord. Poussée par une faible brise, notre frégate semble s'éloigner à regret ; les courants la drossent à la côte, mais le coup-d'œil exercé du commandant Charner a jugé la position : en un instant toutes les chaloupes sont à la mer, remorquant la frégate jusqu'au goulet qui est bientôt franchi. La mer semble s'être faite belle et douce pour encourager les premiers pas de cette jeunesse brillante, ornement de la légation. Groupés sur la dunette, et les regards fixés vers les phares de Saint-Mathieu et d'Ouessant qui se dessinent à l'horizon, mes compagnons semblent, dans leur recueillement silencieux, exhaler une dernière pensée d'amour pour la France. La corvette la *Victorieuse*, qui voyage de conserve avec la frégate, occupe sa place derrière nous, à quelques encâblures.

La vigie a signalé au point du jour l'île de Ténériffe ; son pic couvert de neiges éternelles est à moitié caché dans les brouillards ; quinze lieues nous en séparent à peine, et avec la brise qui nous pousse, nous serons devant Santa-Cruz avant midi. Je me hâte de faire tous mes préparatifs d'exploration : en avant les souliers ferrés, le bâton de montagne, ma boussole, mes marteaux et mes cartes. Il est onze heures, j'entends la chaîne de l'ancre qui se déroule. Cette fois, peut-être, mes espérances ne seront point trompées. Il y a environ un an , à pareille époque, je suis venu, hélas ! aussi près sans prendre terre ; j'avais, comme aujourd'hui, sous les yeux ces lignes de maisons blanches et ces deux *miradores* qui en rompent l'uniformité , et ces masses de roches basaltiques , dont les flancs abruptes plongent dans la mer. La présence du prince de Joinville à bord de la *Belle-Poule* paralysa le projet qu'avait conçu le commandant de notre frégate de s'y arrêter. Nous dûmes nous borner à une visite au prince , visite qui , soit dit en passant, me valut certain quarteau de Malvoisie, dont je ne débouche jamais une bouteille sans penser à quelle habile négociation j'en suis redevable [1].

---

[1] Les ordres dont notre commandant était porteur ne disaient mot de la relâche de Ténériffe, mais l'île produit de bon vin , et nos officiers avaient compté là-dessus pour remplir leurs caissons dégarnis : nous laissions donc courir sur Santa-Cruz , lorsque la vigie signala en rade deux navires de guerre français, dans lesquels on ne tarda pas à reconnaître la *Belle-Poule* que montait le prince de Joinville, et sa conserve. Il n'était plus temps de changer de direction ; force fut donc de rallier la *Belle-Poule*, mais il fut convenu qu'on s'était dérangé de sa route pour rendre ses devoirs au prince, et non pour prendre du vin ; cela bien entendu, nous fûmes directement à son bord. Le prince était dans la dunette, entouré de cartes et de livres ; il nous accueillit de la manière la plus aimable, des siéges nous furent offerts par lui avec une dignité toute gracieuse. Mais, fort préoccupé à l'endroit de son vin, et dans l'impossibilité de passer si rapidement d'un ordre d'idées à un autre, notre brave commandant avait perdu contenance ; un instant avait suffi pour donner à ce vieux loup de mer, à ce hardi marin que ni les fureurs de la tempête, ni le feu de l'ennemi n'avaient jamais fait sourciller, la timidité maladroite d'un campaguard : « Mon prince,

Le port de Santa-Cruz n'est qu'une mauvaise rade foraine battue par les vents. La houle soulevait avec violence le canot préparé pour nous conduire à terre

s'était-il écrié bien haut en entrant, comme pour se donner de l'assurance, nous avons laissé votre père et votre mère en bonne santé.» Puis, comme si ce brillant début avait épuisé tout le répertoire des phrases de cour de notre vieux marin, il se refusa opiniâtrement à s'asseoir, et se dandinant sur ses jambes, non sans pétrir son chapeau dans ses mains, il annonça qu'il allait voir le second du bord qu'on lui avait dit être indisposé ; les instances du prince pour le retenir furent inutiles, nous restâmes donc à causer sans lui. Quelques minutes s'étaient à peine écoulées, que la porte s'ouvrit brusquement : « Allons, messiers, il nous faut partir », s'écria le commandant, du seuil même de la porte. Le prince ne put tenir son sérieux contre cette nouvelle façon à la Jean-Bart ; de notre côté, nous étouffions d'envie de rire. « —Mais vous êtes l'homme le plus pressé de la terre, lui dit le prince en riant, on n'a réellement pas le temps de vous entrevoir » ; et il se dirigea avec une politesse charmante jusqu'à l'échelle de tribord. Le commandant l'avait suivi dans une préoccupation d'esprit qui tenait du somnambulisme ; déjà il saisissait machinalement la tireveille, lorsque se retournant brusquement, comme un homme qui n'est plus maître de son idée : «Ah! mon prince, s'écria-t-il, j'oubliais de vous dire que ces messieurs ont le plus grand désir d'avoir du vin de Ténériffe, est-ce que vous ne pourriez pas vous charger de leur en acheter et à moi aussi par la même occasion ? » Cette proposition ébouriffante fit éclater l'hilarité générale ; le prince de Joinville ne put s'en défendre : « Prenez note, monsieur, dit-il à l'un de ses aides-de-camp, de la commission du commandant. » Celui-ci n'était pas parfaitement sûr de s'être conformé aux règles sévères de l'étiquette, mais il avait ri avec tout le monde sans trop en rechercher le motif, et sa figure avait contracté, en remerciant le prince, cette expression de haute satisfaction que l'on éprouve lorsqu'on est parvenu à résoudre un problème dont les données incohérentes ont longtemps fait bouillonner le cerveau.

et menaçait de le briser contre les flancs du navire ; ce danger parut un jeu pour Mme *** ; elle s'élança la première avec résolution en tendant gracieusement la main à son mari comme pour l'encourager à l'imiter. Voilà, dis-je à mon voisin, une dame fort embarrassante en voyage pour les poltrons ; et je me jetai dans la barque, honteux de n'avoir pas tout d'abord trouvé la mer magnifique.

On nous avait arrêté des chambres à la *fonda* Guérin, située sur la place de l'Almeïda : c'est l'auberge française. Dernier débris de la colonne de prisonniers de guerre français déportés en 1809 aux Canaries, ce Guérin s'y est trouvé fixé par les doux nœuds du mariage, et aujourd'hui, sous cette peau noircie par le soleil, sous cet air ahuri et dans ces allures de mastodonte, qui reconnaîtrait le brillant voltigeur d'autrefois, le soldat de Napoléon, à qui les Espagnols avaient rendu des armes lors de l'attaque de Ténériffe par les Anglais, et dont la vaillance contribua à sauver l'île des mains de ces éternels ennemis de la France et de l'Espagne ? Est-il possible qu'un homme, qu'un enfant de la Touraine soit susceptible de se déformer à ce point ! *Quantùm mutatus !* s'était écrié, en le voyant, son compatriote, M. de Ferrière.

On célèbre aujourd'hui à Santa-Cruz la seconde fête de Noël. Les autorités ont choisi ce grand jour pour faire renouveler aux troupes le serment de fidélité ; la garnison est réunie sur la place de l'Almeïda où s'élève la pierre de la Constitution. Une tenue soignée est de rigueur : les soldats n'ont pas tous leurs culottes dé-

chirées, ni leurs souliers troués ; les rues d'ailleurs
sont pavoisées et la population s'agite dans tous ses
atours ; seulement quelques boutiques se sont rou-
vertes à la nouvelle de l'arrivée en rade des bâtiments
de guerre français : c'est qu'à Santa-Cruz on attend les
acheteurs comme l'araignée guette la mouche, et nous
ne tardons pas à devenir la proie de cette population
de pillards ; on dirait vraiment que le droit de naufrage
n'a subi ici qu'une modification dans son exercice. On
vous demande un prix fabuleux des moindres choses.
Changez-vous une pièce de monnaie, vous n'en recevez
que le tiers, grâce à un système monétaire qui s'épar-
pille et se fond, pour ainsi dire, en réaux de veillons,
réaux de plata, tostons, fisques, piécettes, quartos
et maravedis. Bien heureux si vous n'y laissez pas
avec votre argent votre mouchoir ; car on fait fort adroi-
tement le mouchoir à Santa-Cruz ; et que n'y vole-t-on
pas ? J'y ai vu disparaître jusqu'à une selle que l'un de
nous avait déposée dans sa chambre, et dont on le dé-
barrassa en plein jour pendant son dîner, parce qu'elle
s'était trouvée à la convenance d'un *monsieur* de la ville
qui l'avait vu débarquer ; il ne fallut rien moins que
l'intervention de l'autorité pour en obtenir la restitu-
tion ; encore s'était-on réservé les courroies ?

La ville de Santa-Cruz occupe le bas-fond d'une
haute vallée qui coupe transversalement la chaîne centrale de l'île de Ténériffe. Elle est bâtie assez régulièrement ; ses rues principales sont droites, garnies de trottoirs ; les maisons sont spacieuses, à un ou deux étages
seulement ; leurs toits sont en terrasse ; elles ont géné-

ralement une cour intérieure entourée d'une svelte et
grâcieuse colonnade ; une citerne destinée aux eaux
pluviales en occupe le centre ; cette eau, la seule qu'aient
les habitants pour les besoins domestiques, car les
sources se tarissent en été , est passée à travers un filtre en grès volcanique dont l'île de la Grande-Canarie
possède d'abondantes carrières ; elle sort claire , légère
et fraîche de cette pierre poreuse. Fréquemment badi-
geonnées à la chaux, les maisons sont éblouissantes de
blancheur ; aussi l'œil s'arrête-t-il plus volontiers sur la
jalousie sans cesse en mouvement, derrière laquelle une
forme féminine se laisse deviner ; parfois, deux beaux
yeux noirs, une blanche main apparaissent au travers des
barreaux ; mais vos regards ont à peine entrevu cette
gracieuse forme que déjà les barreaux mobiles se sont
rejoints ; approchez-vous alors , et vous entendrez les
rires étouffés de la coquette jeune fille , heureuse de
vous avoir pris au piége tendu à votre curiosité.

On nous servit vers cinq heures du soir un dîner dont
l'olla podrida et un plat de légumes de toutes espèces
cuits à l'eau firent presque tous les frais ; au sortir de
table , chacun de nous se mit en quête des curiosités
locales et d'émotions nouvelles. On assure que lorsque
les filles des villages situés dans les montagnes aperçoivent des vaisseaux à l'ancre , elles se hâtent de revêtir leurs plus beaux habits et de descendre à la ville
pour souhaiter la bienvenue aux étrangers , pratiquant
d'ailleurs les devoirs de l'hospitalité avec cet empressement et ce désir d'obtenir la préférence, que stimule
entre elles une concurrence illimitée. J'ignore si l'a-

mour fleurit le grabat de ces prêtresses des voluptés faciles ; mais à coup sûr il ne l'enrichit pas , car, comme
le disent les économistes , quand l'offre dépasse la demande, la marchandise n'a plus de prix. Tout en réflé-
chissant sur les souvenirs que se préparaient quelques-uns de nos compagnons , je rentrai à l'hôtel
Guérin où l'on m'avait réservé un lit propre et que
jamais, m'assurait-on, punaise n'avait souillé ; j'étais à
peine couché que je me sentis assailli par une myriade
de ces affreuses bêtes, qui me chassèrent d'abord de
mon lit, puis de ma chaise , et enfin de la table où je
m'étais réfugié. Chaque fente de la cloison engendrait
son essaim ; il me fallut chercher un abri sur la fenêtre ,
où , bercé par les délicieuses sérénades qui s'échappaient incessamment d'une masse confuse d'hommes
et de femmes groupés sur les bancs de la place de la
Constitution , je passai la nuit dans un état de demi-
sommeil qui me permettait de suivre confusément tantôt les chants graves et lents d'un hymne à la Vierge ,
tantôt les accents d'amour d'un bolero aux vives allures.

27 décembre.

Tous mes compagnons ont été comme moi *livrés aux
bêtes* la nuit dernière ; il est 7 heures du matin , une
demi-douzaine de chevaux efflanqués sont à la porte
qui nous attendent; on débat les prix ; leur élévation
exagérée rétablit l'équilibre troublée par le bon marché
de certaines choses. Nous partons pour la Laguna ; un
chemin large et qui se déroule en lacets sur les flancs
sinueux de la montagne , nous y conduit. Il est pavé de

scories et de basalte compacte, pénétré d'augite et de péridot, arrachés sans doute aux flancs du Baranco-Secco que traverse la route et où ces roches sont en place ; des vignes en festons, des plantations de nopal et des champs de blé le bordent de droite et de gauche. Nos arriéros psalmodient en marchant leurs interminables cantilènes ; ils nous endormiraient, n'étaient nos montures, qui en s'agenouillant de temps à autre, nous maintiennent éveillés. Après deux heures de marche, les premières maisons de la ville de la Laguna s'offrent à nous ; guidés par el señor Miguel, jeune Français établi dans le pays, nous faisons notre entrée dans l'ancienne capitale de l'île. O Laguna ! qu'as-tu fait de ta splendeur passée qu'atteste encore l'architecture monumentale de tes palais et de tes riches églises ? l'herbe croît dans tes rues désertes que foule le pas lent et grave de quelques oisifs drapés dans leurs manteaux ; la lave, qui, en 1705, a comblé le port de Garachico, a donc tellement changé la face de ta fortune, qu'elle t'ait condamnée à n'être plus qu'un fantôme ! A deux lieues de tes portes s'ouvre le port de Santa-Cruz qui, en héritant du mouvement commercial de Garachico, a déplacé les intérêts de l'île et usurpé tes droits ; vous ne pouviez vivre en même temps aussi près l'une de l'autre : Santa-Cruz a absorbé la Laguna. Eternelle loi du monde qui n'accorde qu'une durée éphémère aux établissements de l'homme ! Aux ruines de Thèbes, de Memphis, de Babylone, ajoutons aujourd'hui les ruines de la Laguna et n'en parlons plus, d'autant mieux que nous traversons rapidement ce fantôme de ville. Nous entrons alors dans une belle et fertile plaine qui fut autrefois l'emplacement d'un lac et dont les parties basses sont restées marécageuses. El señor Miguel nous conduit par un joli chemin à la Fuente de los Negros ; puis, nous dirigeant au nord à travers des champs émaillés de fleurs, où serpentent mille petits ruisseaux, nous ne tardons pas à atteindre la délicieuse fontaine de N. S. de la Mercedès ; une forêt d'immenses lauriers la protège de son ombre épaisse, son eau limpide et fraîche, en s'échappant à travers les ruines d'une antique chapelle consacrée à la Vierge, donne naissance à un fort ruisseau ; tout nous convie à l'un de ces charmants repas qui marquent un lieu d'ineffaçables souvenirs ; mais hélas ! nous en étions à nos premiers pas dans la carrière des expéditions vagabondes, et personne n'avait songé aux provisions : on dut se borner à boire frais. Le désir de reconnaître le point où l'eau de la Mercedès prend sa source, nous détermina à tenter l'ascension du mont Aguiré ; ni l'épaisseur du bois où les lauriers entrelacent leurs branches, ni l'escarpement du roc ne paraissent d'abord un obstacle suffisant ; mais les mains et les genoux deviennent bientôt impuissants, il faut songer à la retraite et chercher à se frayer un autre passage ; nous parvenons cependant, en nous jetant à l'est, à gagner un sentier qui nous conduit à travers les scories basaltiques et les trachytes en décomposition, au sommet du mont Aguiré. De ce point, situé à 2868 pieds au-dessus du niveau de la mer, la vue s'étend sur les deux mers; à nos pieds, au nord, est le village de Taganana; plus loin à l'extrémité est de l'île, près de la pointe d'Anaga, on aperçoit les Roques : ce sont trois roches avancées dans la mer; au sud, les Barancos Secco et del Pasoalto offrent leurs échancrures profondes et nous permettent de voir notre belle frégate se balancer mollement dans la rade de Santa-Cruz.

Je puis, en descendant, examiner avec attention les roches volcaniques qui constituent le sol et reconnaître dans les parties inférieures, l'existence d'une couche fort étendue de tuf brun, composée de petits fragmens arrondis de laves parsemées de cristaux d'augite ; des masses puissantes de basalte compacte reposent sur ce tuf et alternent quelquefois avec lui.

Depuis la Laguna jusqu'à la pointe d'Anaga on n'observe aucun cône volcanique, mais la masse dont je viens d'indiquer la composition est traversée de part en part de filons de basalte qui forment comme des murs de refend à peu près verticaux, au milieu de ces masses poreuses qu'elles ont reliées ensemble ; ces filons, dont la direction dominante est du sud-est au nord-ouest, semblent, bien qu'ils n'aient que quelques pieds d'épaisseur, avoir imposé à la partie sud-est de l'île sa forme actuelle. Leurs têtes, qui ont résisté à l'action du temps, s'élèvent au-dessus des roches qui sont amoncelées autour d'eux et forment les points culminants de la chaîne.

En descendant sur la Laguna nous visitons plusieurs grottes creusées dans les scories et qui servent d'habitation à de pauvres familles. Plus loin, nous rencontrons des hommes occupés à râcler la surface des roches pour en détacher les lichens tinctoriaux qui les recouvrent [1].

Nous sommes en route pour gagner les hauteurs de la vallée de Taoro par la crête de montagnes formée par les monts Esperenza, Chigito, Fuente-Fria et Cuchillo ; mais don Raphaël, le chef de nos arrieros, ne se soucie pas de cette course, et fait tant et si bien, qu'au village de l'Esperenza nous rétrogradons pour suivre *el camino real* qui longe le flanc des montagnes au nord de l'île. Au moment où nous laissons le village de Tacaronte sur notre droite, nous sommes rejoints par le marquis de Calogan qui nous offre ses services de la meilleure grâce du monde ; descendant des anciens *Conquistadores* de l'île, le marquis de Calogan en est resté l'un des plus riches propriétaires ; c'est un homme fort distingué et qui a beaucoup voyagé ; sa connaissance approfondie du pays que nous parcourons, va nous être précieuse ; il accepte d'ailleurs avec empressement les fonctions de cicerone, et nous fournit, chemin faisant, une foule de

---

[1] Pendant longtemps l'île de Ténériffe a fourni au commerce *l'orseille* la plus estimée ; elle était préparée avec deux espèces de lichen (*roccella tinctoria* et *roccella fuciformis*) qui croissent spontanément à la surface des roches volcaniques constituant le sol de l'île.

Le prix de cette matière s'étant beaucoup élevé, on en a, en quelque sorte, forcé la récolte, au point d'épuiser en partie les souches, et d'arrêter la reproduction naturelle de ces lichens ; aussi cette source de revenus est-elle à peu près tarie, du moins pour quelque temps.

détails intéressants sur l'archipel des Canaries ; « c'est ici, nous dit-il, en entrant au village de la Matanza, que, lors des guerres de la conquête, eut lieu le massacre, par les guanches, d'un corps nombreux d'Espagnols sous les ordres de l'Adelantado ; de ce rocher, que vous voyez à notre gauche, les guanches, commandés par le *Mencey* Benchomo, firent rouler une grêle de pierres sur les soldats pressés dans ce défilé. La bataille d'Acentajo fut le dernier succès qu'obtinrent les guanches ; le traité de paix qui avait été conclu après cette victoire fut violé, et le roi Benchomo, enlevé par trahison, fut conduit en Europe où il mourut misérablement, après avoir été promené de villes en villes comme un objet de curiosité. Quant à ses sujets, poursuivis, traqués comme des bêtes fauves, ils ne tardèrent pas à être anéantis, et cette race guanche, si belle, si remarquable par la douceur de ses mœurs, disparut pour toujours sous le fer d'un conquérant brutal. » Notre officieux narrateur était interrompu à notre passage dans chaque village, par ces cris mille fois répétés : *un cuartillo, señor*, que poussaient une population de mendiants sortant de mauvaises huttes. Il paraît que la misère est à son comble dans ce malheureux pays qui ne peut plus nourrir ses habitants. M. de Calogan nous disait, à ce sujet, qu'il y avait de fréquentes émigrations pour l'Amérique, mais que les instincts de paresse étaient tels qu'on n'avait jusqu'ici tiré presque aucun parti de ces colons. Le Chemin-Royal que nous suivons depuis quelque temps est un véritable casse-cou dont les pentes de 25 à 30 p. % serpentent sur les coulées basaltiques qui le traversent de distance en distance ; puis, à chaque instant, il faut faire place aux convois de chameaux et de mu- lets dont les charges volumineuses s'emparent de toute la largeur de l'étroit sentier ; leurs conducteurs les sui- vent insoucieusement et sans s'émouvoir le moins du monde de nos cris de détresse et de nos imprécations.

Les villages de Vittoria et de Santa-Ursula franchis, notre cicerone nous engage à pousser jusqu'à El Puerto de l'Orotava, où nous devons trouver un bon gîte pour la nuit : « Avant d'y arriver, vous aurez, nous dit-il, à visiter sur votre route le jardin destiné à l'acclimate- ment des plantes tropicales. »

En débouchant dans la belle vallée de Taoro par le flanc de la montagne qui la borde au nord-est dans un escar- pement abrupte, nous nous dirigeons donc sur le Puerto de l'Orotava et, à 500 mètres avant d'y arriver, nous nous arrêtons au jardin botanique, si l'on peut nommer ainsi une espèce de pêle-mêle de fleurs, de légumes, d'arbustes dont la culture négligée ferait presque croire à un abandon. C'est que l'Espagne, au milieu de ses embarras financiers, a bien autre chose à faire qu'à solder le jardinier directeur de l'Orotava ; aussi, ce fonctionnaire public est-il obligé pour vivre de cultiver des légumes et des fleurs qu'il vend au marché pour quelques cuartillos.

En nous entendant parler, le bonhomme reste ébahi, ses yeux se remplissent de larmes d'attendrissement, entouré qu'il se voit de compatriotes ; il s'empresse de nous raconter son histoire et ses malheurs : « Le vin des Canaries, nous dit-il, est ma seule consolation dans l'oubli où me laisse depuis tant d'années le gouvernement espagnol : nous ne sommes pas en effet sans nous apercevoir, à ses explications légèrement incohérentes, qu'il a pris l'habitude d'y noyer ses chagrins. Toutefois, il met le plus cordial empressement à nous faire voir les plantes tropicales qu'il est parvenu à acclimater : l'arbre à pain, le goyavier, le caféyer, le muscadier nous sont successivement présentés ; puis vient la foule des plantes herbacées et des fleurs dont l'excellent botaniste estropie les noms de la façon la plus comique. Forcés à la retraite par ce débordement scientifique, nous le laissons aux prises avec l'un de nous, qui, pour protéger notre fuite, cherche à rectifier chez lui la prononciation du mot latin *corchorus*, dont notre directeur du jardin botanique a fait un *coco russe*.

Il était nuit quand nous arrivâmes à Puerto de l'Orotava où nous devions coucher. La population se pressait autour de nous en tendant la main ; c'était pitié de voir cette foule en guenilles nous poursuivant de ce chant criard : *un cuartillo, señor!* On fut obligé de refermer sur nous la porte de la fonda pour nous débarrasser de ces malheureux. Le marquis de Calogan, après nous avoir fortement recommandés aux soins de l'aubergiste, nous avait invités à passer la soirée chez lui, nous nous y présentâmes donc après diner. Toute la famille, belle et nombreuse, au type espagnol, se trouvait rassemblée au salon ; cinq jeunes filles réunies comme les fleurs d'un frais bouquet, formaient un délicieux groupe autour de leur mère ; il y avait aussi, je crois, de beaux jeunes garçons, mais qui avait

le temps de les regarder quand leurs sœurs étaient là !
On essaya de causer ; hélas que se dire !... la conversation se mourait d'inanition, la musique nous vint en
aide et l'inévitable piano se mit en frais de quelques
boléros ; puis, l'un de nous exécuta l'air national *el
tragala*, à la grande satisfaction des assistants.

Nous avions témoigné le désir de tenter l'ascension
du pic de Teyde : le marquis de Calogan s'empressa de
mander le señor don Cristoval, le meilleur guide du
pays, celui qui avait eu l'honneur de conduire au pic
son altesse le prince de Joinville ; il se chargea de nous
procurer trois chevaux et quatre hommes pour le prix
de seize douros ; mais notre départ fut renvoyé au
lendemain soir, parce qu'il nous restait à visiter la
belle vallée de Taoro ; nous y consacrâmes la journée
du 29 décembre.

Cette vallée occupe le fond d'un immense cratère
d'affaissement qui s'est ouvert en demi-cercle vers la
mer, en escarpant à l'ouest la montagne basaltique de
Tagayga, à l'est celle de Santa-Ursula, et au sud le
massif de la Cumbre ; ce cratère d'affaissement est évidemment postérieur au pic de Teyde dans la base duquel il est comme entaillé ; l'action volcanique a continué à se manifester sur ce point par l'apparition de
trois cônes isolés, plantés en ligne droite parallèlement au bord de la mer ; près de la bouche volcanique située le plus à l'ouest, se trouve le joli village de Réalejo, puis vient le Monte de los Frayles et
ensuite le Pico de las Arenas qui domine à environ 200
mètres de hauteur le Puerto del Orotava. Le courant

de lave qui s'en est échappé, constitue en partie le sol
de la ville; il a laissé dans la campagne une bande noire
dépourvue de toute végétation; la roche qui compose
cette bande n'a rien de basaltique, elle se rapproche
du trachyte qu'on observe sur le point culminant du pic
de Teyde; en la suivant jusque dans le Baranco Puerto,
on la voit s'étendre sur une espèce de tuf volcanique,
de couleur blanc jaunâtre, formé de pierre-ponce dé-
composée et qui peut seul avoir fourni les principaux
éléments de la terre végétale de l'île où il a reçu le nom
de Tosca. Ainsi la coulée du Pico de las Arenas est postérieure à la distribution de la Tosca sur la surface de
l'île; ce tuf, qui repose ordinairement sur des roches basaltiques, comme j'ai eu occasion de l'observer sur une
foule de points, semble devoir marquer l'époque d'une
modification importante dans les conditions géologiques
de la formation de Ténériffe, en traçant une ligne de
démarcation bien tranchée entre le soulèvement des
couches basaltiques qui ont donné à l'île ses principaux
reliefs, et la série des phénomènes volcaniques qui ont
succédé à cet événement fondamental.

Après avoir parcouru dans tous les sens la vallée
de Taoro, si renommée, examiné ici un cône volcanique, là une coulée de lave, rempli mes poches
et mon sac d'échantillons, je me dirigeai vers la ville
de l'Orotava, lieu du rendez-vous. Le cri habituel
des mendiants m'avertit, dès les premières maisons,
que j'entrais dans le bourg. Le marquis de Calogan
nous avait fait préparer dans son château un délicieux
rafresco; c'était dignement entendre l'hospitalité en-

vers des voyageurs qui étaient sur pied depuis le matin. C'est dans son jardin qu'est le célèbre dragonier (*Dracœna draco*), dont il est question dans les ouvrages de botanique ; nous aussi nous nous donnâmes le plaisir de constater que cet arbre, le plus gros de l'innombrable famille des palmiers, mesure réellement 14 mètres 80 de circonférence à un mètre de hauteur au-dessus du sol. On est parvenu à acclimater dans les jardins du marquis de Calogan une foule de plantes des tropiques ; j'y remarquai des goyaviers et des caféyers couverts de fruits ; tout auprès une nombreuse collection de nos fleurs d'Europe m'apportait, du sein de leurs émanations odorantes, un gracieux souvenir de la patrie absente : nos fleurs acquièrent à Ténériffe une richesse de parfums dont nous n'avons pas idée ; les roses , les violettes , les héliotropes , le jasmin , distillent, en quelque sorte, leurs essences.

La ville d'Orotava est un gros bourg qui n'a rien de remarquable. Son église , réunion bizarre de tous les ordres d'architecture, est bien construite ; on s'effraie seulement de la légèreté des colonnes de la nef, surmontées qu'elles sont d'un énorme chapiteau qui semble les écraser de sa masse pesante ; l'autel est surchargé d'ornements dorés dans le goût espagnol, c'est tout dire. Le sol de cette église est formé de dalles mobiles , donnant ouverture à de petits caveaux, où chaque famille opulente déposait naguère ses morts ; cet usage si incommode aux vivants a cessé.

Vue du Mirador du château de M. de Calogan , la vallée de Taoro déployait sous nos yeux les inépui-

sables richesses de son sol. Une source d'eau considérable, après avoir fait mouvoir un moulin à sa sortie
du flanc de la montagne, se divise en mille canaux
à travers les champs ensemencés et les vignes en festons du domaine de M. de Calogan ; sous ce ciel brûlant
toutes les cultures réclament l'arrosage, la vigne aussi
bien que les céréales, et les récoltes sont en proportion de l'eau dont on dispose.

Nous reprîmes bientôt le chemin de Puerto de l'Orotava. Je mis à profit la soirée pour visiter la ville et le
port ; ce dernier est formé d'une anse sans abri, où le
mouillage est fort mauvais; quant à la ville, construite
en grande partie sur une coulée de lave, elle offre pour
rues des casse-cous fort dangereux à parcourir à la
nuit sombre.

Il est 10 heures du soir, la lune brille d'un éclat
que n'atteint pas toujours notre pâle soleil de Bretagne ;
nos chevaux sont à la porte de l'auberge : don Cristoval, notre guide, nous promet un temps magnifique
pour notre excursion au pic de Teyde, nous partons.
S'aventurer ainsi la nuit, à travers des précipices affreux, au milieu d'une population de mendians, c'est
peu sage sans doute pour des étrangers, mais le pic
de Ténériffe vaut bien une folie.

Il est minuit, nous cheminons silencieusement à travers la vallée de Taoro ; déjà nous avons gravi les
premiers contre-forts de la Cumbre ; nos guides trébu-
chent au milieu des quartiers de roc qui encombrent
le ravin que nous remontons, nos chevaux bron-
chent et nous obligent à une gymnastique continuelle

pour nous maintenir en selle; le froid se fait sentir sur les hauteurs : quelque précaution que j'aie prise, le commence à me pénétrer. Décrire les épouvantables précipices de la trace que nous suivons, les Barancos qui la coupent et dont les roches nues n'offrent aux pieds de nos montures qu'un talus glissant, me serait chose impossible, vu que m'étant aperçu que mon cheval se guidait tout seul beaucoup mieux que je n'aurais pu le faire, et lui ayant en conséquence abandonné les rênes, j'avais fermé les yeux pour ne plus voir les horreurs qui m'entouraient. Grâce à notre bonne étoile nous atteignîmes, après six heures de marche, le défilé del Portillo ; le chemin s'est déjà fort amélioré, les précipices sont loin derrière nous ; le sentier suit le fond d'une étroite vallée dont la pente doit nous conduire dans la plaine de Canada, centre du grand cratère de soulèvement. Le sol, formé de ponces décomposées, est couvert çà et là de plaques de neige et de buissons de ratame blanc (*Spartium nubigenum*). *L'alba parece*, s'est écrié don Cristoval au moment où nos chevaux atteignent l'arête centrale de l'île. Nous apercevons en effet derrière nous, à l'horizon, une lueur rouge annonçant le soleil; on peut déjà distinguer au loin dans la mer, l'île de la Grande-Canarie. Nous dépassons Piedras Negras, lieu qui emprunte son nom aux gros blocs noirs de trachyte smalloïde détachés du flanc du pic. A quelques pas de là la pente devient plus rapide, les laves ponceuses, les rapilles et les cendres qui couvrent le sol rendent la marche des chevaux pénible et lente, mais la clarté du jour nous permet de reconnaître distinctement le pourtour du cirque dans lequel nous sommes entrés au défilé del Portillo : Voici, sur notre gauche, l'escarpement vertical, demi-circulaire du bord du cratère de soulèvement ; à ses pieds est un petit lac glacé ; sur notre droite, sont deux bouches volcaniques et leurs coulées de lave qui semblent comme suspendues par le refroidissement sur le flanc de la montagne. Nous gagnons, à travers des éclats d'obsidienne et de laves, un sentier qui se déroule en lacet jusqu'à l'amas de blocs connu sous le nom d'*Estancia de los Ingleses*, situé à 2,700 mètres au-dessus du niveau de la mer ; en gravissant ce sentier mon cheval s'arrête tout court à la vue d'un de ses semblables mort sur place, victime, sans doute, de la curiosité d'un touriste ; un violent coup d'éperon met fin à ses réflexions et il franchit tête baissée cet obstacle ; mon guide m'apprend que ce cheval, dont la dépouille est dans un état parfait de conservation, git là depuis près de trois ans.

Il était sept heures quand nous parvînmes à l'Estancia ; on a profité de la réunion de plusieurs gros blocs de trachytes smalloïdes pour construire une espèce d'hôtellerie à l'usage des curieux de la nature. Un bon feu de branches sèches de ratames rendit le mouvement à nos membres engourdis par le froid. Après avoir puisé des forces au fond d'une bouteille du vin généreux de la vallée de Taoro et recommandé nos pauvres chevaux, nous commençons à gravir à pied l'espèce de sentier qui serpente entre deux coulées d'obsidienne ; la marche est pénible dans ces fragments de pierre-ponce mêlés de cendres qui cèdent sous le pied ; d'ailleurs le soleil commence à devenir incommode , et l'effet de la raréfaction de l'air ne tarde pas à s'ajouter à la fatigue de nos efforts ; mon cœur bat violemment dans ma poitrine, et les artères de mon cerveau prennent part à ce mouvement désordonné ; la douleur de tête qu'il occasionne m'oblige souvent à m'arrêter ; mon compagnon, moins habitué que moi aux montagnes, subit bien plus fortement encore l'influence de cette situation ; il s'arrête tous les dix pas , suffoqué , anéanti. Cependant , nous avons laissé derrière nous l'Estancia d'Ariba, situé à 3,104 mètres de hauteur absolue , et nous atteignons l'espèce d'esplanade connue sous le nom d'*Alta Vista*. Ici les fragments plus ou moins gros de pierre-ponce , sur lesquels nous nous sommes élevés , font place à des coulées de laves vitreuses parsemées de feld-spath blanc qui descendent en rubans du flanc du cône ; ces obsidiennes offrent l'aspect d'une masse dentelée , dont les aspérités rugueuses sont dues à la brusque solidification de la matière en mouvement ; qu'on imagine des flots tumultueux de verre que le refroidissement a saisis dans leur course précipitée sur le flanc abrupte de la montagne ! Il faut se frayer un passage à travers ces redoutables palissades. Cette obsidienne cellulaire n'est heureusement pas glissante , et , en s'aidant des mains , on se maintient aisément en équilibre ; il le faut, car c'est une question de vie ou de mort qu'on décide à chaque enjambée ; on parcourt ainsi une lieue pour s'élever d'environ 500 mètres ; on est alors au pied du cône d'éruption. Déjà nous apercevons d'épaisses vapeurs s'échappant de son sommet, et une forte odeur de soufre nous avertit que nous touchons au terme de nos efforts.

A onze heures, nous sommes assis sur un bloc de trachyte qui domine le bord échancré du cratère, et nos chapeaux deviennent pour un instant le point culminant de la vaste terre d'Afrique (3,880 mètres).

Mais déjà mes fatigues étaient oubliées : j'avais pu embrasser d'un coup-d'œil l'immense panorama qui se déroulait à mes pieds, et j'étais resté fasciné par ce magique spectacle; mon regard, s'élançant d'une merveille à une autre sans pouvoir s'arrêter à rien, semblait hésiter à choisir l'objet qui le premier captiverait son attention. Au loin, sortaient du sein des eaux bleues les îles de Palma, Gomere et Ferro; puis les contours capricieux de Ténériffe se dessinaient à mes pieds, et je saisissais à la fois toute l'étendue du phénomène volcanique auquel cette île doit son existence. Passant ensuite de l'ensemble aux détails, mon œil allait se perdre au nord-est dans les profondeurs d'un escarpement abrupte; puis il essayait de compter les fumeroles et les cônes volcaniques, espèces de soupiraux par lesquels les fluides élastiques se font jour, entraînant avec eux les laves en fusion dont les coulées se prolongent jusqu'à la mer. Je ne pouvais détacher du mont Chahora mes yeux qui plongeaient jusque dans l'intérieur de cette magnifique fournaise; elle semble éteinte d'hier, tant est chaude la teinte rougeâtre de ses bords échancrés, tant sont vives les arêtes qui s'y dessinent. Plus au nord, j'apercevais dans le lointain une sombre masse d'obsidienne se détachant sur le flanc de la montagne, dans la direction de Garachico dont elle a comblé le port en 1705. Les bords du grand cratère de soulèvement, au centre duquel s'est élevé depuis le pic de Teyde, ont disparu au nord et à l'ouest; mais l'imagination saisit et complète les formes primitives de cette montagne, au moment où la calotte centrale du dôme boursouflé s'affaissa sur elle-même pour donner naissance au cratère.

Le temps s'écoule vite quand on admire. Don Cristoval nous avait vainement avertis plusieurs fois qu'il était temps de partir ; à peine l'avais-je entendu... Il fallut pourtant se résigner à faire retraite ; mais avant, je déterminai par quelques expériences thermométriques la température des fumeroles que je trouvai de 85 degrés, et j'examinai la nature du gaz qui sort des fissures existant sur les parois du cratère ; je crus reconnaître qu'il ne se dégageait que de la vapeur d'eau, de l'acide carbonique et de l'acide sulfureux ; je recueillis en même temps, dans les crevasses, quelques beaux cristaux de soufre sublimé et des efflorescences de sulfate d'alumine ; puis je détachai du sommet de la roche la plus élevée du pic un volumineux échantillon de trachyte, et j'abaissai ainsi d'environ deux pouces la tête altière de ce géant ; de combien de siècles mon bras de pygmée a-t-il avancé sa chute?...

Nous laissâmes un peu sur la droite la direction que nous avions suivie, afin de visiter la *Cueva de las Nieves*, espèce de grotte due à une volumineuse boursouflure de la matière vitreuse, et qui s'est transformée en glacière naturelle. La descente à travers les roches vitreuses est encore plus dangereuse que la montée, et mon compagnon courut le risque de s'y casser la jambe ; je retrouvai, avec satisfaction, les pierres-ponces mêlées de rapilles, et ce sol mouvant qui m'avait donné tant de peine à gravir ; m'abandonnant à cette pente rapide en piquant du talon à la manière des montagnards, je fus, en moins d'un quart d'heure, de retour à *l'Estancia de los Ingleses*. Cette course rapide m'avait rendu mes douleurs de tête, le déjeuner ne réussit pas à les calmer ; nous nous empressâmes toutefois de reprendre nos chevaux et le cours de nos observations. Je reconnus dans les couches épaisses de cendres de couleur fauve et de tuf ponceux en décomposition qui recouvrent toutes les anciennes coulées et l'intérieur du grand cratère de soulèvement, l'origine de la Tosca qui a fourni les éléments de la terre végétale ; sa distribution à la surface de l'île, est le résultat d'une immense éruption cendreuse antérieure à l'apparition de cette multitude de cônes volcaniques qui se rattachent par la composition de leurs laves à l'époque géologique actuelle. Cette éruption cendreuse marque donc le passage de l'époque tertiaire à l'époque quaternaire. Je ne communiquerai pas ici les observations géologiques que je fis au retour. Pressé que je suis de quitter ce sujet, dont la place est ailleurs [1], j'ai hâte, comme alors,

[1] La constitution géologique des îles Canaries a été étudiée avec tant de talent et décrite avec tant d'exactitude et de soins par M. Léopold de Buch, dans sa *Description physique des îles Canaries*, qu'en me proposant de parcourir, son livre à la main, l'île de Ténériffe, je n'ai eu qu'un but, celui de prendre d'un tel maître une de

d'arriver à la ville d'Orotava qui se montre à nos pieds depuis une heure. Nos arrieros avaient repris leurs chants monotones, qu'interrompaient souvent ces interpellations : *yegua y caballo*, adressées d'une voix rauque à nos pauvres montures, pour stimuler leur ardeur presque éteinte.

ces leçons de géologie pratique qui développent et forment si puissamment l'esprit d'observation. Après avoir suivi attentivement ce travail dans tous ses détails ; après avoir reconnu l'exactitude des descriptions et admiré le mérite des nombreuses observations qu'il renferme, voici le résumé succinct que j'ai été conduit à faire de mon opinion sur le mode de formation de ce célèbre volcan :

Des épanchements sous-marins de trachyte ont eu lieu à l'époque du dépôt du terrain tertiaire moyen d'Europe. Les masses solidifiées ont été soulevées, et le massif du pic de Ténériffe formait déjà une protubérance considérable lorsque les éruptions basaltiques qui correspondent au dépôt du terrain tertiaire supérieur ont eu lieu à sa base et ont recouvert d'un grand nombre de couches qui atteignent dans leur ensemble jusqu'à 1,200 mètres de puissance, les trachytes des parties inférieures, tandis qu'ils s'injectaient en filons dans les parties moyennes ; alors le terrain a éprouvé les effets d'un puissant soulèvement auquel a participé le terrain coquillier que l'on observe à plus de 100 mètres de hauteur sur plusieurs points et notamment entre les Barancos Secco et Bunfadero, et qui correspond d'après les fossiles qu'il contient (*pecten conus et cardium*) au tertiaire supérieur. Les premières bouches volcaniques ont apparu, celles entr'autres du pic de Teyde, et avec elles la Tosca, ce tuf volcanique qui recouvre tout le terrain volcanique ancien. Cette époque a été en outre marquée par plusieurs affaissements considérables dont la plaine de la Laguna et la vallée de l'Orotava offrent des exemples : alors les déjections de laves modernes ont commencé et se sont perpétuées jusqu'à nos jours en contribuant d'ailleurs pour une faible part à l'accroissement des masses qui constituent l'île.

A sept heures du soir, nous mettions pied à terre devant la misérable auberge où nous devions passer la nuit.

31 décembre.

Retour à Santa-Cruz. Chemin faisant, je me suis arrêté pour examiner la culture du nopal et recueillir des renseignements sur l'éducation de la cochenille [1].

[1] Introduite depuis à peine douze ans, l'éducation de la cochenille a déjà pris rang parmi les branches les plus importantes de l'agriculture, puisque la récolte annuelle est aujourd'hui d'environ 500 quintaux métriques de la valeur totale de 500,000 fr. qu'on expédie en partie sur Marseille.

Comme nos possessions dans le nord de l'Afrique paraissent être, sur quelques points, dans des conditions climatériques analogues à celles dont jouit Ténériffe, j'ai pensé que des renseignements sur la manière dont on élève la cochenille dans cette île pourraient offrir de l'intérêt : tel est le motif de cette note. La cochenille est produite, comme l'on sait, par la femelle d'un insecte de l'ordre des hémiptères qui vit sur le nopal à fleurs blanches (*cactus coccinilifer*), espèce de plante grasse hérissée d'épines, Après avoir préparé la terre au moyen d'un simple binage, on plante, à cinq ou six pieds de distance, des raquettes de nopal qui sont en état de recevoir la cochenille au bout de deux ans dans les bons terrains et de trois dans les terrains médiocres.

Vers le mois d'avril, c'est-à-dire à l'approche des chaleurs et lorsque les pluies du printemps ont cessé, on fixe, au moyen d'une épingle, sur chaque pied de nopal un petit sachet de gaze claire ou de canevas contenant huit femelles qui se sont conservées en hiver dans les débris de la taille du nopal qu'on a faite vers le mois de novembre de l'année précédente ; ces femelles, déjà fécondées, ne tardent pas à pondre, et au bout d'une vingtainede jours des myriades de cochenilles se répandent sur le pied du nopal, les femelles se fixent sur la plante par leurs suçoirs, tandis que les mâles, insectes ailés, les fécondent et dispa-

**Peu s'en est fallu que nous ne restassions à Ténériffe;
pendant que le canot venait nous prendre, l'ancre, sur**

raissent ensuite. Quatre-vingts jours suffisent ordinairement pour
que la femelle ait acquis tout son développement ; on procède
alors à la récolte, qui consiste à faire tomber les cochenilles au
moyen d'un rateau de bois sur une espèce de plateau ; les femelles qui y échappent suffisent pour fournir une nouvelle géné-
ration d'êtres qui donnent successivement une seconde , puis une
troisième récolte dans la même année.

Les cochenilles, recueillies ainsi, sont immédiatement étouffées
au four à une faible chaleur, puis on les étend au soleil pour
les faire sécher complètement. Le nopal est taillé, comme je l'ai
déjà dit, dans les premiers jours de novembre, lors de la troisième et dernière récolte de l'année ; cette opération consiste à
débarrasser la plante des raquettes flétries et épuisées qu'on jette
au pied , puis on recourre la plantation, c'est-à-dire, on remplace
les plants qui ont trop souffert ou qui sont venus à mourir.

On calcule que, suivant la qualité des terres, la fanègue de no-
paline rend de 50 à 100 kil. de cochenille ; or la fanègue se compose de 6,400 vares carrées équivalant à 4,096 mètres carrés,
puisque la vare fait les 4/5 du mètre. La valeur d'une fanègue est
d'ailleurs d'environ 1,600 francs. La culture du nopal tend à se
substituer à celle de la vigne dans la partie sud de l'île de Ténériffe.

Je ne doute pas qu'il ne convienne de tirer de Ténériffe, de
préférence à tout autre lieu, le nopal et la cochenille dont on vou-
drait tenter l'introduction dans l'Algérie, en raison de l'analogie
des conditions climatériques ; toutefois, comme il pleut plus souvent
et moins régulièrement à Alger, il serait indispensable d'abriter
pendant l'hiver, sous un hangar, les femelles de la cochenille, au
lieu de les abandonner, comme à Ténériffe, sur le terrain au milieu
des débris de la taille du nopal ; il faudrait aussi choisir les terres
peu exposées aux vents, l'expérience ayant démontré que la pluie
et le vent sont fort nuisibles à la cochenille

laquelle la frégate comptait pour appareiller, s'est brisée sur une chaine de roches sous-marines, et la frégate chasse plus vite qu'elle ne veut; cependant, après quelques vigoureux efforts de nos rameurs, nous finissons par l'atteindre.

2 janvier.

Le pic de Teyde est encore en vue; la neige dont il s'est couvert pendant la nuit en rendrait aujourd'hui l'ascension impossible.

Du 3 au 8 janvier.

Poussés par les vents alisés, nous filons de 8 à 10 nœuds à l'heure. La mer est forte, il faut fermer les sabords de la batterie; je ne sais plus où me réfugier pour travailler; une voie d'eau s'est déclarée en avant du navire à tribord et fournit 3 pouces à l'heure. La chaleur commence à devenir forte et continue, nos thermomètres marquent de 26 à 28 degrés centigrades.

9 janvier.

Nous sommes dans la zône des calmes par 5 degrés de latitude nord. Le ciel est tellement sombre qu'on n'a pu faire le point; il pleut abondamment.

Du 10 au 12 janvier.

Les calmes qui règnent favorisent les études que nous avons entreprises sur les animaux qui peuplent les eaux de la haute mer; nous avons organisé des filets de gaze au moyen desquels nous pêchons des myriades de galéas, de méduses, de hyales, de scyllées, de bifores, etc. La plupart jouissent d'une phosphorescence remarquable. Je distingue un mollusque appartenant au genre bifore, qui possède une phosphorescence intermittente correspondante à un mouvement de constriction; c'est évidemment à ces myriades d'êtres qu'est due la phosphorescence de la mer; mais ces êtres eux-mêmes, à quoi doivent-ils cette singulière propriété qui cesse aussitôt qu'ils meurent? Ne serait-ce pas, tout simplement, l'effet de la lumière réfractée par ces corps demi-gélatineux et transparents?

13 janvier.

On prend dans la matinée deux requins qui rôdaient autour du bord : le premier est une peau bleue, il a 7 pieds de long; le second est plus petit, d'un jaune sale; ces deux affreuses bêtes, que la prudence commande de tenir à distance, bondissent sur le pont, mais le vieux matelot Kerouel y met bientôt bon ordre en leur tranchant avec son couteau le dernier anneau de la vertèbre caudale; paralysés par cette première opération, les deux monstres sont ensuite décapités sans danger, puis partagés entre les matelots. Pour moi, je m'empare d'un rémora, petit poisson muni, à la partie postérieure de la tête, d'un appareil à suçoir au moyen duquel il se fixe sous le ventre du requin dont il partage la fortune. Nous avions eu l'occasion, un instant avant la prise du requin, d'apercevoir un autre petit poisson fort agile, qui précède sa marche et semble l'éclairer; aussi les matelots l'appellent-ils le pilote.

Nous sommes par 0° 56' de latitude nord. La nuit approche, mais quelle est la cause du tumulte qui s'élève à l'avant? Le bruit d'un fouet s'est fait entendre, l'éclair a brillé sur la grand'hune, une grêle de pois chiches lui succède avec fracas. Un postillon, chargé de grelots, couvert de poussière, accourt à bride abattue à cheval sur un câble tendu de la grand'hune à l'arrière; il mène à la main un âne suivi d'un meunier enfariné, et remet gravement au commandant les dépêches dont il est chargé : « Qu'on fasse silence, s'écrie ce dernier, le souverain de la ligne et des tropiques nous convie à la cérémonie du baptême des nouveaux venus dans ses Etats. » On applaudit et chacun se retire pour faire ses approvisionnements de farine et de noir de fumée ; le goudron est proscrit de la fête, c'est un procédé fort délicat pour des marins.

Le grand jour du baptême a lui. Nombreux sont les néophytes, tous jouiront des grâces du sacrement, ainsi le veut le principe de l'égalité devant le père la Ligne, principe éternel comme son empire. On a dressé un autel au milieu d'un élégant pavillon décoré de riches tentures. Chacun peut remarquer à côté de l'autel une baille pleine d'eau, sur laquelle est une planche mobile recouverte d'une trompeuse étamine : ce sont les fonds baptismaux.

Déjà le pilote du père la Ligne s'est emparé du gouvernail dont il chasse le timonier ; armé d'un immense télescope, il cherche la ligne et prétend l'apercevoir; il entre en explication, à ce sujet, avec l'officier de quart qui, lui, n'a pas cette prétention ; mais il n'en est pas de même de quelques matelots nouveaux embarqués auxquels sont destinées les mystifications de la journée et qui appuient de bonne foi l'assertion du pilote.

Bientôt le père la Ligne descend de la grand'hune à cheval sur un câble ; c'est une espèce de Jupiter à barbe de filasse, drapé dans un vaste manteau rouge. La cour réunie au pied du mât de misaine se presse autour du char qui l'attend ; il s'y place et s'avance traîné par six de ses sujets équinoxiaux. Six gendarmes, décidément il n'y a pas de bonne fête sans gendarmes, coiffés de chapeaux exorbitants, ouvrent la marche triomphale. Le postillon que nous avons vu figurer hier, guide le char, suivi du meunier conduisant son âne et du chapelain du père la Ligne. Neptune vient ensuite, c'est le vieux Kerouel qui remplit ce rôle ; il contient, à grand'peine, un diable rouge qui veut se jeter sur le char du père la Ligne et qui est accompagné d'une troupe nombreuse de diablotins noirs attachés à sa queue, dont ils sont, en quelque sorte, une dépendance.

Ce monstrueux assemblage a survécu à l'idée allégorique qui l'a enfanté au temps des fables grossières et à défaut de la tradition devenue muette, il faut de laborieux rapprochements pour retrouver la signification de tous les personnages burlesques appelés à jouer un rôle dans cette bizarre cérémonie. Son origine remonte, sans doute, aux premiers temps de la découverte de l'Amérique méridionale, alors que le passage de la ligne était si redouté des navigateurs, en raison des calmes qui règnent toujours dans ces parages et qui ont causé plus d'une affreuse famine à bord des navires.

Le père la Ligne est l'espèce de divinité mythologique qui préside à ce passage. C'est le père des marins ; il leur envoie, sous la forme d'un postillon, un émissaire pour les rassurer, et cet émissaire est précédé d'une grêle de pois chiches pour indiquer que les vivres ne manqueront pas. Il apparaît, lui-même, suivi d'un meunier, personnification grossière du biscuit de bord, ce pain du matelot. Neptune reprend ici son rôle suranné : il est chargé de contenir le mauvais génie de la mer apparaissant sous la forme de diables et diablotins toujours prêts à se ruer contre le père la Ligne. Le reste de la cérémonie emprunte, comme nous allons le voir, quelques-unes de ses formes au christianisme. Toute la cour a pris place sur une estrade. La parole est à Caffardocoquinogourmandinos, grand pontife du père la Ligne ; il retrace, dans une chaleureuse allocution, les péchés mignons des marins, leur goût pour le vin, les femmes et le tabac, puis, mettant à profit les licences de cette saturnale, il distribue de vigoureux coups de patte aux chefs à l'esprit mesquin, à l'humeur taquine, qui font un tyrannique usage de leur autorité vis à vis du pauvre matelot sans défense. Véritable contre-partie de l'entente cordiale, la péroraison vient réchauffer dans tous les cœurs la haine des Anglais : ce n'est que dans leur sang qu'elle doit s'éteindre, s'écrie l'orateur; et ce mouvement électrise à si haut point l'auditoire breton, qu'un cri, un seul cri, mort à l'Anglais! s'est élevé du sein de cette masse pressée; pour moi, qui n'étais pas soumis à l'influence de cette éloquence échevelée, je demandais mentalement à Dieu que tous les peuples *bussent frais ensemble, si faire se peut,* selon l'expression de Rabelais.

Le discours terminé, les héros de la fête se rangèrent autour des fonds baptismaux, et la gendarmerie fut quérir l'ambassadeur, qui se prêta de la meilleure grâce du monde aux innocentes plaisanteries de la journée. Avant d'arriver au baquet, il fallait prendre place sur un fauteuil et y être accommodé par les deux barbiers du père la Ligne; l'un, après lui avoir fixé une serviette au cou, le savonna largement; le second, lui promena gravement sur la figure un immense rasoir de bois; puis, assis sur le perfide baquet, il reçut le baptême; et, comme l'égalité devant le père la Ligne n'est, comme devant les hommes, qu'une utile fiction, bonne pour les masses, l'ambassadeur ne vit pas la planche fatale se dérober sous lui, et c'est à peine s'il fut mouillé d'un peu d'eau dans les manches.

Mon tour arriva bientôt. Tout s'était bien passé jusqu'au baquet exclusivement, où j'arrivai après avoir été rasé par les barbiers et confessé par le grand pontife, non sans m'être engagé par les plus solennelles promesses, à ne point convoiter la femme d'un marin, comme à ne jamais boire sa ration de vin. A peine étais-je assis sur les fonds baptismaux, que je sentis

mon siége se dérober sous moi. Ce n'est pas que mes
habitudes de prudence m'eussent manqué dans cette
circonstance ; j'avais été étudier à l'avance l'appareil
mystificateur et je connaissais son jeu; donc, en m'as-
seyant, j'avais pris mes précautions et je m'étais soutenu avec les bras sur les bords du perfide baquet ;
aussi le grand pontife et ses acolytes eurent-ils besoin de toutes leurs forces pour m'y plonger ; j'en at-
teignais le fond lorsque, pour comble de disgrâces,
un sceau d'eau noirâtre me tomba des coulisses. J'étais
évidemment victime d'une petite conspiration, dont je
me vengeai de mon mieux en barbouillant ses auteurs
de noir de fumée et en coiffant le chef du complot d'un
pot rempli d'une épaisse bouillie. Au moment où je
me retirai du combat, la mêlée était devenue générale; la couleur des combattans avait presque disparu sous la couche bariolée qui les couvrait; des
jets d'eau lancés par tous les moyens possibles, se
croisaient dans tous les sens, et une pompe royale
mise en mouvement par une douzaine de matelots,
répandait à flots les bienfaits du baptême sur le populaire du bord. A trois heures tout rentrait dans l'ordre, et le pont lavé, balayé, conservait à peine quelque trace du combat.

18 janvier.

A midi, nous sommes par 4° 58' de latitude sud. Que
la vie de bord est donc monotone ! Que faire pendant
ces longues journées de calme plat, où le thermomètre
marque 40 degrés, où le soleil darde d'aplomb ses

rayons sur le navire, où chacun regarde son pro-
chain comme un être désagréable, qui l'empêche de
prendre une position commode à bord et de respirer
un air un peu moins embrâsé : les uns, c'est le plus
grand nombre, dorment; les autres se disputent et fi-
niraient par se battre, s'ils n'avaient pas si chaud! On
fume, on prend de temps en temps un requin, et l'on
recommence le lendemain l'existence de la veille.

CHAPITRE II.

LE BRÉSIL

Après avoir longé hier la côte méridionale du cap Frio, nous entrons enfin dans la magnifique rade de Rio-Janeiro. Il est sept heures du soir, l'ancre tombe devant la ville, et nous nous hâtons d'aller boire frais à l'hôtel Pharoux. Boire frais ! il faut avoir passé la ligne et se trouver devant Rio en janvier, le mois le plus chaud de l'année, pour comprendre tout ce que ces deux mots renferment de jouissances.

Après avoir remis en ville les lettres dont j'étais porteur, j'allai, faute de place dans l'hôtel Pharoux, chercher un logement dans une auberge, située à l'extrémité de la rue d'Ouvidor et tenue par un compatriote. L'entrée en était, en quelque sorte, obstruée par une douzaine de nègres à moitié nus, occupés à dévorer une bouillie de *farenha del pao* (farine de manioc); ils ne se seraient point dérangés pour me laisser passer, si une grosse voix ne leur eût crié de faire place au blanc; ils se pressèrent comme un troupeau, et je me trouvai en face d'un homme en costume de planteur qui s'excusa sur l'embarras que ses nègres m'avaient causé; ma réponse ne lui permettant pas de douter qu'il n'eût affaire à un Français, il redoubla de politesse et rentra avec moi dans l'hôtel pour m'y servir d'introducteur; puis, en attendant qu'on m'eût préparé un logement, il m'offrit la chambre qu'il occupait; là, il m'apprit qu'il habitait le Brésil depuis dix ans; il y était venu pour faire fortune. « Je suis de Coutances, et dès-lors plus ou moins maquignon, me dit-il; je faisais, il y a quelques années, le commerce des mules; j'allais les acheter aux éleveurs de la province de Rio-Grande, et c'était un bon et honorable commerce : une jolie mule de deux ans me coûtait 5 patagons (26 fr. 50 c.), je la laissais au pacage pendant deux ans, et je la vendais 25 à 36,000 reis (105 à 110 fr.) dans les provinces de San-Paolo ou de Rio-Janeiro; elles étaient, il est vrai, à demi-sauvages, mais bien fin eût

été l'acheteur s'il s'en fût aperçu au moment du marché ; je les livrais de confiance, à lui de trouver la manière de s'en servir. Mais, hélas ! les temps sont bien
changés : les malheurs de la guerre civile ont ruiné
mon commerce, et la dernière fois que je m'aventurai
dans le pays, je fus maltraité et dépouillé par les Gau-
chos indépendants, et je dus me regarder fort heureux
de n'y perdre que mon argent ; j'ai donc laissé tous
ces pillards aux prises avec les troupes impériales, et
je suis revenu à Rio-Janeiro. Aujourd'hui, à défaut du
commerce des mules qui ne va plus, je vends une autre espèce de bêtes de travail, et j'ai trouvé, dans le
commerce du bois d'ébène, une manière de réparer largement les brèches faites à ma petite fortune dans le
Rio-Grande. Ces nègres, que vous avez vus au pied de
l'escalier, m'appartiennent ; aussitôt que j'en aurai
réuni une trentaine, je monterai à cheval, et les pous-
sant devant moi, comme je poussais naguère mon troupeau de mules, j'irai m'en défaire dans les *fazendes*
(habitations) de l'intérieur. Malheureusement l'argent
est rare au Brésil ; il faut vendre à crédit, mais le planteur finit toujours par payer le capital et les intérêts,
soit en argent, soit en denrées. Je vends mes nègres
1,600 à 2,100 fr. la pièce, et, comme je les paie, l'un
dans l'autre, 1,500 fr., je réalise sur chacun de 100 à
600 fr., sans compter l'intérêt à 20 p. 100 par année.
Ah ! Monsieur, ajouta mon interlocuteur avec un long
soupir, c'est cependant un négoce bien chanceux, et il
faut toutes mes connaissances vétérinaires pour m'en
tirer : c'est que cela vous meurt en quelques heures,

un nègre ! surtout, si c'est un nouveau débarqué. Aussi les soins ne leur manquent pas : j'ai vingt fois plus de tracas pour leur santé, que je n'en avais pour celle de mes mules ; il est vrai qu'elles valaient vingt fois moins, et puis l'humanité impose des devoirs, comme disent les philanthropes de chez nous. Tel que vous me voyez, Monsieur, je ne ferais pas la traite pour tout au monde : c'est peu délicat ; mais quand les noirs sont une fois au Brésil, il faut bien qu'il y ait des gens qui se chargent de les vendre aux planteurs , et autant vaut que ce soit moi qu'un autre. » Pendant que mon marchand de nègres parlait, on avait préparé mon logement ; je pris donc congé de cet officieux compatriote, en lui demandant cependant la permission d'examiner les diverses races de nègres dont se composait sa chaîne : « Ah ! si vous voulez en voir un nombreux assortiment, me répondit-il, j'ai une excellente occasion à vous offrir : un débarquement doit avoir lieu ces jours-ci sur la côte, et je puis vous présenter comme un planteur qui veut remonter ses ateliers. » Je n'eus garde de refuser une pareille proposition, et nous convînmes que je me tiendrais prêt au premier avertissement.

La ville de Rio-Janeiro est admirablement située au pied de la colline de Ste-Thérèse, dernier contre-fort de la chaîne rocheuse du Corcovado. La ville neuve s'élève à l'ouest de la vieille ville. La population réunie peut être évaluée à 150,000 habitants, se composant de négociants et d'ouvriers européens, de mulâtres, de nègres libres et esclaves et de quelques rares indigènes ; les maisons sont généralement en pierre et d'une construction assez soignée; les rues sont bien percées, celle d'Ouvidor, où je logeais, est garnie de jolis magasins appartenant pour la plupart à des Français. Les tailleurs, les chapeliers, les passementiers, les carrossiers, les modistes, les fabricants de parasols, les selliers, les bottiers s'y pressent; cette réunion d'ouvriers étrangers est une des heureuses réalisations du système économique adopté par le gouvernement brésilien, qui a compris qu'il ne pouvait être de longtemps question de créer au Brésil de grandes industries manufacturières, qui détourneraient des capitaux considérables de l'agriculture, leur véritable, leur meilleur emploi dans un pays doué d'une aussi prodigieuse fertilité; ces industries auraient, en outre, l'inconvénient grave d'imposer, pendant un temps incalculable, d'énormes sacrifices au pays, puisqu'elles ne pourraient s'élever qu'à l'abri de droits prohibitifs des produits similaires de l'industrie étrangère. On s'est donc sagement proposé d'encourager seulement cette industrie manuelle qui consiste à transformer, pour les besoins immédiats de la société, des produits plus ou moins préparés qui ne réclament dès lors que quelques outils simples et des bras exercés à s'en servir. Les encouragements donnés aux diverses classes d'ouvriers par l'établissement de droits de 40 à 50 p. 0/0 sur les articles qu'ils façonnent, ont déjà appelé dans les villes du Brésil une population européenne qui forme aujourd'hui un élément précieux de sécurité pour le gouvernement, en présence des quatre millions d'esclaves répandus sur le sol brésilien, et dont la révolte, préparée de longue main par les sociétés secrètes qui lient les nègres, ne serait pas impossible sous l'influence d'une guerre étrangère. Je reviendrai ailleurs, sans doute, sur cette question ; mais pour le moment promenons-nous dans la rue Droite de Rio-Janeiro. Il y règne pendant toute la journée une agitation, un mouvement vraiment fatiguant pour le flâneur, obligé de se déranger à chaque instant afin de faire place à une charrette ou de laisser passer une troupe de nègres haletants, courbés sous un lourd fardeau et qui marquent la cadence de leurs mouvements par un chant assourdissant comme celui de la cigale. Plus loin on rencontre la foule de négociants affairés qui va et vient de la Bourse au Cercle du commerce ; puis l'embarras d'un étalage de fruits et de légumes tenu par une négresse grotesquement attifée. La scène a toute l'animation des quais de nos grandes villes de commerce et si elle offre quelque inconvénient au promeneur, elle a, pour un nouveau débarqué, tout l'attrait d'une piquante originalité.

J'avais une lettre à remettre à M. Rieddel, directeur du jardin botanique de l'empereur, j'en profitai pour visiter le château et le parc impérial de St-Christophe, résidence d'été de don Pedro II ; ce palais passerait partout pour une fort jolie maison de campagne, et l'on y mangerait, en France, cent mille livres de rentes sans être trop gêné par l'exiguité du local.

En circulant aux alentours des petits appartements, je m'arrêtai sous une fenêtre entr'ouverte pour écouter l'air d'*Il Barbiere : Una voce poco fà*, chanté au piano, avec une délicieuse expression ; les dernières notes retentissaient encore à mon oreille, et, dans mon ravissement, mes mains allaient indiscrètement applaudir, lorsqu'une dame parut à la fenêtre ; j'étais pris en flagrant délit de curiosité, aussi me retirai-je précipitamment, mais, dans ma confusion, j'eus toute les peines du monde à me repentir d'avoir écouté ! J'en demande ici respectueusement pardon à S. M. l'impératrice du Brésil.

31 janvier.

J'avais destiné ce jour à une exploration géologique aux environs de la ville : au delà de Campo Sant-Anna, des carrières en exploitation m'offraient pour sujet d'études des masses d'un beau gneiss porphyroïde traversé dans tous les sens par de puissants filons de pegmatite rose ; un peu plus loin ce gneiss passe à la leptinite pénétrée de grenat rose ; puis succède aux couches puissantes de cette roche un second étage de gneiss à grains fins, et je suis un instant tenté de croire que je parcours encore la Guyane, tant l'identité est complète entre les formations de ces deux vieilles contrées.

A mon retour, je fais une longue séance au Muséum d'histoire naturelle, si l'on peut appeler ainsi une misérable collection sans ordre ni classification. N'est-il pas infiniment regrettable que le règne minéral, si riche, si important au Brésil, soit à peine représenté dans cet établissement par quelques échantillons informes, couverts de poussière et sans indications précises ?

Je suis, au point du jour, à l'embarcadère Pharoux
avec l'honnête maquignon dont j'ai fait la connaissance à mon arrivée à l'hôtel. Un débarquement clan-
destin de nègres a lieu sur la côte et l'on doit venir
le prendre pour faire affaire avec lui. Où allons nous?
il l'ignore comme moi ; le plus profond mystère règne
sur ces sortes d'opération. Une barque s'approche du
quai, deux hommes à la face bronzée la montent ; ils
ont reconnu le maquignon ; mais ma présence les fait
hésiter ; cependant, après une courte explication je
suis admis dans la barque, qui nous emporte rapidement à travers la rade ; nous nous enfonçons dans une
anse de la baie de Bao-Viagem et nous prenons terre
non loin d'une petite habitation. Le capitaine négrier et l'armateur, car ce sont là les deux personnages
mystérieux qui conduisent eux-mêmes la barque, nous
précèdent pour donner le signal convenu, sans quoi
nous ne pourrions pénétrer, car c'est dans cette habitation qu'on a caché une partie des nègres débarqués
pendant la nuit dernière au nord du port de Santa-
Cruz et en dehors des passes. Tout est en mouvement
à notre arrivée : ici, on lave une partie de la cargaison,
là, on fait une distribution de tafia, plus loin, on s'occupe de substituer aux misérables haillons de la traversée, des vêtements neufs ; ce sont des robes d'indienne pour les négresses et des casaques pour les nègres ; ces vêtements dissimuleront l'absence de chemises :
cela s'appelle parer la marchandise. Une trentaine de

jeunes nègres placés par rang de taille, nous attendent dans le jardin situé derrière la maison. Bien que leurs membres sortissent tout à l'heure des liens de fer qui les entravaient pendant la traversée, ils se tenaient déjà passablement droits sur leurs jambes amaigries ; des pustules d'échauffement couvraient le corps de ceux qui avaient séjourné dans la cale. Après une revue d'ensemble passée par l'œil exercé de notre maquignon, nous procédons à un examen minutieux de chacun. Mon compagnon regarde si l'œil n'est point infiltré, il consulte la dent, tâte les jambes, s'assure de la bonne confection des pieds et de la conformation sexuelle ; non sans saisir toutes les occasions qui s'offrent de déprécier la marchandise avariée par le transport.

Vient ensuite le tour des jeunes filles dont on a eu le temps de préparer l'exhibition : ce sont des enfants de 10 à 12 ans; elles sont jugées trop jeunes pour satisfaire aux commandes qu'on lui avait faites, telle fut la réponse du maquignon et je m'en contentai.

Une autre partie de la cargaison avait été conduite dans une petite maison écartée, près de l'anse de Praja-Grande ; nous reprenons donc l'embarcation pour nous y rendre. Chemin faisant, la conversation s'engage sur le commerce du bois d'ébène, et nous éprouvons tous un serrement de cœur qui prend sa source dans des sentiments assurément fort différents, en apprenant que sur cinq cent quatre-vingts nègres traités et embarqués dans le canal de Mozambique, il n'en était arrivé que deux cent vingt sur les côtes du Brésil.

La traversée avait duré quatre-vingts jours et, dans ce siècle de souffrance, l'entassement, la chaleur, le manque d'air et d'eau, la pénurie des vivres, les tortures de tous genres avaient moissonné par centaines ces malheureux enfouis dans un navire de 180 tonneaux!

« Capitaine, m'écriai-je, en interrompant le négrier, quelle scène déchirante quand, à la visite du matin, vous trouviez tous ces cadavres étendus pêle-mêle avec les mourants et qu'il vous fallait opérer cet affreux triage que, dans leur lente et morne agonie, les survivants n'avaient plus l'énergie de faire eux-mêmes. — Ah! mon cher monsieur, répondit-il, je voyais chaque matin mon bénéfice s'en aller à la mer et si la traversée s'était prolongée de quelques jours, j'aurais fait un bien triste voyage, un voyage à perte.... Ce que j'ai sauvé me tire heureusement d'affaire: Voici deux cent-vingt nègres qui me donneront, à raison de 140,000 reis (400 fr.,) par tête, pour leur passage, 30 contos de reis (88,000 fr.); il faut remercier la bonne Vierge *da Gloria* de son assistance!

Fort rassuré sur la sensibilité de mon capitaine négrier, je pris occasion de ses explications pour demander quelles étaient les bases de ce commerce. Deux intérêts directs y prennent une part distincte, l'intérêt du traitant négrier et celui de l'armateur; ce dernier se charge du transport des nègres et des frais qu'il entraîne depuis la côte d'Afrique jusqu'au Brésil, moyennant 140,000 reis (400 fr.) par tête de nègre qu'il débarque vivant; quant au traitant, il achète les

prisonniers de divers chefs africains , et il les paie généralement l'un dans l'autre 30 à 35,000 reis (80 à
100 fr.) en marchandises de traite, telles que : poudre,
armes à feu, sabres, haches, tabac, guinée, verroteries,
etc. Comme il y a souvent à bord plusieurs traitants dont
les intérêts sont distincts, chacun marque ses nègres
sur la poitrine avec un fer rouge , puis on les embarque; les tortures de la barre de justice qui les entrave
à bord, doivent faire bien vite diversion à cette douleur.
Le traitant ne risque , comme on voit, que 100 francs
environ par nègre , puisqu'il n'acquitte le prix du
passage que lorsqu'on le lui livre vivant sur la côte
du Brésil, et il ne débourse que 500 francs pour avoir
un nègre qu'il vend à raison de 700,000 reis (1,400
fr.) Cette conversation nous avait conduits à Praja-
Grande ; nous débarquons à 200 pas de la maison qui
recèle la partie la plus valide de la cargaison qu'on
s'était empressé d'éloigner le plus possible du lieu de
débarquement. Là, comme à Bao-Viajem , on nous fait
attendre pour prendre le temps de laver et de couvrir
les malheureux entassés dans une étable ; lorsque nous
fûmes introduits , les hommes et les femmes formaient
deux groupes.

Il régnait sur leurs figures un air de tristesse profonde et d'abattement douloureux à travers lequel un
demi-sourire avait peine à se faire jour, lorsque le
maître, avec ce ton de brusquerie familière qui signifie :
— Je veux que tu sois gai ou que tu le paraisses, —
daignait leur adresser quelques paroles d'encourage-
ment ; alors, comme une pâle lueur éclaire en pas-

sant une étoile sombre, l'expression d'une joie éteinte semblait sillonner un instant ces mornes visages, mais l'âme brisée demeurait étrangère à cette convulsion des muscles de la face.

Pour mieux constater, à nos yeux, leur parfait état de santé, le capitaine négrier eut l'idée de faire danser ses nègres, et d'un coup de baguette qu'il cingla sur la table, il donna le signal du divertissement ; alors, sur cette même table, il reproduisit, avec ses poings, la cadence précipitée du tam-tam ; les nègres hésitaient encore ; un coup-d'œil du maître, un de ces coups-d'œil qui contiennent la menace de tant de coups de fouet, galvanisa les plus récalcitrants ; la troupe s'é-branla, et la danse devint générale. C'étaient bien encore là ces tressaillements et ces agitations précipitées, ces postures et ces gestes dont j'avais été témoin à la côte d'Afrique ; mais ici les danseurs semblaient se mouvoir, par l'effet de ressorts, comme des pantins, et lorsque, fatigué de marquer la mesure, le capitaine s'arrêta, tous s'arrêtèrent instantanément. Alors commença l'examen individuel ; il fut rigoureux. Les maquignons sont plus ou moins vétérinaires : à ce titre, mon compagnon crut devoir conseiller, d'après l'état sabural des langues, d'administrer une purgation gé-nérale à toute la cargaison. Une chaudière pleine de casse fut mise immédiatement sur le feu, et l'on me fit remarquer l'empressement qu'on apportait à préparer ce remède. Le maquignon ne put s'empêcher d'ajouter que si les philanthropes d'Europe étaient témoins des soins que l'on prend des nègres, ils reviendraient, à coup sûr, de leurs préjugés sur le malheureux sort des esclaves. Je ne pus retenir un sourire à cette réflexion faite de la meilleure foi du monde, et qui montre à quel point le jugement de l'homme peut être faussé par l'habitude du crime.

Une incontestable expression d'intelligence régnait sur les figures de tous ces nègres, et la promptitude avec laquelle ils étaient arrivés à parler le portugais, corrobore cette remarque. Hélas ! l'esclavage aura bientôt flétri dans son germe cette intelligence native, et dans moins d'un an l'on dira d'eux avec vérité : Ce sont des brutes.

Vint ensuite le tour des négresses : parées de belles robes d'indienne à ramages, elles ne semblaient pas insensibles aux charmes de cette toilette, qu'elles regardaient avec étonnement ; leur âge variait entre 14 et 20 ans ; l'examen fut sérieux, approfondi ; on les retourna dans tous les sens, et trois d'entre elles furent désignées comme étant à la convenance du maquignon ; on débattit les prix, et il offrit 52,000 reis (1,500 fr.) de chacune des pièces (c'est ainsi qu'il les appelait), auxquelles il n'avait pas reconnu de tares essentielles. La discussion se prolongea longtemps, et comme on ne s'accordait pas, nous remontâmes en canot pour regagner Rio-Janeiro. Pendant le trajet, je ramenai la conversation sur la traite, et j'appris plusieurs détails que j'ai eu l'occasion de vérifier ailleurs et que je consignerai ici.

Les opérations de la traite emploient annuellement une centaine de navires portugais ou brésiliens ; une soixantaine environ effectuent leur retour au Brésil et y déposent 25 à 30,000 noirs, en dépit de l'active surveillance de la croisière anglaise forte de sept voiles; une trentaine de navires négriers deviennent sa proie, soit au départ et à vide, soit au retour et chargés; mais ce cas est plus rare. Enfin, quelques bâtiments portent leur cargaison dans d'autres colonies à esclaves où ils sont assurés d'un excellent placement; car, il faut le reconnaître, sous les tropiques, point de nègres esclaves point de bras à bon marché, point de colonies, quoi qu'on fasse [1].

La traite des noirs a repris une activité nouvelle depuis quelques années. Dans le dernier trimestre de 1843, il était rentré au Brésil environ trente navires avec leur cargaison; les Anglais en avaient capturé quatre, qui sont actuellement amarrés sous pavillon britannique et servent de pontons pour les nègres repris; on les y met en dépôt en attendant le jugement de la commission mixte anglo-brésilienne qui condamne les négriers à la prison, confisque le navire et déclare les nègres libres. Remis, à cet effet, dans les mains du gouvernement brésilien à la loyauté duquel on les confie, ils sont distribués chez les planteurs offrant le plus de garanties d'humanité; ceux-ci doivent les soumettre pendant cinq ans à ce qu'on appelle l'apprentissage; à l'expiration de ce terme, ils deviennent citoyens du Brésil. Mais, hélas! les institutions humaines ont toujours leur côté faible, et voici celui de cette mesure

---

[1] Il reste toutefois la chance qu'offre l'émigration chinoise.

si philanthropique en apparence : c'est qu'au lieu de confier les nègres ainsi capturés aux planteurs les plus honorables, on les place chez ceux qui sont le plus en faveur, comme une gratification que le pouvoir distribue à ses protégés. Or, s'il fallait, à l'expiration des cinq ans, alors qu'on possède un bon travailleur, s'en priver et le libérer, le sacrifice serait par trop dur ; on s'arrange donc pour produire à l'autorité locale, au bout de quelques mois, un acte mortuaire en due forme qui, en réduisant à néant l'état civil du nouveau citoyen, permet d'en disposer comme d'un véritable esclave. On pousse quelquefois l'excès de précaution jusqu'à le dépayser ; l'autorité brésilienne se montre d'ailleurs, sous ce rapport, remplie d'une confiance si entière, si aveugle, qu'elle se dispense de toute recherche. C'est ainsi que le gouvernement brésilien échappe par la ruse à l'oppression des Anglais ; aussi, ces derniers, gens positifs et qu'on ne trompe pas aisément, soupçonnant ce qui se passe, évitent-ils, autant que possible, d'amener leurs prises à Rio-Janeiro, et, comme les termes d'un traité ont toujours une certaine élasticité, ils ne manquent jamais de rejeter sur les événements de mer l'obligation où ils se sont trouvés de conduire ailleurs leurs captures, que le vent et le courant portent invariablement sur Demerary. Là, ces bienheureux nègres, désormais sûrs de la protection d'Albion, retrouvent, sous l'honnête définition d'apprentissage, le travail forcé, mais cette fois au profit des planteurs anglais. Si, dans cette nouvelle condition, ils ont trouvé le moyen de ne pas périr de fatigue ou

do misère, oh! pour le coup, ils sont libres... libres
do mourir de faim! Pauvres nègres! race abandonnée
de Dieu, fais un choix, si tu l'oses, entre la protection
des Anglais et l'oppression des Brésiliens!

L'infâme commerce de la traite est resté tout entier
entre les mains des Brésiliens et des Portugais. On ne
compte qu'un seul Français qui s'en soit occupé, un
seul! c'est une espèce de chirurgien-barbier habitant
Praja-Grande. Il y a pris part lui-même et, bien qu'il
ait été prisonnier des Anglais pendant deux ans à Sierra-
Leone pour fait de traite, il a réussi, dit-on, à gagner
1,500,000 francs. Honte à ce misérable, dont je ne
puis malheureusement retrouver le nom pour le flétrir
en le publiant!

Cet odieux trafic est, comme on voit, la source des
plus énormes bénéfices. On est parvenu, dans ces derniers temps, à arrimer, c'est le mot, jusqu'à sept
cents nègres sur un bâtiment de 200 tonneaux; je
n'affirmerai pas que les principales conditions d'existence soient conservées dans cet horrible entassement;
mais qu'importe! Le traitant se sauve sur la quantité
et si la navigation est courte, il en meurt peu, car c'est
lorsque le séjour à bord se prolonge que la mort frappe
à coups redoublés. On a vu, plus haut, que sur cinq
cent quatre-vingts nègres embarqués sur la côte d'Afrique, les cadavres de trois cent soixante de ces malheureux avaient été jetés à la mer, mais la traversée avait
été longue et pénible. On me citait un autre voyage
où le même bâtiment n'avait perdu que quatorze nègres
sur cinq cents; toutefois ce dernier cas est rare : la perte

moyenne varie ordinairement du sixième au septième du chargement. Ainsi, un navire chargé à la côte d'Afrique de six cents nègres, en verse, à la côte du Brésil, de cinq cents à cinq cent vingt, qui reviennent, tout rendus, au traitant, à 250,000 francs; vendus 1,400 francs l'un dans l'autre, c'est-à-dire 700,000 francs, ils laissent donc dans ses mains un bénéfice net de 450,000 francs, réalisé en six mois. Voilà une spéculation qui s'offrirait naturellement aux échappés de nos bagnes, si les premiers fonds ne leur manquaient.

Les croisières anglaises de la côte d'Afrique obligent les navires négriers à étendre au loin leurs opérations; on a vu dans ce récit qu'ils vont charger des nègres jusque dans le canal de Mozambique. Les nègres de cette côte, ainsi que ceux de Sofala, d'Inhambane et de Kellimane passent pour de bons travailleurs, aussi soumis qu'intelligents; viennent ensuite les nègres des pays de Cassange et de Benguella qui sont aussi très recherchés des planteurs. Ceux du Congo proprement dit, sont regardés comme peu intelligents, on leur préfère les nègres d'Angola. Les moins estimés appartiennent au pays de Minas, qui en livre cependant un très grand nombre au commerce; ils sont fiers, courageux, intelligents, quelquefois indomptables; on en a vu ne pas hésiter à se suicider pour se débarrasser d'une existence flétrie; ce mépris de la vie les a souvent rendus dangereux à leurs maîtres: on cite à ce sujet, plusieurs meurtres qui décèlent une grande résolution et d'énergiques instincts. Honneur aux hommes desquels on dit : mauvais esclaves, telle était l'opinion des Romains sur les Gaulois nos ancêtres.

Il y a quelques mois, un planteur avait acheté huit nègres de Minas qu'il traitait quelque peu rudement. Un jour qu'ils étaient aux champs, ils profitèrent d'un moment où leur maître s'était baissé, pour le frapper mortellement avec leurs outils, puis, courant à la case, ils s'emparèrent des fusils, se barricadèrent et pratiquèrent des meurtrières par lesquelles ils firent un feu très vif sur la troupe d'un planteur accourue pour investir la maison du défunt; on leur donna l'assaut et ils périrent tous les armes à la main. A de tels esclaves il ne manque qu'un Spartacus : une guerre avec l'Angleterre l'enfanterait sûrement; les nègres de la province de Rio-Janeiro semblent s'y préparer en se formant en sociétés secrètes dont les ramifications s'étendent dans toutes les villes de l'empire.

A la tête de ces sociétés sont des nègres libres; leur but actuel est de donner protection aux esclaves. Il existe, à cet effet, un fonds commun avec lequel on rachète les nègres dont la condition est rendue par trop dure. Certains meurtres dont la justice n'a pu découvrir les auteurs, semblent aussi se rattacher à ces sociétés secrètes.

3 février.

Course à la montagne du Corcovado. Si vous voulez pouvoir dire un jour que vous avez fait dans votre vie une ravissante promenade, allez au Corcovado; vous vous élèverez d'abord par une pente douce sur la colline de Sainte-Thérèse, puis, en suivant le grand aqueduc qui conduit les eaux à Rio-Janeiro, vous trouverez de frais et riants massifs de verdure qu'interrompent çà et là des rochers de gneiss porphyroïde, et vous arriverez ainsi à la mare d'Agoas, vaste bassin d'où l'eau s'échappant en cascade est recueillie par un canal qui l'introduit dans l'aqueduc. Vous poursuivrez votre route au milieu des arbres en fleurs, agités par un vent frais, et où mille oiseaux, mille papillons aux nuances variées se jouent dans le feuillage; chemin faisant, si vous êtes géologue, vous jouirez à la vue de ce filon de mimosite qui se dessine en un noir ruban sur le gneiss porphyroïde qu'il traverse. Une simple remarque vous révèlera le mode de formation de ce filon : vous verrez, en effet, un fragment anguleux de gneiss empâté dans la mimosite; lorsque cette roche se faisait jour à l'état fluide, à travers cette fente, elle rencontra un débris de la roche encaissante; votre imagination vous fera assister à cette grande scène de la nature dont les traces sont éternelles. Plus loin, vous trouverez dans le bois, devenu épais, une petite fontaine dont l'eau fraîche vous dira : arrête-toi ici et déjeune; — vous ferez comme nous. Ouvrez votre sac de provisions, débouchez votre bonne gourde et donnez une demi-heure seulement à ce charmant endroit; puis, continuant votre marche, vous atteindrez bientôt une maison disposée pour servir d'abri aux voyageurs; elle occupe le dernier col que domine le Corcovado. La vue est déjà fort belle : la mer s'étend au loin, et sous vos pieds se dessine le jardin botanique; à votre gauche est l'entrée

de la baie avec le *pico d'Assugar* qui lui sert de balise ;
mais poursuivez votre route, n'attendez pas qu'il fasse
plus chaud, vous avez encore un délicieux quart d'heure
à passer dans les bois. — Enfin, vous voilà sur la cime
du Corcovado ; sa tête chauve est un gneiss porphyroïde.
Là, le farouche don Pedro I^{ro} venait rafraîchir au souffle
de la brise du soir son front brûlant ; ces piquets de fer
encore debout soutinrent autrefois une tente où il cherchait vainement dans le sommeil, le calme dont les
hommes de cette trempe ne jouissent jamais ; cependant,
la vue du tableau magique qui se déroulait à ses pieds,
dut apaiser quelquefois les tempêtes de son âme de feu.
Un petit pont étroit existait alors sur la crevasse qui sépare en deux le rocher, et la tente impériale s'étendait
au delà ; mais depuis que le Brésil n'a plus de don Pedro I^{ro}, le pont est tombé et l'on ne franchit plus cette
profonde crevasse, à moins qu'on n'ait pas de meilleur
emploi à faire de la vie ; vous ne tenterez pas ce périlleux passage et vous préférerez comme nous, après
vous être saturés de cette splendide nature, venir boire
frais à la jolie fontaine du déjeuner. En descendant, faites,
croyez-moi, quelques poses auprès des regards de l'a-
queduc et buvez encore de cette eau délicieuse ; suivez
ensuite l'ombre épaisse des manguiers et vous arriverez
à la ville sans avoir trop souffert de la chaleur.

Ainsi je fis et cependant j'étais pressé ; il s'agissait
pour moi d'être à quatre heures, en tenue de grande
cérémonie, chez l'ambassadeur qui avait obtenu une au-
dience de l'empereur don Pedro II. J'arrivai au rendez-
vous à l'heure dite et nous partîmes en voiture pour

Saint-Christophe, résidence d'été de l'empereur ; la marine et la diplomatie se donnaient courtoisement la main dans cette occasion : l'amiral Lainé, tout récemment placé à la tête de la station, présentait la marine. A peine étions-nous rangés dans le salon de réception, que la porte s'ouvrit à deux battants pour donner passage à un homme jeune, d'une figure régulière, très-blond, à l'air sérieux et froid, cherchant à cacher sous une expression de dignité fière une grande timidité ; nous étions en face de l'empereur du Brésil.

Les premières paroles de Sa Majesté furent pour s'informer de la santé du roi Louis-Philippe, de sa sœur la princesse Francisca et du prince son beau-frère qu'il affectionne particulièrement ; la gaîté franche et communicative de ce dernier avait su trouver le secret, perdu depuis, dit-on, d'égayer le palais de Saint-Christophe.

La présentation individuelle faite par l'ambassadeur d'une part, de l'autre par l'amiral, fut froide et sans intérêt. Tel fut sans doute l'avis de l'empereur, car, au salut qui termina la dernière présentation, il se retira brusquement, en homme dont la corvée est achevée. Il avait hâte, probablement, de retourner à ses livres au milieu desquels il passe sa vie ; les sciences et la littérature sont ses plus douces occupations ; avec elles il oublie les soucis du trône et peut-être le trône lui-même ; or, par le temps qui court, pas plus dans l'une que dans l'autre hémisphère, il n'est prudent et sage de négliger son métier d'empereur pour s'adonner à la recherche d'une rime ou à l'examen des taches qui peuvent exister dans la lune. Le temps des loisirs poétiques ou scientifiques n'est plus ; les luttes du conseil d'état, la manœuvre d'un corps d'armée, l'étude constante des intérêts nationaux, voilà les passe-temps des empereurs qui ne se soucient pas d'affronter les révolutions ; on l'a dit : les rois s'en vont ; est-ce que les empereurs n'auraient pas pris le mot pour eux ?

Mme l'ambassadrice nous avait précédés chez l'impératrice, et donnait à la princesse Januaria de précieux détails sur les modes nouvelles ; notre arrivée interrompit fort mal à propos la conversation ; aussi, de peur d'être indiscrets, fîmes-nous prompte retraite.

Nous eûmes, en attendant la fin de cette conférence, le loisir de visiter les salles du palais et la bibliothèque ; elle se compose d'une collection nombreuse, faite avec un rare discernement.

4 février.

Longue conversation avec MM. Macedo et Saturnino, *inspectores das Alfandegas*, sur la situation agricole et commerciale de l'empire du Brésil. En voici le bilan, par *doit* et *avoir* :

D'une part une dette publique de 350,000,000 de francs, équivalant à huit années de revenu ; par suite, un état de finances fort embarrassé, empirant chaque jour et devenant d'autant plus inquiétant qu'on n'aperçoit pas encore clairement le moyen, non pas de combler le déficit, mais d'arrêter assez promptement son accroissement pour que la banqueroute ne devienne pas le dénouement inévitable de cet état de crise. D'autre part, un sol fertile dont les récoltes vont croissant d'année en année, un mode de culture et de préparation des produits agricoles qui serait susceptible d'améliorations telles, qu'on pourrait promptement et à peu de frais ajouter une valeur de 30 p. 0/0 à la production actuelle ; des mines importantes d'or et de diamant, un commerce actif, étendu, et en progression ascendante ; des ports occupant les plus admirables positions, soit comme points de relâche des navires de toutes les nations, soit comme entrepôts du commerce du monde ; enfin, une population de près de cinq millions d'âmes, dont l'organisation et les habitudes ont déjà pris, dans les grands centres, une physionomie européenne.

Les hommes d'état du Brésil, M. Saturnino à leur tête, ne se font pas illusion sur les causes et sur le danger de cette situation, ils n'hésitent pas à l'attribuer aux divers traités de commerce conclus avec les puissances européennes et notamment avec la Grande-Bretagne qui, sans s'inquiéter de ce qui pourrait en advenir pour le Brésil, s'est opposée d'une manière absolue depuis nombre d'années, aux augmentations de taxes sur les marchandises importées, seule ressource qu'avait cet empire pour élever ses revenus à la hauteur de ses dépenses. Il fallait en effet, pour arrêter le déficit, une réduction de dépenses ou une augmentation d'impôts ; or, qu'on jette les yeux sur le budget brésilien et qu'on voie si les articles de dépenses qui y figurent, sont susceptibles de grandes réductions.

Elles sont évaluées à 23,797 contos de reis [1], soit 66,103,162 fr. Près d'un quart de cette somme est absorbé par le service des intérêts de la dette consolidée, des pensions de retraite, etc., soit. .   4,517 contos.

Dépenses du ministère de la guerre.   7,085 —
(l'insuffisance de cette allocation est pour beaucoup dans la prolongation de la révolte de la province de Rio-Grande).

Dépenses du ministère de la marine   3,095 —

14,698 contos.

Ainsi, il reste, à peine 9,000 contos de reis, c'est-à-dire 26,000,000 de francs pour faire face aux dépenses de la liste civile, de l'administration intérieure, du culte, de la justice, des affaires étrangères, des frais de perception de l'impôt. Si les détails dans lesquels nous aurions à entrer sur chacun de ces chapitres n'étaient trop longs, il nous serait facile de démontrer que la plus sévère économie a présidé à la fixation de toutes ces dépenses. Reste la voie de l'augmentation de l'impôt; mais il suffit de porter son attention sur la nature de la matière imposable au Brésil, pour se convaincre qu'en dehors des ressources qu'offrent les taxes à l'importation et à l'exportation, il est à peu près im-

[1] Le conto équivaut à 1,000,000 de reis, soit au change de 360 reis par franc, à 2.777 fr. 77 c.

possible d'asseoir une contribution de quelque importance sur les autres formes qu'affecte la fortune publique. En effet, en passant en revue les deux chapitres
du budget des recettes de 1843 - 1844, on voit à quel
prix et par quels efforts on est parvenu à obtenir la
rentrée d'environ 2,759 contos de reis, en réunissant
aux droits de ventes et de mutations sur les immeu-
bles et les esclaves (*Siza y meia siza*), à ceux de timbre et de patente, aux produits du monopole du bois
de teinture et de la vente des diamants, toutes les petites taxes accessoires que l'imagination la plus fertile
en ces sortes de matières a pu trouver à établir [1].

1 Dans le budget déjà cité on a cherché, il est vrai, de nouveaux revenus : 1° En augmentant (art. 8) le droit de tonnage;
2° en doublant (art. 10) l'impôt sur les boutiques; (art. 11) la
capitation sur les esclaves; (art. 17) la taxe sur les maisons d'en-
can et de modes; 3° en établissant (art. 12) des droits de timbre
fixes et proportionnels; (art. 19) un droit de 4,000 reis sur les
chevaux et sur les mules entrant pour être vendus dans la ville
de Rio-Janeiro; divers droits de patente (art. 20 et 21); une taxe
de 8 p. 0/0 (art. 22) sur les primes de loterie d'un conto de reis,
4° en frappant d'une retenue proportionnelle de 2 à 10 p. 0/0 les
traitements des divers agents du gouvernement.

Mais l'énumération seule de ces moyens n'atteste-t-elle pas tout
à la fois les efforts du gouvernement brésilien et son impuissance
à élever ses recettes au niveau de ses dépenses ? Toutes ces me-
sures, disons mieux, tous ces expédients ne relèveront jamais
les finances de l'État.

A quel mécompte l'augmentation de la taxe d'ancrage et tonnage ne donnera-t-elle pas lieu, sous le rapport du revenu, par
suite de la fâcheuse influence que cette combinaison inintelli-
gente exercera nécessairement sur le mouvement commercial du
Brésil. La capitation sur les esclaves n'est pas de nouvelle in-

Que si l'on s'étonnait de voir qu'au milieu des embarras du trésor, on ne songe pas à asseoir une contribution sur le sol en culture, je répondrais que les droits de *Consulado* qui frappent à l'exportation les cafés d'une taxe de 11 p. 0/0 de la valeur et de 7 p. 0/0 toutes les autres denrées du pays, ne sauraient être considérés autrement que comme une contribution foncière dont le mode de perception est, après tout, préférable aux autres, dans un pays où les avances manquent aux propriétaires, parce qu'ainsi, la taxe est perçue par le trésor au moment où le propriétaire a reçu le prix de ses produits agricoles; si, d'ailleurs, ce mode permettait d'atteindre la portion de denrées que le colon consomme lui-même et qui échappe aujourd'hui à l'impôt. J'ajouterais, qu'autant il est facile, dans les divers pays d'Europe, d'imposer la propriété foncière, autant cela offre de difficultés au Brésil, soit qu'on veuille procéder à la répartition exacte de l'impôt, soit qu'il s'agisse de le percevoir, en raison de la dissémination des *fazendas* (habitations) et de l'absence d'administrations locales régulières.

vention : elle était précédemment de 1,000 reis par tête ; peu de propriétaires l'acquittaient alors ; portée à 2,000 reis, rentrera-t-elle plus facilement dans les coffres de l'État ? Il est permis d'en douter. Le droit de 4,000 reis sur les chevaux et sur les mules vendus à Rio-Janeiro, est la plus pauvre mesure fiscale qui ait jamais été prise, et l'on parviendra plutôt à déplacer le lieu du marché qu'à faire rendre la moindre chose à cet impôt. Ainsi, toutes ces augmentations ne figurent que pour mémoire au budget brésilien, et ne sauraient apporter au mal qu'un bien faible palliatif.

Ces difficultés ne pouvaient échapper aux hommes éminens placés à la tête du gouvernement brésilien ; aussi leurs espérances se concentrent-elles sur une nouvelle combinaison du tarif des droits de douane et de *Consulado*, qui ne peut recevoir son exécution qu'après la dénonciation du traité de commerce contracté avec l'Angleterre. Il entrera peut-être dans les vues politiques du gouvernement brésilien de dissimuler ses projets à cet égard, et si on lui fait de nouvelles propositions d'arrangements, il est possible qu'il ait l'air de s'y prêter ; mais il aura le soin de mettre en avant des prétentions inadmissibles, afin d'échapper, en définitive, aux étreintes de l'Angleterre et de recouvrer le droit de régler ses tarifs selon les besoins de ses finances.

D'après un examen approfondi que j'ai eu l'occasion de faire du nouveau projet de tarif, j'ai cru reconnaître que l'élévation des taxes n'altérerait pas trop profondément le mouvement commercial et qu'elle fournirait au trésor des ressources suffisantes pour combler le déficit annuel, si, d'ailleurs, on s'occupait d'améliorer le mode de surveillance en vigueur; car dans l'état de faiblesse du service des douanes au Brésil, l'augmentation des taxes passerait infailliblement dans les mains des contrebandiers et leur part, estimée en ce moment à 25 p. % du commerce total, dépasserait 40, si les moyens de répression dont dispose le fisc n'étaient pas augmentés proportionnellement à l'appât des bénéfices qu'offrirait la fraude. J'ajouterai que le commerce français, évalué au dixième environ du mouvement total du

Brésil et qui a toujours été, depuis quelques années, en voie d'augmentation, ne verra pas, selon toute apparence, altérer défavorablement sa situation sous l'empire du nouveau tarif.

Comme toutes les grandes idées, l'invention des omnibus est en voie de faire le tour du monde. La voilà déjà parvenue à Rio-Janeiro : aussi profitons-nous de l'omnibus d'Angelho-Veilho, qui nous emporte, dès six heures du matin, jusqu'au pied de la montée de la Tijuca ; là, s'arrêtait cette dernière expression de la civilisation européenne, et je la regrettai d'autant plus que le mode de locomotion qui devait lui succéder, empruntait à la nature primitive son plus modeste véhicule ; nous étions à pied, perspective pénible quand on a devant soi une rampe ardue à grimper par un soleil tropical qui darde d'aplomb ses rayons sur votre tête. Cependant, précédés des nègres qui portent nos bagages, nous gravissons la montagne ; chemin faisant, j'ai occasion d'examiner la constitution géologique du sol et de recueillir pour le muséum du Jardin du Roi, des échantillons d'un dike de mimosite qui traverse le gneiss porphyroïde, et de la leptinite grenatifère. Sur l'autre versant, nous nous trouvons au milieu du granit à grains fins qui paraît servir de base au terrain de cristallisation intermédiaire du Brésil.

Après trois heures de marche, nous atteignons la belle cascade de la Tijuca, dont les rochers nous offrent un précieux abri contre les feux du jour : nous puisons dans ses eaux tièdes, dont la nappe se brise sur nous, de nouvelles forces pour achever notre course ; deux grandes heures nous séparent encore de l'habitation de Jacaré-Pagua, où nous sommes attendus dans la soirée. Nous retrouvons, dans l'accueil de notre hôte, M. Corréja de Za, chambellan de l'empereur, cette urbanité de bon goût et ces manières aisées qui sont l'apanage du gentilhomme de tous les pays, parce qu'elles procèdent du même code. Il était entouré de sa nombreuse famille ; les jeunes filles formaient un groupe caressant autour de Mme Corréja de Za, tandis que la troupe pétulante des garçons, après être venue nous reconnaître, s'était réunie en conciliabule à l'extrémité de la Varende. On entendit d'abord des chuchottements ; puis, à un moment de profond silence, succéda un concert de voix fraîches, saluant notre bienvenue de l'hymne magnifique de notre poète national :

Reine du monde ! ô France ! ô ma patrie !
Soulève enfin ton front cicatrisé.

Il faut s'être vu séparé de sa patrie par l'immensité des mers, avoir senti l'isolement de la terre étrangère, pour comprendre l'émotion que ce chant me fit éprouver ; il y avait tant de gracieuse bienveillance dans cet accueil, que je ne pus m'empêcher d'aller serrer ces enfants dans mes bras ; mon cœur se gaudissait à la pensée qui leur avait inspiré ce chant, et il s'épanouit d'aise en apprenant que c'était l'empereur lui-même qui le leur avait enseigné dans ses fréquentes visites à Jacaré-Pagua.

L'habitation de M. Corréja de Za est située de la manière la plus heureuse, sur une colline basse, s'avançant comme un promontoire à travers la vaste plaine que termine à l'horizon le lac poissonneux de la Lagoa, communiquant avec la mer. Cette plaine, aujourd'hui couverte de récoltes, est un relais de la mer, dont les flots ont longtemps, sans doute, battu le pied de la colline ; des coquilles marines mêlées au sol et dont les analogues vivent actuellement sur les côtes du Brésil, ne laissent aucun doute quant à l'âge de ce dépôt ; il appartient à l'époque quaternaire ; mais la colline, formée de couches de galets de quartz alternant avec des argiles contenant quelques traces de lignites et de débris de coquilles d'eau douce, paraît devoir se rapporter au terrain tertiaire. C'est un de ces nombreux ilots de l'époque tertiaire qui, reposant indifféremment sur les divers étages du terrain de transition, marquent l'absence de toute la série des terrains secondaires, et dès lors l'ancienneté du soulèvement auquel le Brésil doit son principal relief.

La maison de maître est entourée d'un verger où l'on remarque plusieurs espèces d'arbres fruitiers, originaires des Indes orientales, tels que l'arbre à pain, le manguier, le jacquier ; mais on détruit avec soin aux alentours les herbes et les buissons qui cherchent à prendre racine, afin d'éloigner les serpents dont certaines espèces sont fort dangereuses. J'ai pu me convaincre que cette précaution n'était pas inutile par la rencontre que j'ai faite de plusieurs de ces reptiles qui ont d'ailleurs enrichi ma collection. La beauté des champs de cannes à sucre, de manioc, de maïs, d'ignames et de riz, atteste la fertilité prodigieuse de cette plaine, dans laquelle une petite rivière, habitée par des caïmans, entretient une humidité fécondante, tandis qu'un bois vierge de paletuviers et de mangliers la défend contre les vents de mer.

On plante généralement la canne à sucre de mars en septembre : c'est la saison des pluies au Brésil ; le terrain est retourné deux fois et quelquefois trois à la pelle ; puis on couche le plançon horizontalement, sans l'enfoncer, et on le recouvre légèrement de terre ; mais on observe mal les distances entre les plançons, et l'on prend si peu de soin de les aligner que les touffes, d'où s'échappent des tiges plus ou moins vigoureuses, sont très confusément dispersées sur le terrain ; il en résulte l'inconvénient de gêner les travaux qui suivent le plantage et d'étouffer les plants qui se trouvent quelquefois trop rapprochés les uns des autres. Nous ajouterons qu'il est regrettable de voir faire à la pelle un travail de préparation de terre que la charrue accomplirait parfaitement, et l'on a d'autant plus droit de s'étonner que cette amélioration n'ait pas encore été introduite dans cette partie de la province de Rio-Janeiro, qu'on se sert, avec le plus grand succès, de la charrue dans les grandes *fazendas de Campos*.

On peut généralement calculer que l'hectare de terre cultivé en cannes rapporte en moyenne 3,000 kilogr. de sucre dans les bonnes terres, mais, dans les terrains sablonneux, la canne est chétive et ne rend pas au-delà de 1,800 kilogr.

Le rendement du riz dépasse toutes les proportions connues; j'ai eu occasion d'examiner un champ où le riz est venu par touffes rapprochées les unes des autres. La première récolte a donné cinquante-deux pour un, et l'on devait faire dans le courant de l'année deux coupes de ce même riz, dont les tiges portant épis repoussent spontanément; il est vrai que ces deux dernières récoltes ne seront chacune que des deux tiers de la première, soit trente-un pour un, mais on aura obtenu, en somme, d'un seul semis cent vingt pour un. Ce produit est d'autant plus étonnant, que le rende ment du riz cultivé en Asie, dans l'Océanie et en Chine ne dépasse pas trente pour un, et qu'il ne s'élève le plus ordinairement qu'à quinze ou dix-huit.

La fabrication du sucre est aussi arriérée que la culture de la canne. Mû par une roue hydraulique de quatorze mètres de diamètre, le moulin à cannes se compose de trois cylindres en fonte placés verticalement. Sa construction est tellement défectueuse qu'il ne peut donner au-delà de 45 livres de vesou par 100 livres de cannes; il y a loin de ce rendement à celui de 53 p. 0/0 qu'on obtient communément dans nos colonies, qui pourraient, elles-mêmes, avec quelques perfectionnements arriver à 70 p. 0/0.

L'équipage approprié à la cuite du sucre se compose de cinq chaudières en fonte scellées dans la maçonnerie, circonstance qui occasionne souvent leur rupture ou leur déformation par suite de l'obstacle qu'oppose cette maçonnerie à la dilatation de la fonte ; le fourneau ne permet pas de régler la chaleur de manière à éviter de brûler le sucre dans la batterie et la bagasse ne suffit pas au chauffage ; l'énivrage à la chaux a lieu dans la première chaudière et se termine dans la seconde , mais il est le résultat de tâtonnements sans intelligence ; il y aurait d'importantes modifications à introduire dans cette partie de la fabrication qui est fort arriérée. Aussitôt la cuite terminée, le sucre est versé, au moyen de grandes cuillers, dans des formes en terre où il refroidit et se cristallise ; ces formes contiennent environ 50 kil. de sirop ; au bout de huit jours, on procède au terrage de ce sucre, cette opération dure huit jours et est répétée trois fois ; à chaque fois on enlève le sucre blanchi qui occupe la partie supérieure de la forme, et l'on sépare le plus blanc de celui qui a conservé une teinte légèrement brune , de manière à former deux qualités. Ce qui reste au fond de la forme est la dernière qualité dite moscovade ; on obtient ainsi 2/5 de sucre blanc , 2/5 de sucre mi-blanc et 1/5 de moscovade ; quant à la mélasse qui découle de la forme , reçue dans un bac, elle y éprouve la fermentation alcoolique. La liqueur obtenue est alors distillée dans un mauvais alambic d'une forme grossière et primitive , aussi le tafia est-il produit en petite quantité ; il est d'ailleurs de très médiocre qualité, et marque à peine 20° à l'aréomètre de Baumé. [1]

[1] Toutes les sucreries que j'ai eu occasion de visiter dans la province de Rio–Janeiro, ressemblent à celle dont je viens de donner la description, et qu'on peut regarder dès-lors comme type des sucreries du Brésil.

Les nègres de l'habitation de Jacaré-Pagua sont traités avec humanité et douceur ; il y a quelque chose de
patriarchal dans l'usage qu'ils ont de quitter leur travail
du plus loin qu'ils aperçoivent leur maître, pour venir
lui baiser la main.

Cet atelier réaliserait, à certains égards, les conditions d'un phalanstère fouriériste si l'esclavage n'était
pas le lien de l'association, mais cette usurpation des
droits de l'homme, quelque tempérée qu'elle puisse être
par la mansuétude du maître, ne saurait servir de base
à une organisation sociale prospère. Comme nous, le
nègre vit autant dans l'avenir que dans le présent, et ce
n'est qu'à la condition d'avoir un avenir qu'il se mariera,
qu'il élèvera sa famille et qu'il cherchera à augmenter
son avoir. Or, tout l'édifice de son bonheur repose sur
le caractère de son maître, et ce maître peut ne plus être
le même demain ; cette incertitude mène à l'insouciance
et à la vie végétative. Tel fut le trait caractéristique que
m'offrit l'examen des mœurs de cette communauté noire ;
toutefois, je remarquai que les mariages, qu'on favorise
d'ailleurs par tous les moyens possibles, y sont généralement plus heureux que dans les autres fazendes. Chaque
famille a une case spacieuse et propre ; on accorde aux
nègres, outre le dimanche, qui est jour de repos pour
tout le monde au Brésil, le samedi pour la culture de
leurs vivres, et les meilleures terres leur sont concédées
pour cet usage ; on distribue en outre, à chacun une
ration d'une-demi livre de carna-secca (viande desséchée). Il est quelques esclaves dont la prévoyance ne
s'étend pas jusqu'aux besoins du lendemain et qui lais-

sent leur coin de terre en friche ; à ceux-là , le maître
fait une distribution de vivres , mais il exige d'eux le
travail du samedi.

L'atelier de Jacaré-Pagua est de cent-cinquante noirs,
parmi lesquels soixante prennent part aux grands travaux de culture ; les autres sont des vieillards , des enfants ou des infirmes qui rendent fort peu de services.
Il y a aussi quelques nègres chargés de la fabrication
du sucre , plus les ouvriers charpentiers, menuisiers
et forgerons de l'habitation.

8 février.

La chapelle da Pena qui domine dans une des positions les plus pittoresques , le bassin de Jacaré-Pagua
avait attiré notre attention ; la famille Corréja de Za
voulut bien nous la proposer comme but d'excursion et
notre troupe joyeuse partit à cheval pour ce pélerinage.
Nos hôtes ne nous avaient promis qu'une jolie promenade , mais grâces à des causeries remplies de charmes,
la journée fut délicieuse, tout nous devint facile et agréable , même la pénible montée qu'il nous fallut gravir en
plein soleil pour gagner le saint lieu. La chapelle seule
ne répondit pas à l'idée que je m'en étais faite sur sa
réputation ; ce n'est pas que les ex-voto, sous les formes les plus saisissantes, manquassent aux murs. Mais
tout était mesquin dans la décoration de l'édifice comme
dans les ornements sacrés ; une seule chose fixa mon
attention, ce fut une réunion d'archanges à la face
bouffie , groupés les bras ouverts autour de la Ste-
Vierge, et que la famille de notre hôte embrassa les

uns après les autres avec une ferveur ineffable, que je n'avais pas encore vu s'exercer sur ces sortes d'objets.

J'avais fixé ce jour pour rentrer en ville. M. Correja de Za voulut encore le rendre profitable à nos recherches et il m'offrit de visiter, en passant, une belle caféyère qu'il a créée, lui-même, dans le vallon de Cantagallo ; je n'eus garde de refuser une si précieuse occasion. Cette plantation est bien tenue et d'une grande étendue. On transplante le caféyer à six mois et il demande quatre ans pour être en plein rapport, mais déjà vers trois ans ses produits ont de l'importance. On a commencé, dans la fazende de Cantagallo à étêter cet arbuste pour l'obliger à étaler ses branches latérales, ce qui, en lui donnant de la force, a aussi pour but de faciliter la cueillette du café ; mais ces avantages ne paraissent pas encore bien évidents à M. de Correja de Za qui y voit l'inconvénient de donner asile aux reptiles dont plusieurs espèces sont fort dangereuses ; l'entretien d'une caféyère exige que chaque arbuste soit pioché au pied et que le terrain soit sarclé soigneusement à plusieurs reprises chaque année. Un caféyer dure généralement vingt-cinq ans au Brésil, au-delà de cet âge les produits deviennent à peu près nuls ; en le coupant alors au pied, il se reproduit par des rejetons. La récolte du café se fait, dans la province de Rio-Janeiro, depuis le mois de mars jusqu'au mois de décembre ; pendant ce temps, les nègres sont sans cesse occupés à ramasser les grains mûrs qu'ils rapportent à l'usine.

Dans la province de Minas-Geraes, qui est beaucoup plus froide, la récolte ne dure que pendant les mois de mai et de juin. La préparation du café consiste, comme on sait, à le dépouiller des deux enveloppes qui le recouvrent : la première, est une pulpe charnue, la seconde, une pellicule appelée parchemin. Jusqu'ici, les procédés en usage au Brésil avaient été fort défectueux, et il paraît qu'il faut leur attribuer le discrédit du café brésilien à qui l'on reproche avec raison un goût de terre fort prononcé ; ce goût de terre, on l'avait attribué aux aires en terre battue sur lesquelles on le faisait sécher ; d'après des observations qui me sont propres, il serait dû à la fermentation de la pulpe, plus charnue au Brésil qu'ailleurs et qui, dans son contact prolongé avec la graine, lui communiquerait un goût de moisi ; quoi qu'il en soit, les nouveaux procédés en usage remédient parfaitement à cet inconvénient, et ont amélioré la qualité du café brésilien, au point qu'il est vendu au Havre à l'égal des bonnes qualités de Bourbon et de Portoricco ; voici ce procédé tel qu'il est pratiqué à la fazende de Cantagallo.

Dès que le café arrive à l'usine, il est placé pendant vingt-quatre heures dans une cuve remplie d'eau, afin d'en amollir la pulpe et d'enlever la terre qui peut la salir ; on le passe ensuite au moulin à décortiquer (*decascador*), c'est une rape cylindrique qui, en tournant au contact d'une trémie, déchire la pulpe ; la fève s'en échappe et passe à travers une toile métallique qui sépare la pulpe de la graine et retient cette dernière ; on prévient ainsi la fermentation de la pulpe et ses inconvénients. Le café est alors lavé à grande eau, puis séché au soleil sur des claies de roseau ou dans des aires briquetées ; quand il est bien sec, on le place sous un bocard qui détache le parchemin , puis on le vanne au moyen d'une espèce de van identique à celui dont on se sert en Europe pour nettoyer le blé ; enfin on le trie à la main. Les principaux artifices dont il est question ici sont mûs par un cours d'eau ; on y a même joint une machine à grager la racine de manioc, elle consiste en une roue à râpe qui la réduit en pulpe.

M. Corréja de Za a vendu son café ainsi préparé, dit *café lavé*, 4,000 reis l'arobe, tandis que le café ordinaire ne vaut que 3,000 à 3,600 reis.

L'atelier de Cantagallo se compose de soixante-dix individus parmi lesquels on compte beaucoup de jeunes enfans mulâtres ; qui le croirait ? La plupart sont de jolis petits blondins aux yeux bleus. On m'expliqua ce phénomène , en me disant que beaucoup d'Européens et surtout d'Allemands visitent la contrée. Mais ces pauvres petits, tout aussi blancs que leurs maîtres, n'en sont pas moins destinés à vivre dans l'esclavage, c'est encore là une des aménités de cet affreux régime. Du reste , les nègres sont aussi bien traités à Cantagallo qu'à Jacaré-Pagua ; seulement, comme le terrain propre à la culture des vivres leur manque ici , le maître les nourrit et exige d'eux le travail du samedi. Après avoir pris congé de nos excellens hôtes, nous nous dirigeâmes sur Rio-Janeiro par le col de *Pedra-Gouilla*, et j'eus occasion, en passant, de visiter la belle caféyère de MM. César et Valais. Les procédés de culture que j'ai décrits plus haut sont en usage dans cette fazende, la préparation du café y a même atteint un plus haut degré de perfection que chez M. Corréja de Za : on passe immédiatement la baie du caféyer au *decascador*, puis elle est lavée à cinq eaux, opération qui ne dure pas moins de six heures, on étend ensuite le grain pendant quatre à cinq jours, sur des aires dallées où il sèche complètement; il est alors passé au bocard et au moulin à van, puis choisi à la main; ce café s'est vendu à Rio jusqu'à 5,000 reis (15 francs l'arrobe = 13 kilog.), et son prix s'est élevé dans les entrepôts du Havre à 70 francs les 50 kil. On emploie le même procédé dans la fazende Aldea, appartenant à MM. Troubat et David, deux de nos compatriotes de Marseille qui se sont établis, comme planteurs, près San Pedro de Cantagallo, à l'extrémité septentrionale de la province de Rio-Janeiro; le café qu'ils expédient après en avoir achevé à l'étuve la dessication, se vend communément à Rio 4,000 à 4,500 reis l'arrobe.

10 février.

Rio-Janeiro possède en ce moment une troupe de comédiens français qui a donné, ce soir, à la demande de l'empereur, le drame de *Clotilde* par Frédéric Soulié; la famille impériale assistait à la représentation, la salle était comble. Les Brésiliens préfèrent généralement les comédiens français à tous autres; les pièces de notre répertoire sont-elles plus de leur goût, ou bien recherchent-ils l'occasion d'entendre parler correctement la langue étrangère la plus répandue au

Brésil, celle que tout brésilien qui a reçu de l'éducation se pique de savoir.

En général, l'influence des modes françaises est toute puissante sur le beau monde de ce pays ; une maîtresse française met le comble à l'élégance d'un grand seigneur de Rio-Janeiro: aussi cette ville est-elle devenue le paradis de toutes les lorettes dont le printemps s'est écoulé en France ; elles viennent y vivre une seconde jeunesse dont les grâces et le savoir-faire acquis dans la première font tous les frais. Le nombre de ces Alcines restaurées est réellement incroyable et le Brésilien ne se lasse pas d'admirer en elles, sinon la fraîcheur qui n'existe plus, du moins leur grâce enchanteresse : « Je possède une délicieuse maîtresse française, me disait un de ces messieurs ; il n'y a que cela de bien au monde ; quel genre distingué, que de grâces et d'élégance ! » Et cette divinité n'était ni plus ni moins qu'une ex-écaillère trop vieille pour continuer à Paris l'une des deux industries dont vivent les jolies écaillères.

12 février.

Muni d'une carte et d'une boussole, je m'embarque à Praja das Minieres. dans une faloure, espèce de grosse barque qui doit me déposer au port d'Estrella, situé au fond de la baie de Rio-Janeiro ; il est onze heures du matin, le virazon enfle notre voile et nous perdons rapidement de vue l'île das Cobras. Le virazon, c'est ainsi qu'on appelle la brise de mer, souffle invariablement dans cette saison depuis onze heures du matin jusqu'à la nuit ; puis, le courant atmosphérique se renverse et le vent de terre ramène pendant la nuit, vers la mer, l'air déplacé dans le jour par suite de l'action de la chaleur sur les couches aériennes les plus rapprochées du sol.

Il est fort heureux pour moi que la baie de Rio-Janeiro soit si connue, cela me dispense d'essayer ici de rendre les délicieuses émotions dont l'âme est inondée en parcourant cette petite mer intérieure, qu'une fée semble avoir touchée de sa magique baguette. Par elle, sans doute, ces rives si capricieusement découpées, se couvrirent de cette variété infinie d'arbres et de plantes, dont le feuillage et les fleurs s'harmonisent avec tant de magnificence ; par elle aussi, ces îles nombreuses comme les jours d'une année, sortirent, fraîches corbeilles de fleurs, du sein des flots pour orner cette étincelante nappe d'eau. Ces gracieuses maisons à demi cachées sous des massifs de verdure, elle en parsema ces îles fortunées pour inviter, sans doute, le voyageur fasciné à s'y arrêter, à céder aux charmes de ce délicieux séjour, à oublier dans ces retraites le monde et la patrie. Oh ! que l'existence doit y être douce avec son amie, m'étais-je écrié ; mais cette pensée avait interrompu mon rêve, hélas ! je n'avais pas d'amie dans cette barque. Le charme était rompu et, le virazon aidant, je passai libre et fier au milieu de cet archipel fleuri. Puis, laissant à babord l'île allongée du Gubernador qui n'a pas moins de sept lieues de tour et que l'on cite comme l'endroit le plus giboyeux de la contrée, nous remontons la rivière de l'Estrella, et à cinq heures nous mettons pied à terre devant le bourg de ce nom. Grâces à une lettre de recommandation dont nous étions munis, nous pûmes nous procurer un nègre qui chargea nos bagages sur sa tête et nous partîmes à pied pour Frigosa où est établie la principale poudrière de l'empire. Le chemin traverse d'abord plusieurs collines dont le sol ocreux, correspondant aux dépôts de limonite des environs de Cayenne, est couvert d'une vigoureuse végétation ; puis il suit une chaussée construite au milieu d'un vaste marécage. Nous marchions depuis trois heures lorsque nous arrivâmes à la poudrière de Frigosa ; une lettre d'introduction du président de la province de Rio, nous valut une fort bonne réception du directeur, M. Pardal, chambellan de l'empereur. La conversation, pendant le souper auquel il nous invita, fut des plus intéressantes : notre hôte, homme d'un esprit distingué, nous entretint du pays et de son avenir, de l'exécution de voies nouvelles de communication destinées à substituer le roulage au transport à dos de mulets. Le Brésil est, comme on voit, bien loin [encore de la période de civilisation où les chemins de fer, ces instruments perfectionnés de locomotion, deviennent une condition d'existence. Des routes carossables, voilà le vœu modeste et l'expression des besoins de sa situation actuelle. La route, dont nous parcourrons demain des tronçons, est destinée à relier l'intérieur à la côte, en établissant une communication facile entre Rio-Janeiro et l'importante province de Minas-Geraes qui est le grenier d'abondance de cette ville. Tous les grains, toute la viande salée qu'on y consomme viennent, en effet, de cette province qui dirige, en outre, sur Rio les produits de ses importantes mines d'or et de diamants, ainsi que ses cafés. On aura une idée de la cherté actuelle des frais de transport, lorsqu'on saura qu'on paie jusqu'à 1,200 reis (3 fr. 60 c.) pour le port d'un arrobe (13 kilog.) de café des fazendes de la province de Minas, à Rio-Janeiro. C'est donc à juste titre que l'on considère aujourd'hui l'achèvement des routes propres au roulage, comme devant marquer une nouvelle ère de prospérité pour le Brésil qui ne pourrait plus bientôt soutenir la concurrence des cafés de Java et de Ceylan, si cette cause d'enchérissement persistait. D'un autre côté, la facilité des communications multipliera les intérêts communs, et diminuera les chances de séparation politique dont on a eu naguère à redouter les tentatives de la part des fédéralistes.

13 février.

Après avoir visité en détail la poudrière de Frigosa, nous partons pour Itamaritame guidés par le feitor (homme d'affaires) de M. Pardal. La route que nous parcourons est précisément celle dont il était question hier à souper ; elle s'élève en serpentant sur le flanc des collines qui servent de contrefort à la chaîne principale de l'Estrella, et s'enfonce sous les voûtes épaisses d'une magnifique forêt vierge. On se trouve bientôt au milieu d'un massif confus d'arbres séculaires, de blocs de granit et de gneiss entassés, qu'on serait tenté de prendre pour le bout du monde ;

la roche en place se montre de distance en distance dans les escarpements qu'on a taillés, et laisse apercevoir le gneiss porphyroïde et la leptinite alternant en couches, et traversés par de larges filons de pegmatite. Un granit à grains fins s'échappe çà et là en-dessous du gneiss et représente, sans doute, la charpente inférieure du sol brésilien. On a réduit les pentes les plus fortes de cette route à un maximum de 5 p. 0/0. Nous avions déjà parcouru la moitié de la montée, lorsque nous fûmes rejoints par [deux cavaliers. Autrefois, les chevaliers errants levaient courtoisement leur visière en s'abordant ; aujourd'hui les gentlemen voyageurs échangent leurs noms, c'est ce que nous fîmes. L'un de nos nouveaux compagnons de route, M. Altaïde Moncorvo, secrétaire général du ministère des affaires étrangères, m'apprend qu'il se dirige vers les bords de la Paraïba pour fuir un instant le bruit des affaires et les chaleurs de la canicule; il m'exprime obligeamment le regret de ne pouvoir m'entraîner jusque là ; chemin faisant, nous jetons un coup-d'œil rapide sur la situation présente du Brésil, sur sa politique et sur ses alliances. Je crois reconnaître que la France est en grande faveur ici et que le Brésil se repose quelque peu sur elle du soin de l'aider à échapper au joug oppressif d'Albion. Près du sommet de la montée, les travaux de la route sont déjà fort avancés, les murs de soutènement en pierres sèches ainsi que les ponts destinés à l'écoulement des eaux, sont exécutés avec un soin qui leur donne la physionomie de travaux européens.

De Jose-Diaz, sommet de la Serra, on embrasse d'un coup-d'œil l'immense baie de Rio et la mer ; c'est une de ces vues que rien n'effacera de ma mémoire. Un peu plus loin, nous trouvons le lit du Corcosecco (rivière desséchée), au point d'intersection de l'ancienne et de la nouvelle route ; c'est là qu'il est question d'élever le palais impérial d'été. Pour qu'on ait pu concevoir un projet aussi bizarre, il faut que la fraîcheur tienne lieu de tout au Brésil, car ce sol aride et montueux ne saurait rien offrir de plus, quand on aurait à y dépenser ce qu'a coûté Versailles à Louis XIV. Nous marchions depuis quatre heures lorsque nous atteignîmes la Venda de Juan de Luiz, où nous comptions trouver à déjeûner ; cette prétention parut exorbitante à l'aubergiste qui nous apprit qu'il n'était dans l'habitude de fournir au voyageur qu'un abri et un bon feu pour la cuisson du déjeûner. Je n'ignorais pas que tel est l'usage en Portugal, mais je croyais qu'en se transplantant au Brésil, les Portugais auraient eu le bon goût de laisser chez eux cette pratique sauvage, qui expose un innocent voyageur à mourir de faim.

Mon air piteux détermina cependant l'aubergiste à m'aller chercher dans la forêt un choux palmiste, que je me disposais à manger avec du sel, lorsque nos compagnons de voyage dont les besaces regorgeaient de vivres, vinrent nous inviter de la manière la plus gracieuse à partager leur repas.

Deux lieues plus loin nous nous présentâmes au couvent du *padre* Luiz où, d'après notre guide, un excellent accueil nous attendait ; mais, au milieu du pèlemêle de femmes de toutes couleurs et d'enfants de tout âge qui remplissaient la maison, il nous fut impossible de pénétrer jusqu'au bon père. Il prétexta une indisposition pour échapper, sans doute, au risque de mettre des étrangers dans la confidence des compensations attachées aux rigueurs de la vie monacale. Cette manière de vivre, générale, m'assure-t-on, parmi les moines du Brésil, semble providentielle dans un pays à peu près désert, où aucun moyen d'augmenter la population blanche ne doit être négligé.

Le feitor n'ayant pu nous procurer des montures que pour le lendemain matin, nous passâmes le reste de la journée à explorer le cours de la Piabanha, qui va se jeter dans la Paraïba.

12 février.

Il était déjà grand jour quand nos mules se présentèrent à la porte de la pauvre hutte où nous avions passé la nuit ; un nègre devait nous servir de guide et s'était engagé à nous conduire en deux jours à la Serra des Orgues, à travers les montagnes. Le chemin suit la rive droite de la Piabanha ; la monotonie du paysage est à peine interrompue par quelques misérables plantations de caféyer qui couvrent çà et là les côteaux. L'apparence chétive des arbustes est-elle due au défaut de soin ou plutôt à l'aridité du sol qui sous cette latitude et dans ces hauteurs (700 mètres environ) convient très imparfaitement à cette culture? Il n'en est pas de même des champs de maïs qui occupent le fond de la vallée ; les plants s'élèvent à 9 et 10 pieds chargés d'épis à tous les degrés de maturité. La forme générale des vallées accuse les effets d'une puissante érosion due à des causes autres que celles qui agissent actuellement. A l'appui de cette opinion, on peut observer aux approches de Soumidouria, sur le flanc d'une colline qui longe la route, quelques blocs d'itacolumite soyeux (talcite quartzeux), arrachés des sommets des chaînes montagneuses das Esmeraldas negras et das Almas situées dans l'intérieur, et qui furent transportés, sans doute, par des courants d'eau jusque sur le premier plan de montagnes avoisinant la mer.

La rivière de la Piabanha avait jusqu'alors coulé paisiblement, mais au-dessous de Soumidouria elle roule avec fracas ses flots écumeux, et disparaît dans les rochers, comme le Rhône à sa perte.

Le village de Soumidouria, comme tous ceux de la route, n'offre presque aucune ressource ; nous n'y trouvâmes que du maïs pour nos mules, et nous dûmes nous contenter de quelques bananes pour notre dîner. Après avoir salué, de loin, la grande vallée que suit la Paraïba, nous nous jetons sur la droite, à travers un étroit sentier tracé au milieu du bois, et à trois lieues de là nous sommes devant la fazende Caëtan. Il est cinq heures, le tonnerre gronde ; de larges gouttes de pluie retentissent au loin sur la feuille épineuse du pin Areca ; il y aurait imprudence à s'engager dans les bois pendant la nuit avec un pareil temps ; nous nous déterminons donc à demander l'hospitalité, et elle nous est accordée de la meilleure grâce du monde. Malheureusement, les moyens de l'exercer sont infiniment restreints chez notre hôte qui ne dispose que d'une espèce de chenil dont une natte étendue à terre compose tout l'ameublement. Patience, quant au logement ; au moins souperons-nous bien, notre dîner à Soumidouria nous y a largement disposés ; nous nous rapprochons donc, par une manœuvre savante, du señor Caëtan, mais, ô désappointement ! le señor Caëtan ne soupe jamais qu'avec une tasse de café du cru, et il n'a jamais non plus l'idée que ceux qui le visitent puissent souper autrement. Je suis donc avec résignation notre hôte à la salle à manger, où la tasse de café à l'eau nous attend, flanquée d'une assiette d'affreux petits croquets que je dévore jusqu'au dernier, en pensant que ce repas piteux va m'être compté au nombre de ceux que je suis appelé à faire sur cette terre ! Cent fois plus heureuses sont nos mules qu'en arrivant nous avons dessellées et chassées dans la campagne : c'est ainsi qu'on en agit vis-à-vis d'elles ; on les reprend, le lendemain, comme et quand on peut. Le señor Caëtan récolte quelque peu de café ; mais le caféyer réussit mal chez lui, faute de chaleur ; l'eau gèle en hiver sur ces hauteurs, et j'ai observé que partout où ce fait se produit, le caféyer est d'un revenu insignifiant. Le maïs constitue la principale culture de la fazende, mais il se vend mal, surtout quand il faut déduire de sa valeur à Rio-Janeiro les frais exorbitants du transport à dos de mulet; aussi, la condition du propriétaire, nous disait le señor Caëtan, est tout à fait misérable et la cherté de la main-d'œuvre qui va en augmentant avec la rareté des nègres, absorbe tous les bénéfices ; encore si on trouvait à emprunter à un taux raisonnable ! Mais l'usure ronge le malheureux propriétaire, s'écria, en terminant, notre hôte, et je compris alors qu'il en est qui, non seulement soupent, mais hélas ! sont obligés de faire souper leurs hôtes avec une tasse de café à l'eau.

15 février.

Nous sommes sur pied dès quatre heures ; mais il faut en employer deux à chercher nos mules dans les immenses terrains vagues qui entourent la fazende, puis à essayer de s'en rendre maître en tentant leur gourmandise par un picotin de maïs que nous a vendu le señor Caëtan. Nous avons quatre heures de marche pour atteindre la fazende Aurélian, où, si l'on ne nous a pas trompés encore une fois, une bonne réception nous attend. Le sentier est tracé sur un terrain granitique fort accidenté et couvert de bois épais, où le bambou cambrouze entrelace ses rameaux au vaporeux feuillage. Le pays est infesté de serpents ; à notre approche ils se glissent dans les hautes herbes. Ma mule s'arrête brusquement à la vue d'un énorme boa lové au milieu du sentier et qui semble hésiter à se déranger ; le bruit que je fais le décide enfin à entrer dans le bois, mais il déroule si lentement ses tortueux anneaux, que ma mule, stimulée par un vigoureux coup d'éperon arraché à mon impatience, a failli le fouler aux pieds. J'estime que ce monstre n'a pas moins de six mètres de long, sur trente-cinq à quarante centimètres de tour.

Le terrain commence enfin à se découvrir, et nous débouchons après trois heures de marche dans un joli vallon dont la verte et fraîche pelouse rappelle à mes souvenirs les sites les plus agrestes de la Suisse allemande. A l'extrémité de ce vallon nous mettons pied à terre devant l'habitation Aurélian ; le feitor accourt à notre rencontre et nous engage avec empressement à entrer nous reposer en attendant le déjeûner.

On a essayé la culture du thé dans ces montagnes, notamment à la fazende Aurélian, où la plantation occupe environ vingt-cinq ares. Les arbustes à thé y sont plantés en haies à quatre pieds de distance les unes des autres ; cette plantation remonte déjà à cinq ans, et produit depuis trois ans ; on l'a entretenue et successivement agrandie au moyen des jeunes plants provenant du semis naturel des graines qui tombent. Les soins de culture consistent à retourner à la pioche, de temps à autre, l'espace compris entre chaque haie et à le sarcler très fréquemment.

La cueillette de la feuille a lieu une fois chaque mois depuis septembre jusqu'en février. La première récolte, celle de septembre, est la plus productive, puis les produits vont en diminuant graduellement jusqu'en février. On est occupé, en ce moment, de la dernière récolte. Les nègres chargés de cueillir les feuilles, coupent avec l'ongle les pétioles d'un vert tendre qui naissent à l'extrémité de la tige et en remplissent des corbeilles que l'on porte immédiatement au laboratoire Là, sont trois bassins en tôle de fer, circulaires, peu profonds, maçonnés sur un fourneau dans lequel on entretient un peu de feu ; la feuille passe successivement d'un bassin dans l'autre : on l'agite sans cesse avec la main, qui doit servir de thermomètre et de régulateur de la chaleur nécessaire à cette torréfaction. Ce procédé pour la préparation du thé vert est de tous points semblable à celui qu'on pratique en Chine, d'où il a d'ailleurs été importé. Mais, c'est surtout le triage des diverses qualités qui laisse ici à désirer ; on sait, en effet que cette opération exige, en Chine, une grande habitude chez l'ouvrier et un temps considérable ; ici le triage est fort incomplet et permet à peine d'obtenir deux qualités, lesquelles, toutefois, ne sont pas trop défectueuses. M. Aurélian vend son thé 5 patagons, soit 1,600 reis (4 fr. 50 c.) la livre, et sa récolte annuelle s'élève à environ 600 livres. Si la main-d'œuvre n'était pas d'un prix trop élevé au Brésil, on pourrait donner de l'extension à la culture du thé qui, dans les hautes montagnes de cette contrée, est dans les meilleures conditions pour donner d'excellents produits ; mais la préparation du thé exige, comme je viens de le dire, une manipulation de triage, qui n'est guère bien connue qu'en Chine, et dont l'exécution réclame, avant tout, l'extrême bon marché de la main-d'œuvre, condition que la Chine seule réalise. Aussi, toutes les entreprises relatives à la culture du thé, seront-elles un jour abandonnées dans l'Inde anglaise, aussi bien qu'à Java et au Brésil.

Un joli verger d'arbres d'Europe, entoure la plantation de thé de M. Aurélian. Les pêchers, les figuiers et les vignes retrouvent dans ces montagnes le climat tempéré qui leur convient, aussi leurs fruits sont-ils fort bons ; mais le thermomètre descendant à zéro en hiver, le caféyer est parfois brûlé par la gelée ; néanmoins le café, consommé dans la fazende, provient du, cru ; il en est de même du sucre dont on fabrique annuellement quelques quintaux. Mais les produits les plus importants consistent en maïs et en riz. On y élève aussi des bêtes à cornes, des mulets, des chevaux qui réussissent bien. Les vastes prairies, toujours vertes, qui s'étendent à perte de vue autour de la maison, leur fournissent une abondante nourriture.

Le soleil avait atteint le sommet de sa course, lorsque nous reprenons la route des Orgues, dont cinq heures de marche nous séparent encore. Le pays que nous parcourons est désert ; une argile rouge que la pluie a rendue pâteuse et glissante, en constitue le sol ; de dangereuses fondrières s'offrent à chaque pas ; mais, grâces aux efforts héroïques de nos mules, nous réussissons à en sortir et, après quatre heures de lutte avec toutes les difficultés de terrain imaginables, nous traversons dans l'eau jusqu'à la ceinture le torrent de Rio-Grande qui se jette dans la rivière das Baugolas. De là, nous entrons dans une vaste plaine encadrée circulairement de montagnes boisées et couverte de gras pâturages, où paissent en liberté de nombreuses troupes de cavales. Elles se groupent inquiètes à notre approche, et donnent, par leurs hennissements, le signal de ralliement à un essaim de poulains, jeunesse inconsidérée qui, ne s'en rapportant pas à l'expérience des mères juments, s'est avancée curieusement à notre rencontre. Au delà du col par lequel nous sortons de ce cirque, se trouve une seconde vallée circulaire parsemée d'habitations. Déjà l'orage qui, dans cette saison éclate périodiquement chaque après-midi, grondait sur nos têtes; nous pressons nos montures à travers la vallée, dans l'espoir d'atteindre un abri, peine inutile ! nous étions destinés à recevoir une de ces pluies diluviennes dont les tropiques offrent seuls l'exemple et qui transforment instantanément le pays en un lac fangeux ; nous perdîmes pied plusieurs fois avant d'atteindre la maison de santé de M. Marsh.

M. Marsh est un Anglais qui exploite, dans la chaîne des Orgues, un vaste domaine où sont cultivés tous les légumes et les fruits d'Europe. Il en approvisionne le marché de Rio-Janeiro. Son habitation est distribuée pour recevoir les personnes que leur santé oblige à se soustraire momentanément aux chaleurs excessives de la ville; elles retrouvent dans ces hautes montagnes la fraîcheur des pays tempérés. Le verger qui entoure la maison est planté de pêchers, de figuiers, de noyers, de cerisiers, de pruniers, de poiriers, de pommiers et de vignes. Je cherchais à saisir les dégénérescences que ces arbres pouvaient avoir éprouvées sous l'influence de leur transplantation dans l'hémisphère austral, lorsque le jardinier vint à moi et me présentant une corbeille pleine de fruits : « il y a *puis* bien longtemps, me dit-il, que vous n'avez mangé de nos fruits, Monsieur. » Cette tournure de phrase et l'accent avec lequel elle était prononcée, venait d'éveiller mes plus doux souvenirs. — Vous êtes de Grenoble, mon ami, m'écriai-je vivement ; je retrouvais, en effet, dans le jardinier des Orgues, un certain Martel que j'avais vu autrefois à Meylan, près Grenoble, où il exerçait sa profession dans une campagne voisine de celle de ma famille. Il s'empressa de me choisir les meilleurs fruits, mais nous tombâmes d'accord sur ce point, que leur développement laisse, en général, beaucoup à désirer, que la pulpe des pêches, des pommes et des poires est dure, coriace et qu'enfin ils ont tous plus ou moins perdu de leur jus et de leur saveur.

17 février.

La descente de la chaîne des Orgues, vers la baie de Rio-Janeiro nous réservait trop d'objets d'étude pour ne pas la parcourir à pied, nous partîmes donc de grand matin dans le modeste équipage du géologue, après avoir confié nos bagages à un muletier qui se rendait à Piedade.

L'ouverture vers la plaine de la haute vallée qu'habite M. Marsh, ressemble à un créneau pratiqué au sommet d'une forteresse élevée par la main des Titans. L'immense rempart dont ce créneau interrompt la ligne, est flanqué sur notre droite d'une roche se détachant sur le ciel, en un faisceau de tuyaux d'orgues d'une dimension colossale ; de là le nom de Serra des Orgues donné à cette chaîne de montagnes. La roche ainsi découpée appartient au gneiss porphyroïde alternant avec la leptinite et l'amphibolite, dont les couches sont relevées verticalement. Sur ce point des filons de pegmatite croisent cette formation et sont eux-mêmes traversés par des dikes de mimosite ; la direction générale de ces couches verticales est nord 30° est.

Nos recherches géologiques nous avaient entraînés loin de la route ; nous fûmes obligés de traverser à gué deux torrents profonds et dangereux, pour arriver à

Fontchal, premier village situé à l'entrée de la plaine.
Le temps s'était écoulé, et aux quatre heures de marche
que nous venions de faire pour sortir des montagnes,
il fallait en ajouter six à travers la plaine brûlante, pour
atteindre le port de Piedade que le bateau à vapeur de
Rio-Janeiro devait quitter dans l'après-midi ; l'espoir
d'arriver à temps nous fit braver les feux du soleil : j'a-
vouerai toutefois, qu'il y eut en route des moments de
douloureuse hésitation, où je me demandai si j'irais
jusqu'au bout, si les forces ne m'abandonneraient pas
sur les bords de ce chemin poudreux. Je pouvais encore
marcher, que depuis longtemps j'avais cessé de penser,
abruti que j'étais par la chaleur et la marche. La traversée du port de Piedade à la ville de Rio-Janeiro
est une délicieuse promenade ; le paysage varie à chaque instant. Je saluai, en passant, l'île si gracieuse de
Paquita, toute couverte de jolies maisons de campagne,
et à 7 heures du soir j'arrivai à Rio-Janeiro.

20 février, Mardi-Gras.

Les habitants de Rio barbotent depuis deux jours
comme des canards; l'eau se croise en tous sens dans
les rues ; ce sont des jets continus, des cascades, des
rivières, c'est enfin le déluge du carnaval. Toute chose
est bonne pourvu qu'elle lance de l'eau et de ces choses, il en est qui ne voient le soleil que ce jour-là.
Parmi les mille moyens de satisfaire l'irrésistible envie
de s'asperger les uns les autres, l'un des plus ingénieux est un projectile, dont le Portugal peut revendi-
quer l'invention, mais qui au Brésil, est appliqué sur

une vaste échelle : c'est une boule de cire, de la forme et de la grosseur d'un œuf. remplie d'eau parfumée. On se lance ces boules de toute la vigueur du bras à travers la rue ; nul passant n'y échappe. Ici, deux troupes sont aux prises, leurs bombes se croisent, l'eau jaillit en éclats et la victoire appartient au mieux approvisionné. Là, une maison toute ruisselante d'eau de senteur, renferme la dame des pensées de ce jeune héros en manche de chemise, qui l'assiège vigoureusement et dont l'amour sera mesuré à l'étendue de l'inondation.

23 février.

Nous appareillons au point du jour. Tous les bâtiments de guerre étrangers ont fourni leur contingent de chaloupes pour nous aider à sortir du port ; on compte deux chaloupes anglaises, deux américaines, une hollandaise et une brésilienne. — A huit heures nous sommes en route pour le cap de Bonne-Espérance.

CHAPITRE III.

LE CAP DE BONNE-ESPÉRANCE.

●

On aperçoit à l'horizon la montagne de la Table qui domine la ville du cap de Bonne-Espérance; mais la brise a molli, un brouillard épais et froid nous enveloppe; il faut louvoyer toute la nuit. Pour éviter un abordage, soit avec notre conserve la *Victorieuse*, soit avec deux autres bâtiments qui se dirigent comme nous sur Table-bay, on couvre les mâts et les vergues de fanaux, on met en branle la cloche du bord, on bat le tambour, on sonne le clairon, c'est un tapage infernal.

7

Le brouillard s'est dissipé lentement dans la matinée ; nous jetons l'ancre devant Cap-Town. A quelques encâblures de nous se trouve la frégate française l'*Erigone*, revenant des mers de Chine, et en relâche dans le port. Nous échangeons nos nouvelles de France contre des nouvelles du Céleste-Empire.

J'avais hâte de quitter le bord où je venais d'être renfermé pendant un mois; aussi profitai-je du premier canot pour gagner terre. Il n'existe dans la ville du Cap que deux hôtels et ils étaient pleins. Le consul français, que j'allai voir, m'indiqua une Boarding-house, tenue par une bonne dame hollandaise qui me fit le meilleur accueil. Assuré ainsi d'un toit, je m'en allai parcourir la ville.

Les rues sont larges et régulièrement coupées à angles droits; les maisons n'ont généralement qu'un étage; souvent des chênes, des pins et des ormeaux les ombragent. A l'intérieur, elles sont en quelque sorte luisantes de propreté. Leurs façades précédées d'une espèce de perron en terrasse, auquel on parvient par un large escalier tournant, sont peintes à l'huile et couronnées de frontons capricieusement festonnés comme les ornements des pendules Pompadour. Dans ce luxe de propreté intérieure et extérieure, on retrouve avec satisfaction les habitudes caractéristiques du peuple qui s'était créé au Cap une seconde patrie.

Les Hollandais ont, en effet, occupé pendant 180 ans l'extrémité méridionale de l'Afrique, et cette lon-

gue possession donnait à leur établissement un caractère de nationalité que les Anglais auraient dû respec-
ter, si, dans leur avide égoïsme, ils respectaient quelque
chose. Le fond de la population du Cap est resté hollandais ; mais les nouveaux conquérants occupent tous les
emplois publics ; la justice est administrée par des juges
anglais ; l'anglais est la langue officielle ; enfin, les principales maisons de commerce sont anglaises. La Hollande
jette encore un regard plein d'amertume sur cette terre
qu'elle avait en quelque sorte reçue de Dieu, et que le sort
de la guerre lui a ravie [1]. Naguère encore, un grand
nombre de colons de l'intérieur protestaient contre
l'usurpation anglaise et se réfugiaient à Port-Natal,
où les poursuivait le gouvernement anglais, bien décidé
à ne pas laisser ainsi échapper sa proie. La relâche
d'un bâtiment hollandais au Cap est toujours un événement joyeux pour les habitants ; ils fêtent avec orgueil leurs compatriotes, et boivent à des jours meilleurs. Ah ! ces jours luiront ! Les droits que donne la
guerre, la guerre les reprend, et tôt ou tard l'Angleterre aura un compte à régler pour la colonie du Cap,
qu'il est de l'intérêt de toutes les puissances de premier

---

[1] Le promontoire de l'Afrique méridionale fut découvert en
1487 par Barthélemy Diaz, qui l'appela le cap des Tempêtes,
nom auquel Jean II, de Portugal, substitua celui de *Cabo da Bon-
Esperança*. Les Hollandais s'y établirent en 1650, et leur colonie
fleurit jusqu'en 1795, époque à laquelle les Anglais s'en emparèrent. Ils la gardèrent jusqu'en 1802. Rendue à la Hollande par
le traité d'Amiens, elle repassa, en 1806, dans les mains des
Anglais.

ordre de remettre entre les mains d'une nation neutre , parce que c'est une de ces stations navales dont la possession , comme celle des passages ouverts à travers les isthmes de Suez et de Panama peut rompre l'équilibre politique et commercial entre les grandes nations du globe.

Le Jardin Public du Cap, autrefois le jardin de la Compagnie Hollandaise , occupe le centre de la ville. Une belle allée de chênes y prête son ombre aux promeneurs ; c'est tout ce qu'il offre de remarquable. A la vue des plates-bandes desséchées, des plantations mourantes , on a peine à se rendre compte de son ancienne célébrité. Le Champ de Bataille , forme un carré long entouré d'une double rangée de pins et de chênes ; sa face au nord-ouest est occupée par le *Commercial exchange* (la Bourse), espèce de pâté monumental d'un style détestable. Cet édifice renferme aussi la bibliothèque publique riche de trente mille volumes, établissement bien tenu, où l'on reconnaît l'ordre et le confortable anglais ; le choix des livres fait honneur au goût de nos voisins : les meilleurs ouvrages de littérature et de science semblent s'être donné rendez-vous sur le point de passage obligé des voyageurs de tous les pays. Je m'arrêtai avec satisfaction devant les rayons réservés aux auteurs français, et j'applaudis à ce mode d'hospitalité qui me procurait la rencontre de mes vieux amis Rabelais, Molière, Montaigne , Racine , Voltaire et de quelques nouveaux, tels que Lamartine et Victor Hugo.

Bien que les Hollandais soient encore l'élément le plus nombreux de la population de la colonie du Cap, qui dé-

passe deux cent mille âmes , il semble que toutes les races de l'univers y aient envoyé des représentants : les diverses variétés de nègres , les Chinois, les Malais, les
Indous, se mêlent dans les rues aux Cafres et aux Hottentots; le climat tempéré permet à tous d'y vivre, comme
il permet aux fruits de presque tous les pays d'y mûrir.
La France aussi a fourni son contingent à cette population , et les noms de Rousseau , de Lombard , de
Faure, de Dubuisson, qu'on lit encore sur les enseignes
des magasins , rappellent l'époque désastreuse de la
révocation de l'édit de Nantes , où nos malheureux
compatriotes vinrent chercher à trois mille lieues de
leur patrie, la liberté de penser et de croire. Ceux qui
les portent se souviennent encore que leurs grands pères
se disaient français ; mais eux , ils ont subi l'influence
du temps : mœurs , langage , habitudes nationales ,
tout s'est effacé peu à peu. Ils sont devenus hollandais
au contact de la Hollande, ils seront anglais un jour, si
l'Angleterre conserve encore cinquante ans sa conquête [1].

[1] La salubrité du climat du Cap, qui convient, on ne peut
mieux, à la race européenne et la fertilité de son sol favorable
à toutes les productions du midi de l'Europe, en font une
colonie à part et lui assurent un développement d'autant plus
avantageux à sa métropole que les habitudes de la vie, parmi
les colons, réservent naturellement aux produits de l'industrie
anglaise, une part bien plus considérable qu'à ceux de toute
autre nation.

Une colonie, pour ne pas faire du sucre ou du café, n'en a pas
moins d'importance, si l'abondance et la valeur de ses productions, quelles qu'elles soient, lui créent des moyens d'échange

Ce jour avait été fixé pour l'ascension de la montagne de la Table. Un Malais, établi dans le pays, nous
sert de guide, et au prix élevé qu'il exige pour sa journée, on s'aperçoit tout d'abord qu'on est dans un pays
anglais. Le sentier qu'on suit en sortant de la ville,
s'élève en pente douce le long d'un fort ruisseau, où
toutes les blanchisseuses du pays semblent s'être donné

propres à alimenter un mouvement commercial considérable.
Telles sont, sinon dès à présent, du moins dans un avenir rapproché, les destinées de la colonie du Cap.

L'émancipation, cette mesure qui, il faut le reconnaître, a
causé dans la plupart des colonies intertropicales de la Grande-
Bretagne des perturbations dont il est encore impossible de pré-
voir l'issue, la colonie du Cap en a supporté victorieusement l'é-
preuve, et cette belle œuvre de réhabilitation de l'homme n'a pas
été achetée au prix de sacrifices trop pénibles. Un instant, cependant, le sort de quelques cultures a semblé compromis, de
celles principalement qui réclamaient un grand nombre de bras.

Ainsi, la production du vin et des grains a baissé, cette dernière surtout, d'une manière remarquable. La quantité exportée
en 1834 et 1835, évaluée à environ 900,000 fr., se trouvait, en
1838, 1839 et 1840, réduite de moitié. En 1843, elle ne dépassait
pas en valeur 420,000 fr. Toutefois, dans les comtés de l'est cette
culture reprend la marche ascendante qu'elle avait antérieure-
ment. Les souffrances de l'industrie vinicole peuvent aussi,
jusqu'à un certain point, être attribuées au manque de bras ;
mais d'autres produits d'une grande valeur sont venus com-
penser presque immédiatement ces pertes ; de telle sorte que,
favorisée par les capitaux versés dans le pays en échange du
travail forcé des esclaves, la mesure de l'émancipation n'aura
produit, en définitive, qu'une transformation dans le travail de
la colonie.

rendez-vous, puis le sol s'exhausse rapidement par l'effet d'un renflement granitique sur lequel le ruisseau s'étend en cascade. Ce granit porphyroïde s'est fait jour, à l'état de fluide, à travers le psamite qu'il a métamorphosé en schiste maclifère. Plus haut, le sol provenant de la décomposition des grès siliceux qui constituent le sommet de la montagne, devient sablonneux et difficile à parcourir ; on ne tarde pas toutefois, à atteindre la roche en place superposée en psamite ; c'est un schiste argileux rouge, un peu micacé, alternant avec ce dernier, et occupant le quart environ de l'escarpement de la montagne de la Table. Là, le chemin s'empare d'une crevasse qui s'ouvre dans les assises presque horizontales d'un grès siliceux parfaitement blanc. La montée était fort rude ; j'interrogeais de temps à autre la roche avec mon marteau ; puis je cueillais çà et là des fleurs sauvages parmi lesquelles brillaient de leurs plus vives couleurs le géranium élégant et le lys rouge. Ces fleurs, c'étaient pour moi d'anciennes connaissances que j'avais vues longtemps dans nos jardins d'Europe, leur terre d'exil ; je les retrouvais dans le pays que Dieu leur donna au grand jour de la distribution des êtres à la surface du globe, et tout en gravissant la montagne, je me demandais combien de temps il faudrait encore à l'homme pour achever d'effacer les traces de cette distribution des êtres, par espèce ou par genre, sur chaque point de la terre. A voir avec quelle facile rapidité l'homme opère, quand il le veut, le mélange des êtres pour peu qu'il existe d'analogie dans les conditions climatériques des localités dont il réunit les productions, et d'un autre côté à considérer la date si récente, et le nombre si restreint de nos conquêtes, on se prend à penser que tout est encore bien nouveau pour l'homme dans l'ordre physique. D'hier seulement sur cette terre, il est à peine à ses débuts dans l'œuvre qui doit approprier le globe à tous ses goûts.

J'avais hâté le pas sous l'influence de cette pensée d'avenir, et je me trouvais fort loin de mes compagnons de voyage, lorsque j'atteignis le sommet de la montagne de la Table. Un vaste plateau horizontal la couronne; les bords, escarpés de toute part, n'offrent d'accès que par l'échancrure que nous venions d'explorer; quelques petites plantes, quelques fougères et des mousses croissent dans les anfractuosités de la roche. Le panorama dont on jouit du haut de la Table est plein d'intérêt : ce ne sont plus les vertes campagnes que m'offraient les alentours du Corcovado; les montagnes ici ont des formes âpres, sévères. Ce sont au nord et au nord-est d'immenses lignes de remparts étagées à perte de vue, et impossibles à franchir, s'il était quelque chose d'impossible à l'homme. Les montagnes basses et les côteaux cultivés de Stellenboch se dessinent au premier plan. Vers l'est se déroulaient à nos yeux les alentours de Simon's Town, où la marine royale anglaise a établi ses arsenaux, et la baie de False-bay qui sert de mouillage aux navires depuis le mois d'avril jusqu'au mois de septembre. A l'ouest et sous nos pieds nous saisissons l'ensemble de la ville du Cap, rappelant par la régularité de son plan la figure d'un échiquier; plus loin, la baie de la Table dont l'île Robben occupe le centre. Un beau navire la contournait en ce moment, c'était la frégate l'*Erigone*, mon cœur battit en lui voyant déployer ses ailes vers cette belle France dont je m'éloignais pour si longtemps.

Il existe sur le plateau de la Table une petite fontaine devenue le rendez-vous des curieux de la nature; nous y déjeunâmes, puis nous nous hâtâmes de battre en retraite devant les brouillards qui commençaient à nous entourer. A cinq heures du soir je rentrais au Boarding-House de Mme Wrankmoor, succombant sous le faix de mes richesses minéralogiques.

27 mars.

Les lettres d'introduction dont j'étais porteur m'ont ouvert les maisons de plusieurs négociants recommandables de la ville, et je viens d'en profiter aujourd'hui pour obtenir tous les renseignements désirables sur la situation agricole et commerciale du pays. On a mis sous mes yeux des échantillons des produits des diverses parties de la colonie, et des marchandises importées. L'extension qu'a prise depuis quelques années la production de la laine, et l'amélioration des qualités ont surtout attiré mon attention [1].

---

[1] La laine est le produit qui semble destiné à réparer les pertes que la colonie éprouvera sur ses vins.

Pour donner une idée des progrès de cette industrie, il suffira de comparer les produits exportés à diverses époques :

En 1816, on a exporté 9,623 livres de laine.
En 1820, — 13,869 —
En 1824, — 25,199 —

Tous les locatis de la ville du Cap ont été mis en réquisition pour la course à Constancia, et dès le point

En 1828, on a exporté	39,320	livres de laine.
En 1832, —	83,257	—
En 1836, —	373,203	—
En 1840, —	911,118	—
En 1841, —	1,016,807	—
En 1842, —	1,372,483	—
En 1843, —	1,700,000	—

Dans cette dernière quantité, les provinces orientales de la colonie entrent pour plus des deux tiers.

L'introduction des béliers mérinos de Saxe et d'Espagne a eu pour effet de substituer à la race du mouton poilu à grosse queue, originaire du pays, un mouton métis dont la laine fine est recherchée, et qui se nourrit plus aisément que le mouton indigène de race pure. Le pays est d'ailleurs parfaitement approprié à l'élève des bêtes à laine, et ce genre d'industrie semble convenir, surtout à la suite d'une mesure telle que l'émancipation qui, en enlevant des bras à la culture des terres, a rendu les naturels du pays à leurs habitudes de peuples pasteurs, de sorte que la forme seule du travail a été modifiée.

A la suite d'un examen attentif des diverses qualités de laine du Cap, je crois devoir les classer ainsi :

La première qualité est à peu près identique à la laine de Ségovie ordinaire ; sa valeur actuelle au Cap est de 1 fr. 65 c. la livre anglaise.

La deuxième qualité, analogue aux laines fines de la Catalogne, vaut 1 fr. 25 c. la livre anglaise.

Enfin, la troisième qualité, analogue à nos laines ordinaires des Pyrénées, vaut de 60 à 90 centimes la livre anglaise. Il m'a semblé qu'à ces prix la France pourrait donner avec avantage la préférence aux laines du Cap sur celles qu'elle tire d'Espagne. On peut calculer sur une dépense d'un penny (10 cent.)

du jour on les voit se réunir devant notre Boarding-
House. Bientôt notre nombreuse cavalcade s'ébranle et
se dirige en bon ordre vers le hameau de Ronde Bosch.
Il est convenu qu'en raison de la longueur de la course,
on adoptera l'allure d'une promenade de santé, mais
nos officiers de marine, et ils sont en majorité, ne connaissent que le galop: aussi, à peine sortis de la ville, il
semble qu'on ait sonné la charge, chacun se précipite
en avant, défiant son voisin, et nous nous dispersons
dans un nuage de poussière. Le chemin que nous prîmes M. de M*** et moi, était à ce qu'il paraît le meilleur, puisque nous arrivâmes des premiers chez M.
Cloëte, propriétaire du *Groot Constancia*, où nous
étions impatiemment attendus. Nous nous trouvâmes

par livre de laine pour commission, emballage et fret, ajoutons
que son exportation est affranchie de tous droits.

Il est vrai que le prix des laines a éprouvé une baisse continue depuis trois ans environ ; ainsi, avant 1840, les premières
qualités s'étaient vendues sur le marché de Londres jusqu'à 3 fr.
50 c.; mais, en 1841, le prix de la qualité supérieure n'a pas
dépassé 2 fr. 10 c. à 2 fr. 45 c., et celui de la qualité ordinaire
1 fr. 55 c. à 2 fr.

La baisse a continué en 1842 et 1843, et plusieurs négociants
du Cap, acheteurs de première main, ont éprouvé des pertes
considérables. Le prix de la laine est tel aujourd'hui que les
profits des propriétaires sont, dit-on, à peu près annulés par les
dépenses inséparables du soin des troupeaux. Tout en faisant la
part de l'exagération de leurs plaintes, on peut cependant en
conclure que le développement de la production de la laine ne
sera plus aussi rapide que par le passé.

La laine du Cap est admise en franchise de tous droits en
Angleterre.

bientôt tous réunis dans le vaste salon du château. Nombreuse était la compagnie, car des voitures avaient transporté tous ceux qui n'avaient pu trouver de chevaux de selle. En attendant le déjeûner, M. Cloëte nous fit admirer, dans l'angle de son salon, un léopard accroupi, à qui l'empailleur semble avoir rendu la vie. Ce bel animal est placé là pour servir invariablement d'introduction à une histoire de chasseur que M. Cloëte conte, avec un certain amour-propre d'auteur, aux touristes qui s'y exposent par leurs questions.

Pourquoi ai-je oublié comment ce léopard fut occis par M. Cloëte? je me serais refait sur vous, mes amis, des émotions que m'avait fait éprouver ce chasseur extraordinairement adroit et intrépide aux prises avec un animal extraordinairement furieux, vigoureux et agile. Tout est extraordinaire en fait de chasse au léopard, c'est convenu. Des voyageurs qui ont passé et repassé au Cap, ont remarqué que M. Cloëte ne conte son histoire qu'aux nouveaux venus d'Europe, et qu'il a renoncé à en entretenir ceux qui y retournent. Se serait-il aperçu que ces derniers savent à quoi s'en tenir sur la fantasmagorie des lions, tigres, éléphants, serpents monstrueux ou vénéneux, crocodiles, etc., à l'usage des badauds de l'Europe. Quoi qu'il en soit, nous reçûmes à cette occasion, de M. Cloëte, des instructions pour la chasse au tigre que nous nous proposions de faire le lendemain dans les bois de Hout-bay.

L'annonce du déjeûner vint heureusement mettre un terme aux développements du conteur. Mme Cloëte et ses deux filles prirent place au bout de la table que pré-

sidait le maître de la maison. Le silence du premier
moment exprima avec éloquence l'effet qu'avait produit sur nous la course de la matinée, ensuite commença la série des toasts ; à quoi ne but-on pas ! On
sortit de table pour se rendre en masse au cellier et y
goûter le vin du cru ; on nous donna du meilleur, n'en
doutons pas, car on espérait nous en vendre. Bon ou
mauvais, j'étais décidé à en acheter ; ne fallait-il pas
subir le joug de la réputation que le *Pontac*, ce ratafia
raisiné, a usurpé dans le monde gastronomique ? J'en
pris donc quelques caisses que nous boirons ensemble,
mes bons amis, ce sera l'occasion de placer les détails
que j'ai recueillis sur la fabrication du Pontac, du Frontignac, du Madère du Cap [1] ; je vous dirai aussi com-

[1] L'industrie vinicole est en souffrance au Cap ; les vignes sont
négligées, mal entretenues ; il en est même que l'on a abandonnées ou arrachées. Cette situation tient d'une part, peut-être,
à la mesure de l'émancipation qui a momentanément diminué le
nombre des travailleurs, et qui, surtout en élevant le prix de la
la journée à sa véritable valeur, a dû condamner à l'abandon
toutes les vignes dont les produits ne payaient plus les frais
de culture. D'un autre côté, les modifications apportées successivement aux droits d'entrée des vins du Cap en Angleterre, exercent depuis longtemps une influence fâcheuse sur cette industrie.
Jusqu'en 1825, les vins du Cap avaient joui d'une modération
de droits des 2/3 sur ceux imposés aux vins d'Espagne et de Portugal. A cette époque, cette protection équivalente à 28 livres
sterlings par pipe (412 litres), fut réduite à 11 livres, et en 1833 à
8 livres. Le droit d'importation actuel est la moitié de celui imposé aux vins de Portugal et de France, c'est-à-dire de 248 schel-
lings ou 310 fr. par pipe de 412 litres.

Les charges imposées à ces vins ne sont pas la cause unique de
leur dépréciation. Ils ont un goût de terroir qui les fait peu re-

ment notre visite en masse chez M. Cloëte, jeta dans la consternation ses deux rivaux, M. Colyn, propriétaire du Bas-Constance, et M. Van-Reinet, propriétaire du

chercher, et ce goût est encore augmenté par l'habitude qu'on a prise de fumer les vignes pour accroître la quantité, nonobstant le tort fait à la qualité. Aujourd'hui les vins ordinaires du Cap sont offerts à vil prix, et les propriétaires sont fort embarrassés pour s'en défaire. Nous avons vu payer durant notre séjour au Cap, le vin nouveau d'ordinaire, dans les meilleures qualités, au prix de 100 francs le legger (569 litres). Ce vin était destiné à être champagnisé, industrie qu'on cherche à introduire au Cap, mais qui en est encore à ses débuts. Quelques milliers de bouteilles ont été fabriquées par les procédés pratiqués en Champagne et en Bourgogne, et l'on a obtenu des vins mousseux, mais qui ne sauraient jamais passer pour du Champagne, malgré la précaution qu'on a eue de donner au cellier où ils se préparent le nom du premier cru de Champagne, le *Sillery*. On pourrait à la rigueur rapprocher ce vin du St-Perray mousseux, il en a toute la force, mais on y retrouve un goût de terroir prononcé qui le maintiendra sans doute toujours fort au dessous de nos dernières qualités de vins mousseux. Toutefois, s'il se conserve à la mer, ce qui est encore une question, il pourra avoir quelque débit dans les Indes, où l'on en a déjà expédié à titre d'essai. Au demeurant, je ne pense pas que notre commerce de vins soit jamais sérieusement menacé par cette production pseudonyme.

Ce qui précède ne saurait s'appliquer aux trois vignobles, le grand, le haut et le bas Constance, dont les vins sont aussi recherchés que leur production est limitée : trois espèces de plants sont cultivés sur le sol sablonneux de Constance, et fournissent trois qualités de vins fort distinctes, à savoir : 1• le Pontac dont le cep particulier dit *teinturier* est originaire du Portugal ; 2• le Frontignac ; 3• le vin rouge ou blanc dont les ceps viennent de France. Les deux premiers sont des vins doux ; le troisième, soit rouge soit blanc, est à la fois alcoolique et liquoreux. Le Pontac est ce qu'on pourrait appeler un vin de paille ; on le fabriquo, en effet, en mêlant deux seaux de jus doux de raisin à complète maturité, de la

Haut-Constance, qui, eux aussi, s'étaient mis en frais de réception et avaient tendu leurs filets pour y prendre quelques-uns des passagers de la *Syrène*.

Après avoir parcouru le clos de Groot Constancia, examiné le sol sablonneux où croît le *Divin Cep* (expression de propriétaire), et admiré la magnificence des chênes qui entourent la maison de M. Cloëte, nous rentrâmes au salon où nous attendaient d'interminables sonates. Heureusement, le piano, ce fâcheux des salons, fit bientôt place au chant; l'un de nous fit entendre un morceau d'un opéra français, à quoi les deux filles de la maison crurent devoir répondre par de plaintives romances où l'on se mourait d'amour en anglais, ce qui n'était divertissant que pour un petit nombre d'élus, car la majorité brûlant la politesse était allée s'établir devant la maison pour fumer à la clarté de la lune qui se jouait dans le feuillage des grands chênes.

.

qualité que fournit le Frontignac, avec un seau de raisin noir, dit *teinturier* en partie égrappé, et préalablement desséché au soleil. Ce mélange fermente dans la cuve et donne naissance à un liquide épais, très foncé en couleur, où domine un goût de raisin sec qui prend à la gorge comme le sirop de mûre, et qu'on est convenu de trouver excellent. Il est coté chez le propriétaire 22 livres sterlings (550 livres) les 85 litres sous cercle. — Le vin de Frontignac est fait comme le vin ordinaire; mais on n'emploie que le raisin bien mûr, d'un cep particulier du midi de la France. Il est coté 18 livres sterlings (450 fr.). Les vins rouge et blanc de Constance, auxquels ce clos doit en réalité toute sa réputation, sont fabriqués par la méthode ordinaire avec du raisin en partie égrappé. Les trois clos de Constance ne produisent guère annuellement que 2000 à 2200 gallons de vin de première qualité, soit 90 à 100 hectolitres.

.

L'annonce du souper interrompit les chants, éteignit les cigares. La table avait alors perdu les dimensions exorbitantes qu'elle avait au dîner; il ne restait plus à Constancia que les chasseurs au tigre, très disposés, du reste, à mettre à profit le temps peut-être bien court hélas! qui leur restait à vivre Chacun fit honneur au repas, on but surtout. J'avais fait mes adieux aux vins de Pontac et de Frontignac, et je m'en tins exclusivement au vin rouge, le seul qui soit vraiment digne des méditations d'un disciple de Brillat-Savarin. Les têtes s'étant échauffées, l'on but au tigre; chacun détailla l'emploi qu'il ferait de sa peau; il y eut même à ce sujet quelques indiscrétions commises au préjudice de certains petits pieds restés à Paris, et auxquels on faisait par avance hommage des dépouilles du monstre. Quoiqu'il en soit, les tigres ont l'oreille fine, et je crains bien que le nôtre n'ait entendu nos propos de *beuveurs*.

Les dames jugèrent le moment venu de se retirer, et nous étions dans des dispositions si peu galantes que nous les laissâmes partir, trop heureux de nous conformer dans cette circonstance à la mode anglaise. On chanta quelques chansons du gaillard-d'avant, et on se livra à tous les ébats d'une joie légèrement avinée : les uns imitaient les cris de certains animaux domestiques; un autre rendait à s'y méprendre le bruit strident de la vapeur qui s'échappe d'une soupape de sûreté. M. Cloëte cherchait à sourire à ses convives, en s'efforçant de maîtriser l'effet que lui causait ce sans-façon délirant. Je suivais tous ses mouvements, j'analysais toutes ses sensations, et quand je jugeai qu'il avait suffisamment gagné les

5,000 fr. de vin qu'il venait de trouver à placer parmi nous, je fis signe à plusieurs de mes compagnons et nous levâmes la séance; aussi bien fallait-il aller se reposer pour être sur pied à quatre heures du matin.

29 mars.

Malgré les engagements pris la veille, il était six heures quand nous quittâmes l'hospitalière demeure de M. Cloëte pour prendre le chemin de la ferme de Hout-bay dans les environs de laquelle nous devions entrer en chasse. Après deux heures de course, nous descendions à la porte de Wilhelm Boonzair, fermier de M. Cloëte. Ses fils, au nombre de huit, accoururent à notre rencontre, et l'empressement de leurs manières nous présagea le meilleur accueil. La famille de ce fermier se compose de huit garçons et d'une fille tous de belle venue. Les terres de la propriété qu'ils cultivent sont peu fertiles, aussi sont-elles abandonnées à titre gratuit au fermier, mais la pêche est fort abondante à Hout-bay, et le propriétaire tire son revenu du partage de ses produits. A notre arrivée, on nous assura que le tigre avait été aperçu la veille dans les bois voisins, son repaire habituel, et nous nous empressâmes de faire nos dispositions pour l'aller combattre. Il fut convenu qu'on se réunirait trois par trois; j'étais avec M. de M*** et le duc de T***; le sort m'avait favorisé du droit de tirer le premier, puis devait venir le tour de M. de M*** et enfin celui du duc de T***. Mais au moment de partir s'éleva la question de savoir à qui appartiendrait la peau du tigre: serait-ce à celui qui le frapperait le premier ou bien à celui qui

l'achèverait ? Les arguments les plus sérieux furent mis
en avant pour et contre ; on cita l'opinion d'Elzéar-Blaze
qui fait autorité en pareille matière, on procéda par comparaison et par analogie, enfin la discussion s'échauffait
lorsque je proposai la question préalable : la mort du
tigre. La faconde des orateurs fit aussitôt place à l'ardeur
des combattants, et nous partîmes, non toutefois sans
entendre grommeler les plus acharnés sur leurs droits
à la peau de la bête. Nous marchions depuis trois-quarts
d'heure par un soleil ardent, et nous gravissions péni-
blement l'entrée d'une gorge sauvage, lorsqu'un énorme
serpent s'offrit à notre tête de colonne. L'un des fils
Wilhelm l'avait aperçu le premier ; il ne fit qu'un bond
vers l'animal qu'il frappa de son bâton vers le milieu
du corps ; puis, d'un bond non moins leste, il mit dix
pieds de distance entre le monstre et lui. Le coup avait
bien porté, le serpent se débattait en sifflant et en mor-
dant les airs, mais ses reins brisés le réduisaient à l'impuissance de nuire ; un second coup acheva sa défaite ;
nous lui mîmes le pied sur la gorge, et le suspendîmes
par le col à un arbre. Les Anglais nomment ce serpent Puff-Adder ; sa morsure tue en moins de deux
heures. Il était gros comme le bras, sa tête hideuse
rappelait les créations les plus fantastiques d'une imagination chinoise : rien de plus diabolique ne s'était
jamais offert à ma vue. Je visitai sa mâchoire supérieure,
elle était armée de deux dents à charnières semi-tubu-
lées, longues de 12 millimètres, filtrant un suc jaune
chaque fois que j'en pressais les gencives tuméfiées ; ce
suc se figeait promptement à l'air et présentait alors

l'aspect d'une gomme d'un jaune d'or [1] que je recueillis soigneusement dans un flacon, pendant que l'animal agitait sa grosse queue terminée brusquement comme celle de la vipère de nos pays. A peu de distance de là, nous prîmes position autour du bois ; quant aux fils Wilhelm, ils pénétrèrent dans le fourré avec leurs chiens pour déloger l'animal. Mes instincts de chasseur avaient été très médiocrement stimulés par l'idée de la lutte qui se préparait ; il n'en était pas de même chez M. de M*** qui, dès son arrivée, s'était placé en joue prêt à faire feu, tandis que, mollement étendu à l'ombre, j'attendais, dans la position par excellence et mon fusil entre les jambes, que l'animal révélât son approche, ou tout au moins son existence, d'une façon quelconque. Nous étions postés depuis une demi-heure, et que Saint Hubert me le pardonne ! je crois que je commençais à m'endormir lorsqu'une détonation

Vient d'un calme si doux retirer mes esprits.

Je me dresse et m'assure que mon fusil est bien amorcé, que mon couteau de chasse sort librement de son fourreau. Deux coups de feu se font entendre : par ici, s'écrie avec émotion M. de M**, à vous le tigre !!!—J'y suis, lui dis-je d'une voix sourde, en pressant avec force ma bonne arme, prêt à faire feu sur tout ce qui se présenterait, fût-ce sur le diable en personne ; mais que vis-je au bout de mon fusil ? un pauvre chien qui, la queue en-

---

[1] M. Dumas, président de l'Académie des Sciences, a bien voulu se charger de l'examen de ce venin.

tre les jambes, quittait la partie. On n'avait pu trouver le
tigre dans le bois, qu'on avait cependant battu dans tous
les sens, et j'ai toujours pensé qu'effrayé de nos propos de
buveurs, il avait fui au loin avant notre arrivée. Quoiqu'il
en soit, nous nous bornâmes à reconnaître les lieux habi-
tés par le monstre. Bien que des débris d'ossements épars
çà et là indiquassent suffisamment sa retraite habituelle,
les gens de peu de foi, sans contester à cet endroit les
caractères d'un repaire de tigre, s'obstinaient à le considérer comme un vieux gîte abandonné ; que devenaient
alors les dangers que nous avions courus ? Aux premières objections, M. de M*** indigné s'était enfoncé dans
l'épaisseur du bois ; il reparut un instant après, l'air
rayonnant, et tenant, disait-il, la preuve irrécusable et
toute fraîche de la présence du tigre. Je gagerais, s'écriat-
t-il, en la faisant sentir aux plus incrédules, qu'il n'y a
pas un quart d'heure qu'il a laissé ce témoignage de son
passage. — Et vous paririez à coup sûr, répondit en
éclatant de rire un jeune élève de marine, je déclare,
j'affirme, je proteste qu'il n'y a pas en effet un quart
d'heure que ce témoignage, comme l'appelle M. de M***,
est déposé dans le bois. Chacun partagea l'hilarité bruyante du midschip. A défaut de cette preuve à laquelle
il fallait bien renoncer au grand regret de M. de M***,
on en admit d'autres, et en définitive tous, plus ou moins
satisfaits de nous sentir encore de ce monde après une
telle entreprise, nous nous dirigeâmes sans trop de déplaisir vers le lieu du déjeûner.

Il me faudrait maintenant la plume de Balzac pour
vous peindre l'intérieur de la famille Wilhelm, et l'ac-

cueil charmant qui nous y attendait. Où donc ces braves gens avaient-ils appris toutes les recherches de soins dont ils nous comblaient, et ces attentions délicates, exprimées sans affectation, noblement, qui descendaient jusqu'aux plus petits détails de notre bien-être ? Le père, la mère et leur jeune fille avaient seuls pu prendre place à la table dont ils nous faisaient les honneurs, et nous commencions à oublier nos dangers *inter pocula et scyphos*, lorsqu'une mélodieuse symphonie se fit entendre dans la chambre voisine : c'étaient les huit fils de la maison, tous bons musiciens, qui exécutaient nos airs nationaux ; grande fut notre surprise, moins grande, toutefois, que notre joie, aussi les sons des instruments furent-ils un instant couverts par nos frénétiques vivats. Chacun s'empressa ensuite pour faire place à nos aimables hôtes et si l'on fut serré à table, le cœur était à l'aise. On chanta au dessert ; Mlle Wilhelm s'accompagnant sur la guitare, nous dit plusieurs romances gracieuses parmi lesquelles j'ai retenu celle-ci :

> Tell me the tales that to me were so dear
>   Long long ago, long long ago;
> Sing me the song I delighted to hear
>   Long long ago, long long ago.
>
> Now you have come all my grieve is removed
> Let me forget that so long you have roved
> Let me believe that you love as you loved
>   Long long ago, long long ago.
>
> Do you remenber the time we first met
>   Long long ago, long long ago;
> Ah yes you told me you never would forget
>   Long long ago, long long ago.

Then to all others my smiles you prefered
Love whan you spoke gave a charm to each word.
Still my heart treasures the praises heard
Long long ago, long long ago. [1]

Nous étions transportés d'aise par cette manière si nouvelle et pour nous si inattendue de recevoir l'hospitalité chez un simple fermier. Hélas ! tout finit ici-bas, il fallut songer à la retraite, car nous avions quinze milles à faire pour rentrer à Cap-Town.

Rangés en bataille devant la maison, nous saluâmes nos excellents hôtes d'une décharge générale de nos fusils, et nos chevaux nous emportèrent au galop. Nous devions nous arrêter un instant près de Constancia, au cellier d'un de nos compatriotes qui fabrique à force une espèce de boisson mousseuse, à laquelle il a eu la hardiesse de donner le nom de Champagne-Sillery : c'est plus qu'un mensonge, comme je le lui ai dit, c'est

---

[1] Voici la traduction de cette romance :

Redites-moi ces contes qui m'étaient si chers
    Au temps passé ;
Chantez-moi ces airs si délicieux à entendre
    Au temps passé.

Maintenant que vous êtes de retour, tous mes chagrins sont loin,
Laissez-moi oublier votre longue absence.
Laissez-moi croire que vous m'aimez encore comme vous m'aimiez
    Au temps passé.

Vous souvenez-vous des jours de notre première rencontre,
    Au temps passé ?
Oh ! oui, vous me disiez que vous ne m'oublieriez jamais,
    Au temps passé !

Lorsqu'à celui des autres femmes vous préfériez mon sourire,
L'amour donnait un charme à chacune de vos paroles ;
Mon cœur conserve toujours les louanges que vous me donniez
    Au temps passé.

une faute qu'il commet, en infligeant au nom de Sillery si révéré des gourmets, parce qu'il ne mousse pas, l'injure d'une boisson mousseuse. Mais notre compatriote est un malheureux naufragé et de plus bourguignon ; à ce titre pardonnons-lui , d'une part d'avoir cherché des moyens d'existence dans la fabrication du vin mousseux, et d'autre part de s'épuiser en efforts infructueux pour imiter l'inimitable vin de Champagne.

La nuit nous prit au sortir de ce cellier ; un brouillard épais en augmentait l'obscurité et nous cachait entièrement la montagne de la Table, vers laquelle nous marchions ; tout à coup le vent se lève, le voile se déchire et nos yeux sont éblouis par l'illumination la plus grandiose dont j'aie été témoin. Qu'on se figure tout le massif de la Table entouré d'un feston de feu suivant capricieusement chaque pli du terrain, cercle enflammé d'une lieue de diamètre, d'où s'élançaient dans les airs , comme des flancs d'un volcan, des gerbes brillantes, partout où l'incendie rencontrait le bois fourré ou de gros arbres. J'appris bientôt qu'on met ainsi de temps en temps le feu aux broussailles de la montagne pour renouveler les herbes destinées à la nourriture des troupeaux de moutons.

30 mars.

Course géologique avec M. Hertzog [1] ; examen de sa

---

[1] On trouvera à la fin de ce volume, un mémoire dans lequel sont réunies toutes les observations que j'ai eu l'occasion de faire sur la constitution géologique du cap de Bonne-Espérance.

collection. Je fais la connaissance du colonel Cornwallis Michell, inspecteur général des ponts et chaussées; il me montre une innombrable collection de reptiles vivants recueillis dans les environs du Cap, et qu'il nourrit d'insectes. Je remarque surtout deux serpents cérastes enfermés dans une cage; leur morsure donne la mort en moins d'une heure. Le colonel Michell est un homme fort distingué qui accueille on ne peut mieux les voyageurs, et surtout les Français, pour lesquels il a une prédilection que j'ai, du reste, rencontrée chez beaucoup d'Anglais de mérite. Je lui suis redevable d'une foule de renseignements fort intéressants sur la colonie du Cap.

4 avril.

Départ du Cap pour Bourbon.

CHAPITRE IV.

∽∝⌣

BOURBON.

o

Les observations astronomiques, le loch et les montres marines s'accordent pour annoncer notre prochaine arrivée à Bourbon ; on vient d'étalinguer les chaînes sur les ancres de bossoir, et l'on se prépare à mouiller demain en rade de St-Denis. Il est dix heures du soir, j'aperçois les feux du volcan de Bourbon qui a l'attention délicate d'illuminer pour célébrer dignement l'arrivée de son futur historiographe ; oh ! la belle page pour mes mémoires et pour les siens que la description d'une éruption dans laquelle il est, sans doute, venu révéler au géologue le grand secret de la chaleur centrale et du rôle important de soupape de sûreté qu'il joue, lui, dans l'économie domestique du globe !

Nous doublons dans la matinée la pointe de Sainte-Suzanne, et déjà l'on distingue au milieu des arbres verts, quelques points blancs répandus çà et là; ce sont les maisons de Saint-Denis qui se cachent sous des massifs de verdure.

J'étais attendu au débarcadère par un ancien camarade récemment marié à Bourbon; il fallut le suivre malgré mes observations sur la gêne que j'allais lui causer. Allons, puisqu'on pousse ici l'hospitalité jusqu'à la violence, laissons-nous faire !

Les maisons de Saint-Denis, occupent généralement le milieu d'un vaste jardin bien ombragé, et sont ainsi admirablement disposées pour braver les feux du jour. La ville est donc, en quelque sorte, une agglomération de délicieuses villas; le seul inconvénient est dans les distances qui s'accroissent nécessairement de l'étendue des jardins, mais qui n'a pas sa voiture à Saint-Denis, et son jeune nègre courant près des chevaux, à perdre haleine, si un nègre perdait haleine? L'aisance paraît générale parmi les colons et, il faut le dire, les quelques personnes qui jouissent du privilége de consommer les produits du travail et des sueurs de toute une population, dépensent l'or comme elles le gagnent. Rendons leur cette justice, tout est grand et large dans leurs façons.

La ville a pris dès le matin ses plus beaux airs de fête, et l'hémisphère austral, en ce jour, ne le cède en rien, dans son empressement officiel, à l'hémisphère boréal. Les rues et la rade sont pavoisées, les salves d'artillerie font retentir les échos lointains de la montagne de Saint-Denis, les troupes de la garnison et la milice coloniale sont réunies sur la place d'armes, tandis que les hauts fonctionnaires se pressent en habits brodés dans les salons du gouverneur ; au *Te Deum* a succédé la revue ; la sieste, ce point d'orgue de l'existence du colon, a de la peine à trouver sa place dans cette journée d'agitation ; puis vient le grand dîner du gouverneur dont le toast au roi constitue l'épisode le plus saillant. J'oubliais les truffes ! il ne se donne pas à Bourbon un grand dîner sans truffes ; on ne sait pas en France tout ce que les colons en détournent à leur profit ; elles semblent devenues pour plusieurs un objet de première nécessité, sous l'ombre épaisse des orangers, dans cet heureux pays où l'on croit encore entendre murmurer les vers que soupirait l'amoureux Parny.

Le feu d'artifice vint à son tour fournir son contingent obligé aux réjouissances publiques, et le tout se termina par un bal où la colonie offrait dans les salons du gouverneur la réunion de ses plus jolies femmes dans leurs plus brillants atours ; or, cela veut dire beaucoup, car la beauté et les grâces naïves qui y ajoutent tant de prix, sont un don de nature chez les créoles de Bourbon ; et, quant à l'élégance de leur mise, il est peu de grandes villes de France , où la toilette des femmes puisse être comparée pour la richesse , la fraîcheur , le goût et j'ajouterai la nouveauté, à ces toilettes expédiées directement de Paris, qui ont traversé trois mille lieues de mer, conservées par la méthode Appert.

4 mai.

Mon excellent hôte , M. Alidor Bedier , avait bien voulu être mon introducteur auprès du propriétaire de la grande usine à sucre de la Nouvelle-Espérance , que je tenais à visiter. Fondée par M. Vincent, riche planteur de la colonie, dont la disparution subite est restée un mystère , cette usine où sont appliqués les nouveaux procédés de cuite à la vapeur et dans le vide , est conduite aujourd'hui par M. le docteur Venson qui nous fit un accueil plein de cordialité, et m'admit à suivre tous les détails de la fabrication.

La vapeur est produite par quatre générateurs, composés chacun de deux bouilleurs, fournissant ensemble quarante chevaux de vapeur, mais pouvant agir isolément, ce qui permet de ne chauffer qu'au fur et à mesure des besoins.

Le moulin à presser la canne, de la force de douze chevaux, ne peut suffire qu'à une fabrication de vingt-trois milliers de sucre par seize heures , et comme l'usine est montée pour trente milliers, on construit, en ce moment, un moulin à eau de la force de 12 chevaux qui agira seul quand le travail ne pressera pas, et au moyen duquel on économisera, en temps ordinaire, la vapeur, c'est-à-dire le combustible qui la produit.

Le vezou, au sortir du moulin, se rend dans les monte-jus, espèces de pompes refoulantes par l'action de la vapeur qui, arrivant sur la partie supérieure du liquide, l'oblige à remonter ; le jus de canne est ainsi conduit dans les chaudières à défécation au nombre de six , et de la contenance de six barriques de Bordeaux (30 veltes) ; le vezou y est mesuré exactement et on le paie au propriétaire de la canne, 7 fr. 50 la barrique, quand le transport à l'usine est laissé à la charge du fabricant, et 10 fr. quand c'est le planteur qui effectue ce transport. La vapeur est alors introduite dans le double fond et en seize minutes elle élève le liquide à 70° centigrades ; il se forme à sa surface une espèce de chapeau composé d'alumine coagulée, on y ajoute du lait de chaux marquant 14° à l'aéromètre de Baumé, jusqu'à ce que le vezou devienne limpide, ce dont on s'assure en en prenant un peu dans une cuiller d'argent.

On chauffe jusqu'à l'ébullition au moyen de la vapeur, et ce point de chaleur ne demande que quatre minutes; alors le liquide s'éclaircit en entier; il se forme un précipité abondant et un chapeau d'écume épaisse et concrète (cette opération exige de 16 à 18 minutes); on écoule la chaudière à déféquer jusqu'à ce que la liqueur devienne louche. Les résidus de cette chaudière sont placés dans une toile, sous presse, et le jus qui en sort est mêlé au premier. Aussitôt après la défécation , le jus se rend dans des vaisseaux à filtrer qui ont l'inconvénient d'être en fer, ce qui doit noircir le sirop; le fond de ce filtre est garni d'une grille sur laquelle repose une couverture de laine et qui est chargée de

1500 livres de charbon animal. Je pense que ce filtre décolore moins qu'il ne neutralise l'action de la chaux en excès ; cette action du charbon est assez difficile à expliquer chimiquement, mais ce qui est positif, c'est qu'en entrant dans le filtre, le vezou est alcalin, et qu'en en sortant il est neutre ; que, de plus, la chaux à l'état de carbonate se loge dans les pores du charbon et y adhère, ce qui oblige, au bout d'un certain temps de passer ce charbon à l'acide sulfurique avant de le revivifier par le feu : on s'aperçoit que le filtre est saturé quand il ne laisse plus passer le jus, alors on le démonte pour en changer le charbon. On calcule que pour fabriquer cent milliers de sucre, il faut employer vingt milliers de charbon, savoir : six milliers pour la filtration que je viens de décrire, et quatorze milliers pour l'opération de la décoloration dont il sera question plus loin.

Le vezou est alors élevé au moyen des monte-jus sur les condenseurs, espèce de tuyaux de cuivre placés horizontalement et que parcourt la vapeur des chaudières évaporatoires. Il y a ici un double effet produit : d'abord, la condensation de la vapeur de ces chaudières, ensuite la concentration du vezou qui augmente de cinq à six degrés, puisque de 10 à 11° où il était précédemment, il se trouve, après l'évaporation, à 16 et 17°. La vapeur non condensée et les gaz qui s'échappent de la cuite du vezou sont absorbés par une pompe à vapeur de la force de quatre chevaux ; si les condenseurs n'agissaient pas, il faudrait pour enlever la vapeur, que la pompe fût de douze chevaux ; d'un autre côté, la chaudière évaporatoire, qui met deux heures à opérer quand le vezou est de 10 à 11°, ne demande qu'une heure et quart quand le vezou a passé sur les tuyaux à condenser et qu'il a été ainsi porté à 16 ou 17° de concentration. La chaudière de concentration porte, de 17° à 28 ou 30° de Baumé, le sirop qu'on envoie alors dans les filtres à décolorer dont j'ai parlé plus haut ; chacun d'eux est chargé de 600 livres de charbon animal et a une contenance de 100 litres. Pour empêcher que l'entrée du sirop par la partie supérieure n'aille plus vite que la sortie par le robinet du bas, on a garni l'intérieur d'un robinet flottant qui fonctionne selon la hauteur du liquide.

Le vide ayant été fait dans la chaudière de cuite au moyen d'une pompe à vapeur de trois chevaux, le sirop à 28 ou 30° décoloré s'y rend par aspirations. Il est suffisamment rapproché lorsqu'il file par le refroidissement ; alors il marque environ 64 degrés à l'aréomètre et sa température est aussi de 64° Réaumur (elle est à 92° à l'air libre). On prévient l'ébullition trop tumultueuse en introduisant, de temps à autre, dans la chaudière de cuite, un peu de graisse, et l'on a disposé une colonne comme réservoir du sirop que l'ébullition entraînerait accidentellement dans les tuyaux condenseurs.

On nettoie toutes ces chaudières chaque semaine.

Le sirop ainsi cuit est envoyé sur des tables pouvant en contenir 18 à 20 milliers, ces tables favorisent le refroidissement : lorsque la masse est tiède, on porte le sucre dans des formes, espèces de caisses de bois dont lc fond est garni de fagots et de paillassons de jonc ; chaque caisse ou forme contient quatre milliers de sucre ; au bout de vingt-quatre heures on procède au clairçage au moyen d'un sirop de sucre à 36° de Baumé à froid, qu'on projette sur la forme ; ce clairçage dure vingt-quatre heures. Six ou sept jours après on fouille la forme, on en enlève toutes les parties claircées, et l'on recommence le clairçage pour les parties sur lesquelles il n'a pas réussi ; on met le sucre à sécher sur des plate-formes et on le dispose en balles de cent vingt-cinq livres, dans des sacs de vacua du prix de cinquante centimes. Quant à la mélasse, elle est reprise par les procédés ci-dessus indiqués, et donne du sucre, dit de second jet, puis de troisième jet et de quatrième. On devrait s'arrêter là, mais le bas prix qu'offrent les guildeviers des résidus, a déterminé le fabricant à cuire une cinquième fois.

Le sucre, livré au commerce, se compose d'un mélange des sucres obtenus dans ces cinq opérations, mais le sucre de qualité supérieure, dit belle quatrième, est fourni par le premier jet passé au filtre sur charbon neuf.

On fait, à la Nouvelle-Espérance, deux millions six cent mille livres de sucre ; mais on pourrait y porter la fabrication à trois et quatre millions de livres.

Selon M. Venson, le prix du sucre doit être de 22 fr. les 50 kilog., pour que le colon fasse ses affaires. Pour moi, je suis porté à croire, d'après mes propres calculs, que le prix moyen de revient est de 12 francs non compris l'intérêt des capitaux engagés, que j'estime à 6 fr., de sorte que le colon doit se tirer d'affaire tant que le sucre ne baisse pas au-dessous de 18 fr. les 50 kilog.

On ne claircе que les sucres des premier et deuxième jets; ceux des troisième et quatrième se terrent au moyen de toiles mouillées qu'on applique à la surface des formes.

La barrique de vezou, à la Nouvelle-Espérance, rend 77 livres de sucre; dans un essai à *feu nu*, on a obtenu 62 livres, quantité qu'on peut considérer comme un terme moyen. A St-Paul et à St-Pierre la barrique de vezou donne 65 livres de sucre. Une charrette de cannes à sucre pesant 1,500 livres, rend 160 livres de sucre, par conséquent 9 livres 4/10 par 100 livres de cannes, ce qui donne 61 livres de vezou par 100 livres de cannes.

Le sucre se fait de juin à janvier, mais c'est surtout en septembre, octobre et novembre que les usines sont le plus occupées. On ne traite guère en juin et juillet que les recoupes filées, c'est-à-dire les rejetons qu'on a laissés sur pied à la fin de la saison de fabrication, lesquels ont de dix-huit à vingt mois de pousse.

L'usine de la Nouvelle-Espérance emploie deux cents négres ou négresses, ainsi distribués : cinquante sont occupés au charroi, dix aux travaux intérieurs de l'usine; quinze au moulin; dix à la chauffe; trente aux champs pour faire sécher les feuilles de cannes destinées au combustible; trente à la sécherie des sucres et à leur emballage; dix à la purgerie; vingt-cinq à l'extraction du sucre des tables et à la mise en forme. Ces divers ateliers fournissent les ouvriers nécessaires aux travaux extraordinaires, inséparables d'une usine. Avec ces forces on peut travailler quinze heures par jour, mais pour marcher nuit et jour dans le temps de la fabrication, il faudrait cinquante ouvriers de plus. Dans mon opinion, cette usine qui réalise toutes les inventions et perfectionnements de MM. Desrones et Caille, a le défaut d'être trop compliquée, et d'exiger pour son installation des capitaux trop considérables. Elle a pour objet, il est vrai, la division du travail, mais on pourrait en obtenir tous les avantages avec moins de frais : ainsi, on monte en ce moment chez M. Testard (sous le vent) un appareil dans lequel la défécation a lieu à la vapeur ; la concentration, dans la batterie Gimard, qui a l'avantage de favoriser l'écumage et qui rapproche le sirop jusqu'à 25° ; la décoloration au noir animal dans le filtre ordinaire, et la cuite dans le vide par la chaudière Desrones et Caille. Le prix de cet appareil ne dépassera pas 90,000 fr. et il pourra traiter un million de livres de sucre.

Après avoir visité la sucrerie, j'examinai le four à carboniser les os, et la machine à revivifier le noir animal. On calcule qu'il faut une corde de bois (72 pieds cubes) pour fabriquer 6,000 livres de charbon, ou traiter 9,000 livres d'os. Quand ces derniers sont frais, il en faut moins parce que les gaz qui s'en échappent servent à la combustion. Les os, après avoir été concassés, sont placés dans des cylindres en fonte dont on lute le couvercle avec de l'argile, puis on les range dans un four. La cuite dure six à sept heures.

M. Venson tire ses os de Montevideo ; l'opération des navires français peut être celle-ci : porter des émigrants français à la Plata et prendre à Montevideo un chargement de mules et d'os pour Bourbon ; mais cette dernière marchandise étant encombrante, on devrait charger comme lest du maïs qui est à bon marché à Montevideo ; les os seraient alors mis en grenier par dessus le maïs, et les mules se placeraient sur le pont.

M. Venson a dans son atelier dix-huit Malgaches engagés volontaires qu'il emploie à toute espèce de travaux et dont il est fort satisfait. Ils font généralement la tâche imposée à l'esclave, sauf de rares interruptions pour cause de maladie ou par suite de dissipation. Chacun d'eux coûte douze piastres pour frais d'introduction dans la colonie et reçoit pour salaire quatre piastres par mois avec faculté de chômer le dimanche. On leur distribue chaque jour pour nourriture une livre et demie de riz, trois petits verres de tafia, deux onces de poisson sec ou de viande salée ; tout cela compris, les Malgaches reviennent encore à bien meilleur marché que les nègres loués au prix de 1 fr. 50 c. par jour, plus la nourriture évaluée 50 centimes. L'introduction des engagés de la côte d'Afrique serait un moyen lent, mais sûr d'émancipation ; garantissant d'une part le travail et de l'autre rendant l'esclave à vil prix, il permettrait de prononcer l'émancipation d'ici à quelques années moyennant une très faible indemnité.

Les engagés malgaches ont encore près d'un an à faire ; ils annoncent l'intention de s'en retourner chez eux à la fin de leur engagement et assurent qu'ils reviendront. Ils ont laissé une partie de leurs gages dans les mains de **M.** Venson, témoignant ainsi de la confiance qu'il leur inspire. Leurs cases sont, d'ailleurs, fort mal tenues, plus mal que les cases des nègres esclaves. Il est vrai que ces ouvriers malgaches se considérant comme en camp volant, n'ont rien fait pour se procurer quelque bien-être dans leurs logements.

Nous nous dirigeâmes, en quittant M. Venson, sur la plantation de M. Protet, cultivateur habile, qui vient de mettre en valeur une plaine marécageuse, où la canne de Batavia, à laquelle on donne la préférence à Bourbon, a parfaitement réussi ; ses récoltes alimentent l'usine de la Nouvelle-Espérance. Il laisse la canne vierge vingt-trois ou vingt-quatre mois en terre ; elle atteint douze à quatorze pieds ; mais le premier rejeton n'y reste que de douze à quatorze mois, à moins qu'il n'entre dans les arrangements du planteur de le laisser filer jusqu'à dix-huit mois. Généralement à Bourbon on ne tire parti dans les terres de médiocre qualité que des premiers rejetons, mais dans les bons terrains on fait jusqu'à trois coupes, ce qui embrasse une période de quatre années. Alors la culture de l'ambrevade [1] et du manioc succède à celle de la canne pendant deux ans, et la troisième année, on fait une récolte de

---

[1] L'ambrevade (*cajǎnus flavus*) est un arbuste que l'on sème à 3 pieds de distance en tous sens, et qui atteint 4 à 5 pieds de hauteur, il fournit un haricot excellent ; ses feuilles servent d'engrais au sol. On sème dans les intervalles de l'ambrevade, quand la plante a atteint 2 pieds de hauteur, des pois noirs, des pois du Cap, etc., etc.

maïs. Cette méthode d'assolement permet de revenir, au bout de trois ans, à la culture épuisante de la canne. On fume avec les engrais d'écurie avant de planter la canne, opération dans laquelle on a essayé l'usage de la charrue, mais son emploi a présenté l'inconvénient de trop ameublir la terre autour de la canne, dont le pied ne s'est plus trouvé suffisamment soutenu pour résister aux vents violents, tandis que plantée dans une terre non remuée, la canne est maintenue droite par la résistance des bords du trou.

Les terres de M. Protet sont en partie sablonneuses, en partie argileuses. L'hectare planté en cannes y rend communément 4,500 kilogrammes de sucre, tandis qu'à Saint-Benoit, la moyenne du rendement est de 4,000 kilog. seulement; on m'a toutefois assuré que chez M. Joseph Desbassyns la moyenne atteint 6,000 kilogrammes.

Après notre visite aux champs, nous allâmes prendre le frais dans un délicieux vallon ombragé par une foule d'arbres étrangers. Là, le letchi à l'écorce lisse s'élève comme le roi de la forêt. On fait peu de cas à Bourbon de son fruit si estimé en Chine. Le canellier de la Chine, le giroflier des Moluques et le ravensiné de Madagascar croissent pêle-mêle dans ces bosquets touffus. Chemin faisant, la conversation s'était engagée sur l'émancipation des esclaves; c'est le sujet de prédilection des colons avec les étrangers dont ils font quelque estime. Il s'agit, pour eux, de persuader que cette mesure, bonne en soi, est mauvaise dans l'application, qu'il faut s'en remettre au temps et aux colons du soin de faire peu à peu disparaître l'esclavage. Qu'ils prennent garde qu'on accepte leur proposition et que, mis en demeure d'opérer eux-mêmes la transformation sociale, ils ne maudissent un jour les conditions de la transaction ruineuse qui leur sera imposée.

5 mai.

Nous étions en route de grand matin pour les eaux minérales de Salasie. Après avoir traversé le pont de fer jeté sur la rivière du Mât, et dont il n'existe plus qu'une voie, l'autre ayant été emportée par une avalaison, nous ne tardons pas à pénétrer dans une gorge à travers laquelle la rivière du Mât roule ses flots tumultueux. A droite s'élève un rempart à pic, formé par la section verticale d'une suite de marches basaltiques, superposées à une hauteur prodigieuse ; de nombreuses fissures interrompent çà et là cette masse compacte, et laissent échapper des ruisseaux dont les eaux tracent un sillon d'argent sur la roche noire. Bientôt la route se réduit à un étroit sentier tracé au milieu des bois qui vont se confondre avec la végétation tapissant les parois abruptes de la gorge dans laquelle nous sommes engagés.

Les deux rochers basaltiques, au milieu desquels roule la rivière, se resserrent insensiblement et finissent par rendre la route impossible sur la rive gauche ; un pont la transporte sur l'autre rive, non loin d'une masse de basalte prismatique qui semble s'être échappée des entrailles de la montagne. Sur les deux rives les couches se correspondent et leur inclinaison anticlinale indique qu'elles ont été violemment séparées sur ce point par l'effet d'un soulèvement, dont l'effort s'est propagé dans la direction de l'axe de la gorge. L'étude de cette longue fissure fournit de précieuses données sur le mode de formation de l'île Bourbon.

L'accueil de M. Cazeaux, propriétaire des eaux thermales de Salasie, fut des plus aimables. Il me fit visiter en détail son établissement, puis il m'installa dans un des douze ou quinze petits pavillons en planches destinés au logement des baigneurs.

La source d'eau minérale est abondante ; elle marquait à mon thermomètre 31° centigrades, je constatai à l'aide de l'eau de chaux, que le gaz qui s'en dégage est de l'acide carbonique pur. Le dépôt ocreux qui se forme au fond du bassin est du carbonate de fer que l'acide carbonique en excès tenait en dissolution. Je reconnus ensuite, par les procédés d'analyse ordinaire, la présence des carbonates de soude, de magnésie et de chaux, dont la saveur est masquée par celle de l'acide carbonique que contient l'eau.

Les remparts qui s'élèvent verticalement autour de la source de Salasie, sont formés d'assises qui semblent horizontales par l'effet de leur section parallèle à leur direction. Leur composition offre des alternatives de laves feld-spathiques compactes ou poreuses, et de laves amygdaloïdes dont la pâte est une espèce de mandelstein et les noyaux, de la zéolithe ou de petites masses de carbonate de chaux saccaroïde. On observe aussi des trachytes à base basaltique, comprenant des cristaux de feld-spath vitreux, de l'amphibole noir, du fer sulfuré

et de la cymophane se confondant avec le péridot olivine.
On peut remarquer sur le bord du chemin en arrivant
à Salasie, un filon basaltique injecté presque verticalement dans les masses stratifiées, et qui semble comme
une trace du passage des agents de soulèvement et de
dislocation dont ce point a longtemps été le théâtre.
En remontant le ruisseau du Bras Sec, je pus faire une
collection à peu près complète des substances minérales qu'offre le pays.

6 mai.

Si j'habitais Bourbon, je voudrais passer ma vie à
Salasie. J'avais retrouvé dans la délicieuse fraîcheur
dont on y jouit, le calme où se retrempe la vie et avec
lui le sommeil, *ce grand donneur du bien*; aussi à mon
réveil, me rappelant dans l'enthousiasme de mon bien-
être le philosophe Sancho, je m'écriai avec lui : *Béni
soit celui qui inventa le sommeil* !

Après cet hommage de reconnaissance pour une si
bonne nuit, je me hâtai d'aller jouir du magnifique
spectacle du piton des Neiges et des trois Salases, avant
que les nuages eussent enveloppé ces sommets de l'île
Bourbon.

Du mamelon où est située la maison d'habitation de
M. Cazeaux, l'horizon s'agrandit et la vue embrasse
l'ensemble de la formation volcanique dont l'observateur occupe l'un des principaux centres. Alors le grand
cirque de Salasie se révèle à lui sous l'aspect d'un
immense cratère qui, avant de s'éteindre, a passé par
plusieurs formes qu'accusent encore les ruines gigan-

tesques étagées sous ses yeux. La vaste enceinte est parfaitement marquée à l'ouest par le piton des Neiges s'élevant à 3,150 mètres au-dessus du niveau de la mer, et les trois Salases moins hautes de 750 mètres ; au nord par l'escarpement de la plaine des Fougères, et au sud par celui du Bras-de-Caverne. D'autres soulèvements volcaniques se sont produits au milieu de cet enfoncement. L'un d'eux, le premier, le plus considérable sans doute, a laissé comme trace de ses bords extrêmes, le piton de Fourche qui sert de contrefort à la première enceinte, ainsi que le piton de Songe, et vers le sud le rempart de la Fenêtre. A ce second affaissement a succédé vers le centre du cirque un troisième boursouflement moins étendu que les deux premiers, et qui dénote que l'action allait en s'affaiblissant ; il a donné naissance en s'écroulant au piton Julien-le-Beau, à celui d'Euchingne, à Terre Plate, et au rempart de la cascade du Bras Sec; ces deux dernières enceintes sont sensiblement concentriques.

On remarque aussi sur d'autres points compris dans le pourtour du grand cirque de Salasie, de petits centres de soulèvements partiels ayant donné naissance à des cratères ; tels sont les emplacements occupés par la mare à Poule-d'Eau, l'établissement Périchon, etc., etc. On peut donc dire qu'en général l'intérieur du grand cirque de Salasie a été le théâtre d'une longue suite de bouleversements par le feu, dont la pluie et les autres causes de décomposition des roches n'ont effacé qu'incomplètement les formes primitives. En résumé, la grande enceinte de Salasie présente les traits généraux propres à tous les volcans. Les débuts de l'action volcanique y correspondent au déchirement le plus puissant, à celui qui a rejeté le plus loin et soulevé le plus haut les rochers qui lui faisaient obstacle. Les effets ont été, comme toujours, proportionnés aux causes, lesquelles allaient en s'affaiblissant graduellement ; il en est résulté une succession de cirques de plus en plus circonscrits, jusqu'à l'extinction de l'action volcanique qui ne se révèle plus aujourd'hui que par une source d'eau chaude, là où bouillonnèrent autrefois des roches en fusion.

J'avais projeté en quittant Salasie de visiter la grande magnanerie modèle que dirige M. Périchon ; en m'y rendant je m'écartai un peu du chemin, pour examiner un gîte assez considérable de chaux carbonatée concrétionnée (tuf calcaire), situé non loin de l'habitation Adam. Ce dépôt, qui renferme des coquilles terrestres, dont les espèces vivent encore dans le voisinage, ainsi que des feuilles d'arbres et du bois, est dû à une source d'eau aujourd'hui tarie. Cette disparution remonte à une époque peu éloignée et se rattache, sans doute, à des mouvements intérieurs dûs à l'action volcanique qui n'a pas entièrement cessé de se manifester sur ce point du globe.

La magnanerie modèle de Salasie est patronée par le gouvernement colonial, qui a en vue de favoriser l'introduction de l'industrie séricicole ; rien n'a été négligé pour arriver à ce résultat, et il n'est sorte de perfectionnement connu qu'on n'ait mis à l'essai. J'ajouterai qu'on aurait pu, selon moi, s'épargner la peine de quelques frais que le climat de Bourbon semble devoir rendre superflus. Le mûrier vient naturellement dans le pays, mais on y multiplie le mûrier blanc avec d'autant plus de facilité, qu'il suffit d'en enfoncer une branche en terre pour avoir un arbre au bout de fort peu de temps; aussi a-t-on formé autour de l'établissement des bois de mûriers à l'ombre desquels le caféyer semble parfaitement prospérer.

M. Périchon emploie pour le cueillage de la feuille des engagés de l'atelier colonial, auxquels il donne quatre piastres fortes par mois et la nourriture; il est très-satisfait de ces ouvriers qu'il traite fort paternellement et qui paraissent heureux de leur sort; chaque nègre remplit dans sa journée sept à huit grands paniers de feuilles, favorisé qu'il est dans ce travail par le peu d'élévation des arbres qui sont jeunes, ce qui d'ailleurs, comme on sait, èst une excellente condition pour avoir de bonne soie.

Les feuilles cueillies sont transportées dans une salle contenant pour vingt-quatre heures d'approvisionnement, précaution que la fréquence des pluies rend indispensable à Bourbon. Cette salle, chauffée par un poële, est contiguë à une chambre à air chaud, d'où sortent des gaines qui distribuent la chaleur par des orifices dont le diamètre augmente en raison de leur éloignement du foyer. L'appareil inventé par M. Périchon pour sécher les feuilles est ingénieux : ces feuilles sont emportées sur une toile sans fin, dans une boîte traversée par un courant d'air chaud, au-dessus de laquelle agit le ventilateur de Combes (de Paris), qui aspire l'air humide de la feuille; en vingt minutes on séche aisément quatre paniers de feuilles ; la feuille est alors coupée en morceaux menus au moyen de la machine de M. Quentin Durand de Paris. Voici le procédé suivi pour l'élève du ver : des feuilles de mûrier placées au-dessus des œufs prêts à éclore, reçoivent le ver à soie et sont ensuite transportées sur des claies à coulisse placées en étagères ; elles ont deux pieds de large sur cinq de long ; on les couvre d'une rabanne sur laquelle on pose les feuilles garnies des vers à soie. Pour nettoyer la rabanne et renouveler les feuilles, on se sert, comme en Chine, d'un filet sur lequel des feuilles fraîches sont étalées et que l'on applique sur les vers ; ceux-ci s'attachent à ces feuilles, de sorte qu'en soulevant le filet de quelques pouces on peut nettoyer et laver la rabanne. Le filet en s'abaissant replace les choses comme elles étaient auparavant.

Quand les vers parvenus au cinquième âge sont sur le point de faire leurs cocons, on place perpendiculairement aux claies dont il vient d'être parlé, d'autres claies en bois formant comme des échelons que suivent les vers pour atteindre des claies supérieures où ils font leurs cocons ; c'est encore ce qui se pratique en Chine. Ce jeu de claies remplace la bruyère dont on se sert ailleurs.

Les cocons sont placés dans des chaudières chauffées au moyen de la vapeur ; on file ordinairement huit à dix brins ensemble, pour obtenir une soie correspondante au titre de la soie de sept à huit brins de France. Il paraît d'ailleurs qu'il faut de quinze à seize livres de cocons pour obtenir une livre de soie, tandis qu'en

France on l'obtient communément avec dix à douze livres. L'espèce de ver élevé à Bourbon ne produit que de la soie blanche.

Chaque éducation dure environ un mois ; on a remarqué qu'une éducation trop hâtée par une nourriture plus abondante, produit des cocons imparfaits et d'un faible rendement. On a aménagé la feuille pour arriver, s'il se peut, à faire huit éducations par année ; mais jusqu'à ce jour on n'a réussi qu'à obtenir onze éducations en dix-huit mois. L'éclosion des vers a lieu au bout de quinze jours environ en été et de trois semaines en hiver ; cette espèce de graine favoriserait sans doute par sa précocité les essais tentés sur plusieurs points de la France pour obtenir deux éducations par année. En ce qui concerne la reproduction, on obtient généralement de dix kilogrammes de cocons choisis, quatorze onces de graines, en maintenant exactement l'égalité numérique entre les mâles et les femelles. Quand il naît plus de femelles, on les jette, et quand les mâles sont en excès, on les conserve jusqu'au lendemain pour le cas où le nombre des femelles se trouverait en excédant.

7 mai.

Après ous être longuement entretenus de tous ces détails avec M. Périchon, je me dirigeai sur le quartier de Ste-Suzanne, où j'avais plusieurs caféyères à visiter. Celle de M. Quesnel est une nouvelle plantation de quatre ans. Les caféyers sont placés à quatre pieds de distance les uns des autres ; ils réclament, pour prospérer, la protection d'un arbre originaire de Madagascar, connu à Bourbon sous le nom de bois noir et qui appartient à la famille des Mimosa. Il est à remarquer que de l'autre côté de l'île, c'est-à-dire, dans la partie dite sous le vent, le caféyer n'a nullement besoin d'abri. Au moment de ma visite, les jeunes arbustes étaient chargés de baies de café dont on évalue le rendement actuel à quarante grammes par pied de caféyer, mais il atteindra annuellement cinq cents à huit cents grammes, lorsque la plantation comptera quinze à vingt ans d'existence. La récolte du café dure depuis janvier jusqu'en mai; sa préparation consiste à mettre les baies entas pour déterminer la fermentation et la pourriture de la pulpe, ce qui a lieu en cinq ou six jours; on fait ensuite sécher le tout au soleil, puis le pilon débarrasse le grain de sa coque et de son parchemin, Le van achève de le nettoyer. La caféyère de M. Périer-Montbel est plus considérable; les arbres en sont taillés, afin qu'ils ne s'élèvent pas trop, ce qui gênerait pour le cueillage du fruit. La récolte a lieu, dans cette habitation, de février en juillet. Les baies de café sont séchées au soleil immédiatement après le cueillage, la promptitude de la dessication prévient la fermentation; on emmagasine alors ce café jusqu'à ce qu'on juge à propos de terminer sa préparation. Elle a lieu dans un grand mortier de bois, au moyen d'un pilon qu'un nègre manœuvre. La tâche journalière d'un nègre est d'une barrique de café à piler; cela exige quatre à cinq heures d'un travail des plus rudes. On passe ensuite le grain dans le moulin à van, et comme il conserve toujours quelques débris de son parchemin, on le fait vanner par des négresses qui en opèrent le triage à la main. Enfin, le café est mis dans des sacs de vacua du prix de 50 centimes et de la contenance de 50 kilogrammes. M. Montbel récolte annuellement deux cent cinquante à trois cents sacs, soit 12,500 à 15,000 kilogrammes dans une caféyère de dix mille gaulettes, soit 5 hectares environ de superficie ; la plantation compte près de cinquante ans d'existence sans cesser d'être en bon rapport. On pense généralement, à Bourbon, que le café lavé éprouve un déchet quant au poids, et l'on regarde, par ce motif, le procédé de décortication à l'eau comme nuisible. Cette opinion se fonde sur ce que la barrique de café lavé ne pèse que 55 à 56 kil., tandis que son poids s'élève à 63 kil. lorsque le café est préparé à sec. On en conclut que la graine a subi une déperdition due, sans doute, à une diminution de l'huile essentielle que l'eau aurait entraînée ; mais je suis fondé à croire que la différence observée dans le poids du café lavé ou préparé à sec, tient au gonflement que le premier a dû éprouver dans l'eau, et à la suite duquel le grain n'a pas repris sa forme primitive. Ce qu'il y a de vrai au fond de l'opinion des colons de Bourbon, c'est que leur café n'a nullement besoin d'être préparé à l'eau, parce qu'il participe des qualités du café Moka, lequel se distingue de tous les autres par la pulpe peu charnue et peu juteuse de sa baie, ce qui en rend la fermentation peu active, et la dessication rapide.

Toutefois, il est regrettable que la préparation du café soit aussi arriérée à Bourbon, en ce qui concerne l'opération de la décortication. Exécuter cette opération dans des mortiers de bois au moyen de bras qui meuvent des pilons, c'est réellement par trop primitif; un moulin à bocard serait si simple, si peu coûteux; établi surtout dans le voisinage des caféyères, il servirait à toutes celles d'un quartier.

Cette amélioration, en dotant le pays de tous les avantages de la division du travail, rendrait à l'agriculture les bras, déjà si rares, que l'industrie en détourne.

Il résulte, de données dont j'ai vérifié l'exactitude, qu'à Bourbon les frais de culture et de préparation du café, y compris l'intérêt de la valeur de l'atelier des nègres employés, ou le prix de la journée du travailleur calculée à 1 fr. 50 et de sa nourriture, font revenir à 35 fr. les 50 kil. de café; et comme en ce moment ils valent dans le pays 55 fr., il reste pour l'intérêt des terres et des usines la somme de 20 fr. par 50 kil. Et c'est en présence d'un si beau bénéfice, que l'on abandonne la culture du café en faveur de la canne à sucre, qui s'étend chaque jour et menace d'absorber tous les moyens de production de la colonie! voie déplorable dans laquelle la loi des sucres pousse inévitablement le colon, en détruisant au profit de cette denrée l'équilibre qui pouvait exister entre les diverses productions de nos colonies; forçant ainsi, au moment où les bras menacent de faire défaut, la culture qui exige le plus de bras, et condamnant à l'abandon celle du café et des épices, les seules qui eussent longtemps résisté à une diminution dans le nombre des travailleurs; de

sorte qu'aujourd'hui l'existence de la colonie de Bourbon
est attachée à la question des sucres. [1]

On raconte des merveilles du volcan ; la lave découle
à pleins bords d'un immense lac de feu qui s'est formé
au pied du cône. Le courant s'avance, dit-on, vers la
mer à travers la plaine du Grand-Brûlé. Ce spectacle
doit être magnifique et je cours en jouir.

A la rivière du Mât, je suis rejoint par de joyeux compagnons qui, eux aussi, vont rendre visite au volcan.
La diligence ne tarde pas à nous déposer à St-Benoit,
et de là, nous gagnons dans une modeste charrette traînée
par trois mules, l'habitation de la Ravine-Glissante,
située au quartier de Ste-Rose. J'avais une lettre pour
le régisseur qui me fit visiter les cultures, l'atelier et
l'usine [2].

J'assistai, dans la soirée, à la distribution du souper
des nègres : MM. Jupiter, Vulcain, Cupidon et Mercure,
Mmes Vénus et Cypris, Mlles Hébé et Léda répondirent

---

[1] Voici approximativement la valeur annuelle des produits de
Bourbon.

Sucre.................... Fr.	17,129,666
Girofle......................	2,540,445
Café	1,768,360
Fr .	21,438,471

[2] On concentre, dans l'usine de la Ravine-Glissante le vezou
avec la batterie Gimard ; on rapproche ce sirop avec l'appareil Vet-
zell qui n'exige, comme on sait, qu'une température de 62°. La
barrique de 225 litres de vezou rend, par cette méthode, 71 livres

successivement à l'appel du commandeur, et reçurent de ses mains un pain de riz et une espèce de bouillie de pois secs, qu'ils allèrent manger à l'écart comme des bêtes fauves. J'étais sans doute mal disposé, mais ces noms burlesques loin de m'exciter à rire, me semblèrent ajouter une infernale moquerie à tant de misères, et je m'éloignai de cette scène le cœur serré.

10 mai.

Quiconque a vécu au milieu des nègres libres ou es-.claves, sait combien il est difficile en voyage de les met-

de sucre [1] de la qualité basse quatrième, parce qu'on ne fait pas usage du noir animal.

Les résidus de sirop sont vendus au guildivier à raison de 20 cent. le litre ; la fabrication annuelle de cette usine est d'environ 700,000 kil. de sucre, représentant le produit du travail de deux cent cinquante nègres ou négresses qui composent l'atelier de cette habitation. C'est par tête, 2,800 kil. de sucre qui, à 44 fr. les 100 k., donne 1,232 fr. pour le produit brut annuel du travail d'un nègre. Les terres de la Ravine Glissante sont travaillées à la pioche ; chaque trou de canne à sucre a 4 pouces de largeur sur 10 de longueur et de profondeur ; les trous sont espacés de 2 pieds dans un sens et de 5 pieds dans l'autre ; on y place deux boutures horizontales qu'on recouvre à peine de terre. Quand la canne s'élève à 2 pieds du sol, on prend soin de retirer, avec la main, la terre qui a pu tomber dans chaque trou, afin de donner de l'air à la racine ; plus tard, le trou se comble tout seul. On calcule que 1,500 livres de canne ne donnent que 500 livres de vezou dont la densité varie entre 8 et 12 degrés. Ce faible rendement tient évidemment à la défectuosité du moulin à presser.

[1] M. Desbassyns a retiré de 325 litres de vezou :
1° à feu nu avec les anciens équipages. . . . . . 23 kil. de sucre.
2° à feu nu avec la batterie Gimard perfectionnée 25 à 26 »
3° par le système Wetzell . . . . 40 »

tre en marche ; si vous avez eu le malheur de compter sur les services de ces gens-là, vous êtes tombé dans la plus lourde des dépendances ; attendez-vous à tous les retards, à tous les oublis, à tous les mécomptes. Je ne parirais pas que vous ne devinssiez avant peu leur serviteur ; ce sont de si grands enfants que les nègres ! Nous faisions pour la centième fois cette réflexion, quand fatigués d'attendre ceux qu'on avait chargés du transport de nos vivres et objets de campement, nous hâtâmes le pas dans la direction du volcan. Le père Arsène Dalloz, qui devait nous servir de guide, nous attendait dans sa modeste habitation du Bois-Blanc. Nous y fîmes une pose pour donner à nos nègres le temps de nous rejoindre, et j'en profiterai pour vous parler du père Arsène, aussi connu dans l'île que le volcan son voisin. Cet osseux vieillard a vu ses cheveux blanchir à la lueur de la lave, un jour que, surpris dans sa maison du Grand-Brûlé par une éruption soudaine, il s'était vu renfermé entre la mer et un cercle de feu qui ne lui laissaient de choix que sur le mode de cuisson : rôti, s'il tentait le passage du courant de lave ; bouilli, s'il prenait la voie de la mer, dont l'eau brûlante écumait au contact du fleuve de feu qui venait s'y précipiter. Dans cet instant suprême, il avait demandé grâce et, comme si le volcan l'eût entendu, le flot ardent s'était figé aux portes de son jardin ; de ce jour, il fut voué au culte du volcan. Personnifié par l'idolâtrie du père Arsène, le volcan a ses volontés, ses passions ; il parle, agit, s'irrite, gronde, décharge sa colère, se venge des audacieux, c'est un Dieu terrible de plus à ajouter à la longue liste de ceux que l'homme a inventés. S'il venait à éteindre ses feux, on n'imagine pas ce que le père Arsène ferait encore sur la terre. Son œil s'animait graduellement en nous racontant l'histoire des divers événements qui ont marqué depuis soixante ans l'existence du volcan, et le récit qu'il nous fit de sa situation présente, me fournirait aisément une page de géologie mythologique des plus saisissantes.

Le père Arsène a une jolie fille, Mlle Amélia, la plus simple et la plus naïve des filles du Bois-Blanc; elle ne connaît, du monde entier, que les cinq lieues de pays qui séparent le volcan du village de St-Benoît où elle est allée une fois avec sa mère. Ce jour-là, nos voyageuses trouvèrent la terre bien grande! Malheureusement le goût des voyages s'est développé en elles, à la vue des merveilles de la civilisation de St-Benoît. Le Grand-Brûlé, le Bois-Blanc et même le volcan ont perdu de leurs charmes primitifs, depuis qu'on a pu comparer et juger. On aspire aujourd'hui à voir la capitale de l'île et c'est un sujet perpétuel de querelles dans le ménage du pauvre père Arsène, qui a eu l'imprudence de promettre à sa famille de la conduire à St-Denis avant de mourir, et qui remet chaque année le voyage faute d'argent. Hélas! la misère ronge les petits blancs de Bourbon. Arsène Dalloz qui appartient à cette classe, possède bien une dixaine de nègres, tant grands que petits, mais le quartier de Ste-Rose et surtout le Bois-Blanc sont si rocailleux, la terre y est si ingrate, qu'on y meurt à peu près de faim. Il cultive des plantes vivrières, mais son manioc ne se vend que 6 francs le quintal; à ce prix comment faire de l'argent, comment réunir les fonds nécessaires pour le grand voyage de St-Denis, limites du monde rêvé par Mlle Amélia Dalloz ? Un profond soupir vint trahir la douleur de cet aveu, et les grands yeux noirs de la jeune fille roulèrent deux grosses larmes. Fatale curiosité ! m'étais-je écrié en me levant pour rejoindre nos nègres, moi aussi j'ai voulu voir les limites du monde !.....

Le sentier traverse, au sortir des maisons, un joli bois où les fougères arborescentes, les citronniers sauvages et les choux palmistes se pressent et nous prêtent leur ombre ; après une demi-heure de marche, nous atteignons le bord de l'escarpement qui domine la plaine du Grand-Brûlé.

Cet escarpement est comme un énorme bourrelet recouvert et pénétré par une coulée de lave, qui en se refroidissant en a frangé les bords de tortillons noueux, de longs cierges, de tresses et de cordes, dont les formes bizarres varient à l'infini. Le Grand-Brûlé, où nous descendons, est une plaine tourmentée que la lave traverse depuis des siècles, pour se jeter à la mer. Quelques touffes de verdure forment çà et là de petites oasis au milieu de ce désert. Nous le franchissons pour gagner l'enclos du volcan ; le sol caverneux retentit sous nos pas ; il est formé de coulées d'une foule d'époques que l'identité de composition ne permet guère de distinguer les unes des autres. La plus reconnaissable, celle sur laquelle nous cheminons depuis une heure, date de 1832; elle présente d'immenses croûtes de lave dérangées de leur horizontalité primitive, et crevassées par l'effet du retrait de la matière solidifiée; leurs surfaces sont ridées par des bourrelets concentriques dus au refroidissement rapide de la portion de matière restée en contact avec l'air, au moment où la lave s'avançait lentement, roulant ses flots pâteux dans les nombreux bassins qui s'étagent de distance en distance. Là où la lave a rencontré une pente plus prononcée, des masses scoriacées accusent son passage tumultueux, et si l'inclinaison s'est trouvée de 30 degrés, le sol est profondément déchiqueté et comme en lambeaux.

On observe, sur plusieurs points de cette vaste plaine, de petits monticules, espèces de sacs, où s'est accumulée la matière fluide garantie contre le refroidissement par une première enveloppe de lave durcie, devenue mauvaise conductrice de la chaleur. Agissant ensuite en vertu de la loi des niveaux, la lave a soulevé et brisé son enveloppe en laissant subsister un petit cratère du flanc duquel la matière s'est précipitée en un nouveau courant qui, au premier abord, semblerait avoir pris naissance sur ce point.

Après trois heures de marche sur un sol recouvert de lichens et de quelques maigres plantes qui sortent des crevasses de la lave, nous atteignons le point de départ, l'orifice ignivome de la grande coulée de 1832. C'est aujourd'hui un vaste bassin où la lave refroidie s'étend en nappes ondées; ses bords abruptes forment une enceinte demi-circulaire au pied du lieu dit : l'*enclos*, que l'éruption actuelle vient de transformer à son tour en un lac de feu. Nous pressons la marche pour atteindre cet endroit intéressant avant la nuit; en vain la pente du sol, et plus encore les débris scoriacés dont il est recouvert, opposent à chaque pas de nouveaux obstacles, nous puisons de nouvelles forces dans notre impatiente curiosité, et après trois-quarts d'heure de gymnastique à travers les blocs entassés pêle-mêle, et dont les surfaces rugueuses déchirent nos chaussures et nos mains, nous atteignons enfin le bord de l'enclos.

Le courant de lave s'en échappe et s'achemine vers le Grand-Brûlé; je me range pour le laisser passer, sans toutefois me presser, car la pente du terrain n'étant pas de plus de 5 à 6 degrés, la vitesse n'est guère que de deux pieds par minute. Ce flot pâteux qui semble d'ailleurs n'être doué de mouvement qu'à la surface, se déroule majestueusement, incendiant dans sa marche les arbres qu'il rencontre. L'extrémité seule en est rouge cerise, cette teinte se dégrade rapidement en passant au rouge-brun ; à quelques pieds plus haut la surface figée est noircie, tandis que la matière liquide s'échappant en dessous, se tord sous les formes les plus bizarres. Mais, quel plus imposant spectacle s'offre au-dessus de nous : un lac immense, un lac incandescent occupe l'espace compris entre le piton de Craz, celui du Nez-de-Cochon et le cône volcanique ; il sert comme de réservoir aux deux coulées qui s'échappent du flanc du cône depuis le 19 mars. Malgré la chaleur qui s'en dégage, quelques-uns de nous s'approchent assez pour plonger leurs bâtons dans la lave, et retirer de cet immense creuset des tortillons de verre qui reçoivent l'empreinte de diverses pièces de monnaie, et se prêtent à toutes les formes qu'on leur impose ; d'autres, malgré les recommandations du père Arsène, osent demander au volcan du feu pour allumer leur cigare, et paient de la perte de leurs cils cette façon cavalière d'en agir avec un volcan. Le refroidissement est si prompt au bord du courant que je puis m'aventurer impunément sur des nappes de laves déjà noires, alors que les crevasses qui les séparent les unes des autres sont encore d'un rouge incandescent.

Cependant, nos nègres viennent de terminer les deux baraques destinées à nous abriter jusqu'au jour contre la pluie fine et pénétrante qui commence à tomber ; mais la nuit nous réserve les scènes les plus splendides de ce mystérieux phénomène; déjà, grâces à l'obscurité qui nous entoure, nous distinguons au loin, derrière le piton de Craz, la base du cône éclairée par les deux larges coulées qui sillonnent son flanc ; illumination infernale qui frappe d'un irrésistible sentiment de terreur l'observateur isolé au milieu d'un océan de feu, perdu dans un océan de ténèbres. Le grésillement de la pluie qui tombe sur la lave et rejaillit en vapeur, forme autour de nous un épisode curieux de cette lutte éternelle entre l'eau et le feu, ces deux grands ouvriers du globe.

Il était neuf heures du soir et nous avions été alternativement trempés par la pluie et séchés par la lave, lorsque nous songeâmes à aller prendre du repos dans notre *carbet*, établi à environ cent pas de la coulée principale qui déversait dans le Grand-Brûlé le trop plein de l'enclos. Blottis dans nos manteaux nous dormions depuis deux heures, lorsque nous fûmes réveillés en sursaut par les cris : au feu! au feu! répétés par le nègre placé en vedette.

Je me précipite hors du carbet et j'aperçois à quinze pas la coulée de lave courant sur notre campement ; notre nègre avait dû s'endormir, et la coulée en changeant de direction était venue le surprendre au milieu de son sommeil. Il n'y avait pas de temps à perdre, nous étions menacés d'être enfermés dans un cercle de feu ; chacun prit rapidement sa part des bagages, et nous déguerpîmes au plus tôt, à travers les roches.

Le jour venu nous achevâmes notre retraite, il en était temps encore ; mais quelques heures plus tard la lave occupait les seules pentes praticables, et notre retour serait devenu fort problématique. Ce n'est, je le répète, que lorsqu'on a bien observé la lave en mouvement qu'on peut se rendre parfaitement compte des formes bizarres qu'elle sait prendre par le refroidissement, et qui dépendent surtout de l'inclinaison des surfaces sur lesquelles elle a coulé; partout où la pente dépasse cinq à six degrés la lave, comme je l'ai déjà dit, se crevasse par le refroidissement, et les fragments emportés par la coulée sont déposés pêle-mêle sur la trace qu'elle suit. Quand la pente atteint trente degrés la coulée refroidie ne forme plus que de grands lambeaux vitreux fichés dans le sol, comme des morceaux de bouteilles sur l'arête d'un mur.

12 mai.

Un riche planteur de la rivière des Roches, m'avait engagé à visiter ses cultures. J'examinai d'abord sa plantation de vanilliers qui paraît devoir donner un jour d'importants produits. On y met en pratique la méthode de fécondation nouvellement découverte, et qui consiste à ouvrir, avec la pointe d'un cure-dent l'ovaire de la fleur et à y introduire le pistil; cette opération délicate fut exécutée sous mes yeux par des nègres auxquels elle venait d'être enseignée ; on peut obtenir ainsi jusqu'à une livre de gousses de vanille d'un seul plant. La vanille se plante par boutures ; on en fait entrer quatre dans une gaulette (25 mètres carrés). On sait que le vanillier s'attache aux arbres, et qu'il vit sur leur écorce à la manière des plantes parasites, il conserve toutefois des racines en terre.

Je visitai ensuite, sur la rive droite de la rivière, une plantation considérable de girofliers et de muscadiers, parmi lesquels s'élèvent quelques arbres rares tels que l'arbre à anis, le cocotier des Séchelles, etc. La culture du giroflier est peu soignée; on néglige de piocher les arbres au pied, et de sarcler le terrain; il semble que le dégoût se soit emparé du colon qui, dans son engouement pour la canne à sucre, tend à abandonner toutes les autres cultures, et cependant les produits annuels du giroflier s'élèvent encore à Bourbon à deux ou trois millions de francs.

15 mai.

Départ en bateau pour le quartier de Saint-Paul, partie occidentale de l'île. Nous longeons la côte dont la falaise à pic présente une succession d'assises basaltiques de diverses couleurs, tantôt compactes, tantôt cellulaires, inclinées vers la mer; depuis le soulèvement auquel est dû leur relief actuel, plusieurs coulées de lave les ont sillonnées ; là, où la matière fluide a atteint l'escarpement, elle a formé, en s'y précipitant, de longs bourrelets et des cordelles qui s'entrelacent comme les mailles d'un filet. Débarqués à la Possession, nous sommes conduits en voiture à St-Paul, où l'on nous attend. Je consacre l'après-midi à visiter la sucrerie de M. M** qui a depuis longtemps réalisé de notables améliorations dans la fabrication du sucre.

La défécation du vezou s'y fait à la vapeur, la concentration, dans la batterie Gimard et la cuite du sirop dans l'appareil de Rodht, qui ne diffère de l'appareil Desrosnes et Caille que par l'absence de la pompe destinée à aspirer les gaz qui se développent pendant l'évaporation du vezou. Quoi qu'il en soit, le sirop qui marque vingt-cinq degrés au moment de la sortie de la batterie Gimard, est cuit en 12 minutes [1].

---

[1] Bourbon est, de tous les pays producteurs de sucre de canne, le premier qui ait cherché à améliorer les procédés de fabrication de cette denrée; c'est là que les meilleurs résultats ont été obtenus, et qu'il faut aller chercher les notions pratiques les plus avancées. Toutefois, il n'est encore sorti, comme on a pu le voir, des diverses modifications apportées à cette préparation, aucun mode universellement adopté. Plusieurs systèmes sont en présence qui renferment tous d'importants progrès, si on les compare aux anciens procédés qu'ils ont remplacés; mais, il serait difficile de décider, dans l'état actuel des choses, lequel remplit au plus haut degré les conditions premières de toute industrie coloniale, c'est-à-dire, l'économie des capitaux engagés et de la main-d'œuvre, ainsi que la simplicité des procédés par rapport aux moyens dont on dispose et aux effets à produire. On ne trouve plus, à Bourbon, ces

L'atelier de M. M*** compte trois cents nègres fournissant journellement cent trente ouvriers pour les cultures. Le travail des champs devient obligatoire à qua-

batteries défectueuses dont l'installation remonte aux premières
époques de la fabrication du sucre, nous voulons parler de cette
suite de 4, 5 ou 6 chaudières hémisphériques en fonte de fer,
montées sur un seul et même fourneau, où le jus de la canne entre
à l'état de vezou et sort à l'état de sucre (Dieu sait quel sucre),
après avoir passé par les opérations de la défécation, de l'évaporation et de la cuite. Pour trouver encore en honneur ces sortes
d'installations il faut aller au Brésil, où l'on ne semble pas se douter le moins du monde des vices de la fabrication du sucre. Ce
n'est pas, qu'à la Guyane, à la Martinique et à la Guadeloupe on
ait complètement abandonné ces grossiers appareils, mais partout
on en a reconnu les inconvénients, et les colons les plus instruits
ont réussi à apporter quelques modifications en ce qui concerne
surtout la cuite du sirop, qu'ils achèvent dans des chaudières ju-
melles ou à bascules en cuivre, modifications certainement fort
insuffisantes et que laissent loin derrière eux, les divers procédés
suivis aujourd'hui à Bourbon.

La batterie Gimard a d'abord, sous ses différentes formes, rem-
placé avantageusement le système de chaudières en fonte dont
nous avons déjà parlé; on l'emploie de trois manières qui correspondent à quelques modifications dans sa forme. Dans quelques
sucreries elle sert seule aux trois principales opérations dans lesquelles se résume la fabrication du sucre, soit: la défécation, la
concentration, la cuite; dans d'autres, elle ne sert qu'à la défécation et à la concentration, la cuite se faisant par d'autres procédés; enfin, il en est, où la batterie Gimard n'est employée que
pour la concentration. De là, comme nous l'avons déjà dit, diverses modifications dans sa forme; elle consiste, en général, en
un vase en cuivre, d'environ 14 mètres de longueur sur 4 mètres
1[2 de largeur, de la forme d'un demi cylindre à base elliptique,
placé à feu nu dans le sens de son grand diamètre et sous une
inclinaison variable sur un fourneau, et divisé en 7 à 9 compartiments par des cloisons de cuivre garnies de clapets qui permet-

torze ans seulement pour les jeunes nègres et à quinze ans pour les négresses. Avant cet âge, ils sont utilisés dans l'habitation à une foule de petits détails de l'ex-

tent de faire passer les liquides d'un compartiment dans l'autre. Cette chaudière se termine par des bords très larges qui se prolongent à peu près horizontalement sur la maçonnerie du fourneau.

Dans le cas où l'on emploie la batterie Gimard pour exécuter toutes les opérations de la fabrication du sucre, elle ne semble avoir d'autre avantage sur les anciens équipages de chaudières en fonte que : 1° De ne pas colorer le sucre ; 2° d'en décomposer par la chaleur une moins grande quantité, parce que la faible épaisseur du cuivre ne permet pas une accumulation de calorique qui soit en trop grande proportion avec la faible quantité de liquide en contact lorsqu'on vide la cuite ; 3° de faciliter l'écumage par suite de la légère inclinaison donnée aux bords de la chaudière.

Mais où l'amélioration est plus complète, c'est lorsque la batterie Gimard n'est mise en usage que pour la défécation et la concentration et mieux encore pour la concentration seulement du vezou, parce que la haute température que ce dernier éprouve dans la batterie Gimard, a fort peu d'influence sur le sucre qu'il contient tant qu'il n'est pas concentré au-delà de 25° de l'aréomètre de Baumé. C'est rendu à ce point que, pour cuire le sirop, quelques fabricants ont substitué, avec succès à la batterie Gimard, soit le système Wetzell, soit l'appareil Desrosnes et Caille, soit enfin celui de Rodht. Le système Wetzell est fort ingénieux et s'il n'a pas l'inconvénient qu'on lui reproche, sans toutefois l'avoir suffisamment prouvé, de noircir les sucres par une espèce d'oxigénation à l'air, il est certes préférable à tous autres par sa simplicité. Il consiste à chauffer à la vapeur dans une chaudière peu profonde, à double fond, et jusqu'à la température de 62° Réaumur seulement, le sirop qui pendant l'opération est entraîné à la surface d'un cylindre en rotins et à claire voie, d'environ 70 centimètres de diamètre, qui tourne incessamment dans cette chaudière ; on fabrique ainsi 2500 livres de sucre en seize heures

ploitation. Je vis quelques négresses enceintes occupées à la confection de sacs de vacua, et l'on m'expliqua qu'au sixième mois de leur grossesse, les négresses ne sont plus employées qu'à des ouvrages de main. L'hôpital de l'habitation me parut bien monté et pourvu de tous les médicaments nécessaires; les malades y reçoivent les soins d'un médecin qui ne coûte pas moins de 2,000 francs par année au planteur. Tant de sollicitude contraste, il faut le dire, avec la misère qui ronge les nègres dans leurs cases dont la réunion me présentait l'aspect d'un ignoble parc à bétail. Ce qui ajoute à cette ressemblance, c'est l'obligation où l'on est d'en changer l'emplacement tous les quatre ans, pour prévenir la formation des miasmes délétères qui ne manqueraient pas de se développer sous l'influence d'un séjour prolongé au milieu de la saleté infecte qu'engendre l'insouciance des nègres.'

Il faut en convenir, c'est une rude condition que celle résultant pour le planteur au cœur noble et élevé, de la violation des lois naturelles qui prohibent la possession de l'homme par l'homme. Elle l'oblige à penser tout seul à tous les besoins des membres de l'association, à veiller à leur conservation, voire même à leur reproduction et dans cette œuvre, il est condamné à être, sans cesse, au-dessous de sa tâche. Vous avez forcé, par la violence, le nègre à accepter dans votre

---

dans l'usine que nous avons visitée. Quant à l'appareil de Desrosnes et Caille, il est trop connu pour que nous en parlions ici, celui de Rodht que j'ai vu employer à St-Paul ne diffère de ce dernier que par l'absence d'une pompe à faire le vide.

organisation sociale le rôle de bête de somme, et vous voulez que ses instincts d'homme y résistent ! Mais Dieu, qui n'a pas fait d'esclaves, retire de ceux qui se laissent posséder, le rayon d'intelligence qui vivifie la société humaine; il ne laisse à sa place que l'insouciance qui tarit toute pensée d'avenir, qui fait qu'on abandonne sa compagne et ses enfants, qu'on s'abandonne soi-même. Et vous croyez avoir pourvu à tout, lorsque vous avez installé un hôpital ! Et vous le montrez avec complaisance aux étrangers ! mais, si moi, qui vous ai vus de près, vous et vos familles; si moi, qui connais la charité de votre cœur et votre zèle à soulager l'humanité souffrante, je n'hésite pas à leur attribuer cette bonne œuvre, pensez-vous que de loin, je puisse réussir à y faire voir d'autre mobile que celui d'un vil intérêt pour la conservation de votre chose ? C'est encore là un des fruits de l'esclavage, mais celui-là empoisonne le maître !...

16 mai.

Je tenais à visiter la rivière de St-Gilles dont on parle depuis longtemps comme pouvant, à l'aide de grands travaux, procurer ce port si vivement désiré des colons, et devenu, il faut le dire, indispensable à l'existence de la colonie de Bourbon depuis que l'Ile-de-France est passée aux mains des Anglais.

On gravit, pour sortir de la plaine de St-Paul, les rochers du Barnica, c'est à leur pied que s'élève la demeure de notre poète Parny; je saluai en passant les bosquets sous lesquels le chantre d'Éléonore promena sa douce rêverie, et soupira des vers qu'inspirait un premier amour.

La route s'élève en serpentant sur des assises presque horizontales de basalte celluleux, et de laves poreuses criblées de cristaux d'olivine, puis elle suit, en se jetant à droite, le cours encaissé de la rivière de St-Gilles. La vaste plaine qui descend vers la mer présentait l'image de la dévastation ; l'ouragan qui a assailli cette partie de l'île au mois de février dernier, a semé son passage de ruines et de débris. A cette même place où je voyais un vaste amas de décombres, s'élevait, il y a trois mois, une belle sucrerie dont la destruction a réduit au désespoir le malheureux colon qui avait consacré sa vie entière à la fonder. Ces espaces profondément ravinés, stériles, couverts de pierres, c'étaient de beaux champs où la canne prospérait. Quelques heures ont suffi pour consommer l'anéantissement de ces richesses et jusqu'à la terre des champs qu'une pluie torrentielle a entraîné à la mer, tout a disparu pour faire place à une roche nue.

La rivière de St-Gilles est incontestablement le point de la côte le plus favorable à l'établissement d'un port assez grand pour recevoir et abriter soixante à quatre-vingts navires et c'est plus que suffisant pour le commerce et la protection de Bourbon. On s'étonne que la dépense de trois à quatre millions à laquelle on estime les travaux, ait arrêté le gouvernement alors qu'il s'agirait de doter d'un port, une colonie qui n'en a pas et dont les produits territoriaux dépassent annuellement vingt-quatre millions de francs, quand d'ailleurs la France consacre chaque année, depuis trente-quatre ans, deux millions à l'entretien des moyens de défense de cette colonie. Privée, cependant, en temps de guerre maritime, de communication avec le reste du monde, faute d'un port qui lui permît de conserver à l'abri de l'atteinte de l'ennemi la moindre barque, que deviendrait Bourbon dans son isolement au milieu de l'Océan ? 1

L'établissement d'un port à Bourbon est à mes yeux la condition fondamentale de la conservation de l'île à la France, en cas de guerre. Y renoncer, c'est déjà un premier pas vers l'abandon de cette colonie aux Anglais. Pourtant, de tous les établissements agricoles que nous possédons sous les tropiques, Bourbon est celui qui a le plus de chance de supporter les effets de l'émancipation, en raison de sa proximité des travailleurs indiens et chinois auxquels appartient, dans l'avenir, la production des denrées coloniales à bon marché.

1 Un grand établissement français à Madagascar se lie étroitement à l'existence de la colonie de Bourbon qui a besoin des bestiaux et des grains de cette île pour nourrir sa population. Ah! si les Anglais ou les Hollandais étaient dans la position de la France vis-à-vis de Madagascar, il y a bien longtemps que cette île serait passée sous la domination de l'un de ces deux peuples. Assurément la conquête de Java n'a pas présenté plus de difficultés à la Hollande; ajoutons que les immenses avantages que les Hollandais retirent de l'occupation de Java, les Français les trouveraient à un aussi haut degré à Madagascar dont la possession nous dédommagerait amplement de la perte de toutes nos colonies.

C'est en se rendant un compte exact des moyens mis en œuvre par la Hollande pour asseoir sa puissance à Java, qu'on se convaincra de la facilité d'occuper Madagascar.

Tout le monde convient de la nécessité d'un port, mais on hésite à entreprendre les travaux qu'il exige, parce que leur exécution dépend de la solution de problèmes géologiques, avec lesquels, il faut en convenir, nos ingénieurs sont encore peu familiarisés. En ce qui concerne le creusement du port, rien de plus facile, ce n'est, à proprement parler, qu'une œuvre de terrassiers ; l'ouverture de la passe n'offre, non plus, aucune difficulté sérieuse : il s'agit de briser un banc de coraux de fort peu d'étendue que le cours de la rivière a déjà séparé et interrompu, et dont on préviendrait aisément le développement au moyen de l'eau douce qu'on rejetterait de chaque côté de la passe.

Il résulte, en effet, d'une multitude d'observations que j'ai eu occasion de faire dans les mers tropicales, que le moindre filet d'eau douce s'oppose d'une manière absolue, à l'existence des madrépores sur la ligne qu'il parcourt.

Resteraient les sables qui encombrent aujourd'hui l'embouchure de la petite rivière de St-Gilles ; leur accumulation sur ce point résulte de l'existence d'un courant tantôt nord, tantôt sud, longeant la côte et qui, lorsqu'il se renverse, occasionne un remous favorable au dépôt du sable qu'il charrie. Chose remarquable, ce sable ne provient pas du large, il est uniquement formé du débris des coquilles et de coraux qui garnissent la côte ; de sorte, qu'en prolongeant des jetées jusqu'à l'accore des bancs madréporiques s'élevant à pic, on refoulerait, très probablement, le sable de la côte dans les profondeurs de la mer, et la passe resterait dégagée. Une somme de 100,000 fr. dépensée en essais fixerait toute incertitude à ce sujet, mais il faudrait en confier l'emploi à d'autres mains qu'à celles qui ont fait exécuter la jetée actuelle pour laquelle on semble s'être proposé le problème inverse, c'est-à-dire, l'ensablement. Bien que des ingénieurs aient déjà examiné les conditions dans lesquelles se trouve la rivière de St Gilles, la colonie a un tel intérêt à l'établissement de ce point qu'il faudra de toute nécessité remettre le projet à l'étude.

17 mai.

Je profitai de mon retour à la Possession pour aller examiner la langue de terre inculte connue sous le nom de Pointe-des-Galets. C'est une longue coulée de lave, qui, en s'étendant fort avant dans la mer, rompt les courants de la partie du vent et marque la limite du dépôt des galets; au delà, il n'y a plus que des sables que le remous dépose à la côte. Le même effet se produit en grand au banc des Aiguilles, extrémité du cap de Bonne-Espérance, où, en amont du courant le dépôt est formé de matériaux de fortes dimensions, tandis qu'en aval ce sont des sables et des vases qui continuent les couches.

Dans le but de compléter ma reconnaissance des localités, je me déterminai à retourner à St-Denis par terre, et je dus suivre une route à laquelle on travaille depuis longtemps pour compléter, dit-on, le chemin de ceinture de l'île. Ce chemin s'élève sur ce point à 1,500 mètres de hauteur, pour franchir une chaîne de roches qu'on aurait pu traverser à quelques centaines de mètres seulement, si l'on se fût décidé à suivre la côte; il est vrai que ce chemin eût été fréquenté, tandis qu'à la hauteur où on l'a porté, personne, à coup sûr, ne sera tenté de le prendre ; il deviendra même d'un entretien trop coûteux pour la colonie ; espérons que, cet essai terminé, on se décidera à donner au chemin de ceinture sa véritable direction sur le bord de la côte. Cette route est d'ailleurs tracée sur un terrain fort accidenté, et qui présente à chaque pas, de ravissants points de vue : la ravine de la Grande-Chaloupe, me rappelait, dans ses escarpements profonds, les plus beaux sites de la Grande-Chartreuse, près Grenoble.

Après cinq heures de marche, j'étais au sommet de la montagne qui domine St-Denis ; la route se déroule en lacet sur son flanc escarpé et vient aboutir à la rivière.

CHAPITRE V.

∽∞∼

LES MALDIVES.—LE DÉTROIT DE MALACCA.—LA COLONIE DE MALACCA.

●

4 juin.

Latitude 6° 20' longitude 67° 10'. Nous nous proposions de traverser la chaîne sous-marine des Maldives par le canal d'un degré; mais, obligés depuis quatre jours, en raison des vents régnants, de renoncer à ce passage, nous sommes remontés au nord pour franchir ces îles basses par le canal de 8 degrés, vers l'île d'Hinicoy, située entre le groupe des Maldives et celui des Laquedives. Ces deux groupes d'îles doivent, selon toute apparence, leur commune origine à un soulèvement sous-marin dans la direction nord et sud. Le phénomène volcanique, bien qu'il n'ait pas été assez puissant pour faire saillie au-dessus du niveau de la mer, a donné naissance à un fond qui ne laisse aucune incertitude sur son mode de formation. Chacun des quatorze îlots dont se compose l'archipel des Maldives, est entouré d'un rescif circulaire de corail, appelé attol, ouvert par une dépression latérale et quelques-uns de ces attols ont jusqu'à 40 kilomètres de largeur; le centre est occupé par une île basse dont le sol formé de sable et de débris de coraux, est couvert dc végétation. Comment ne pas voir dans cette disposition les bords d'un cratère de soulèvement sous-marin, entourant un cône volcanique? les points de la roche assez rapprochés du niveau de la mer pour permettre aux polypes constructeurs du genre Astrea, de vivre et de se développer, ont dû être exhaussés par des bancs madréporiques dont les débris accumulés durant l'époque quaternaire par la double action des flots et des vents, ont donné naissance à des îles que la végétation n'a pas tardé d'envahir [1].

14 juin.

Nous avons laissé cette nuit, au nord, la grande Nicobar et nous avons en vue Poulo-Ronde située à l'extrémité nord de Sumatra. Il ne tombe plus à bord, comme ces jours derniers, de ces averses furibondes semblables à des sacs d'eau; le beau temps a succédé à cette

[1] J'ai eu occasion d'observer ce mode de formation des iles basses sur plusieurs points situés dans les mers tropicales.

série interminable de grains que nous vaut depuis plusieurs jours la mousson.

La mer ressemble à une nappe d'huile, tant elle est calme ; nous en profitons pour pêcher les mollusques pélagiens qui s'y agitent par myriades. Le filet que j'ai installé à l'arrière se remplit de hyales bleues, d'anatifes, de spirules avec le petit poulpe qui les habite et qu'a décrit Péron, ainsi que de cette foule d'animaux mous, tels que les bifores, les méduses, etc., qui rendent pendant la nuit la mer étincelante. Nous apercevons le long du bord plusieurs hydres dressant leur tête hideuse au-dessus de l'eau, comme pour chercher la victime qu'elles doivent frapper de mort ; celle dont nous venons de nous emparer a soixante-dix centimètres de long, la queue plate verticalement comme celle d'une anguille, la peau rubanée de noir et de jaune ; sa gueule n'est pas armée d'un crochet à charnière comme dans la vipère, elle est garnie d'une double rangée de dents ; mais l'appareil vénéneux semble résider dans la première molaire qui est entourée d'une vésicule. Nous cherchons à nous en assurer par une expérience sur une poule qui meurt seize minutes après avoir été mordue à la cuisse et au bec [1].

La température s'élève et se fixe aux alentours de

---

[1] L'autopsie de cette poule faite dix heures après sa mort m'a présenté les altérations ci-après : Les vaisseaux sanguins du cer-

30 degrés. L'eau douce commence à devenir rare à bord et la soif augmente. Quelques matelots ont essayé de se désaltérer avec de l'eau de mer, ce qui les a rendus malades. Le calme nous retient au milieu des îles ; nous relevons celles de Poulo-Boutton et de Laucava à babord, et Poulo-Perach à tribord. — A midi nous reconnaissons Poulo-Pinang et donnons dans le détroit de Malacca.

9 juin.

Nous avons été assaillis vers minuit par un grain fu- rieux qui s'est précipité sur la frégate sans crier gare. Jamais spectacle plus beau , plus grandiose ne s'est offert à moi que cette lutte inattendue de l'homme avec les élémens. En un clin-d'œil, au commandement de carguer et de serrer, l'équipage a couvert les vergues; ces immenses surfaces de toile ont disparu comme par enchantement et le vent impuissant siffle et fait rage à travers les cordages. Les éclats du tonnerre se sont bientôt mêlés au bruit de la tempête, l'atmosphère est embrâsée, des houppes de flammes bleuâtres s'échappent du sommet du grand mât, du mât de misaine ainsi que des extrêmités de la grande vergue et illuminent la mâture d'une lueur blafarde [1], tandis que notre belle

veau et surtout du cervelet étaient injectés ; les poumons étaient crispés et gorgés de sang très fluide; les ventricules du cœur étaient vides ; mais l'oreillette était pleine de sang veineux conservant toute sa fluidité, ce qui est un caractère connu d'empoisonnement par le venin des serpens. Le corps de cette poule ne présentait d'ailleurs ni enflure ni sang extravasé.

[1] Ce phénomène électrique bien connu des marins est désigné sous le nom de feu Saint-Elme.

Syrène, animée d'une vitesse de douze nœuds à l'heure, sillonne majestueusement cet océan de feu, défiant les lueurs infernales que les esprits de ténèbres semblent exhaler dans leur désespoir. Au point du jour nous sommes entourés de petites îles et d'écueils ; bientôt nous laissons à tribord le rocher toujours vert de Jara et à babord Poulo-Dinding et les îlots situés au nordest de l'embouchure de la rivière de Perach. Nous approchons des écueils d'Arrooa ; la passe n'a guère que quatre à cinq milles de largeur, elle est bordée de roches couvertes d'eau, il faut ouvrir l'œil et pour s'y engager relever le Mont-Parcelar à l'est, trois degrés nord.

26 juin.

Nous sommes engagés dans le canal des Arrooa ; le Mont-Parcelar est à notre gauche ; tandis qu'à tribord l'on découvre l'un des rochers des Arrooa, que vous prendriez pour un navire à la voile. A midi nous nous trouvons par 2° 58' de latitude et 98° 17' de longitude. Les courants devenant contraires, nous sommes contraints de jeter l'ancre au milieu de la passe. — Nous faisons capture d'un serpent de mer d'un mètre de longueur ; son ventre est blanc, son dos couvert de losanges blanches teintées de gris noir ; sa tête est recouverte de plaques, sa queue plate verticalement, sa gueule armée de crochets articulés vénéneux. Il porte, renfermés dans une poche membraneuse, une dixaine de petits vivants.

Il est dix heures du matin, nous venons à peine de jeter l'ancre devant la ville de Malacca et déjà la *Syrène* est entourée de pirogues malaises chargées de fruits de toutes espèces; un vaste marché s'ouvre le long du bord, tandis que le canot-major chargé, à couler bas, du poids de notre curiosité empressée, va nous déposer sur la terre d'Asie. Un grand banc de vase défend les abords de la ville; il existe une passe, mais personne ne la connaît. Nous nous guidons sur plusieurs pirogues qui, après avoir rôdé autour de la *Syrène*, s'en éloignent en même temps que notre canot, comme pour nous indiquer la direction à suivre. De plus habitués que nous au caractère rusé des Malais, se seraient certainement méfiés de cette pantomime, mais nous ne nous doutâmes du piége que lorsque notre embarcation fut échouée au milieu des vases à une grande distance de terre. Les Malais firent alors force de rames vers nous, sûrs de faire accepter leurs services; ils exécutèrent, il faut en convenir, notre transbordement avec une rare adresse, et comme des gens qui exploitent de longue main ce genre d'industrie; nous prîmes terre avec eux à l'entrée de la rivière.

La ville de Malacca occupe le centre d'une vaste baie; de grands jardins l'entourent du côté de la plaine qu'une chaîne de montagnes toujours vertes borne à l'horizon. Des maisons construites sur pilotis s'avancent jusques dans la mer qui, à en juger par la position qu'elles occupent, doit toujours être fort calme sur ce point. Le port, proprement dit, est formé par une petite rivière dans laquelle les proas, les pirogues et les jonques d'un faible tonnage pénètrent à marée haute ; un pont , jeté sur cette rivière réunit à la ville, l'esplanade, l'hôtel du résident anglais, l'église catholique, la colline des Signaux et un grand faubourg extérieur qui s'étend dans la campagne du côté du cimetière.

La ville est bâtie sur un plan assez régulier; les rues sont larges et courent parallèlement au rivage de la baie ; elles s'entrecroisent à angle presque droit avec des ruelles plus étroites. Les baraques en bois, couvertes de feuilles de latanier, dominent tellement par leur nombre les autres constructions, que cet assemblage d'habitations mérite plutôt le nom de bourgade que celui de ville ; on rencontre toutefois, çà et là, quelques belles maisons occupées par les six ou sept familles anglaises fixées dans la colonie , et par les Chinois enrichis dans le commerce du détroit , et qui retirés à Malacca, y jouissent en paix du fruit de leurs travaux , attirés qu'ils sont par la salubrité du climat, le bon marché de la vie, et surtout par la réputation du cimetière qui passe pour le plus beau de la Malaisie.

Sa situation sur la pente d'une colline est en effet très-heureuse, et son étendue permet de se procurer à un prix raisonnable de vastes emplacements pour établir des sépultures de famille, et donner un libre cours aux saintes pratiques du culte des ancêtres, base de la croyance religieuse des Chinois [1]. Le reste de la popu-

[1] On compte quarante milles de côte du cap Rochardo , extré-

lation habite les baraques en bois dont je viens de parler.

Cette population se compose d'artisans chinois, de Ma-

mité nord du territoire de Malacca, à la rivière de Muar qui lui sert de limite au sud. Ce territoire, y compris la province de Nanning, s'étend à trente milles dans l'intérieur des terres ; c'est une vaste plaine ondulée, de laquelle s'élèvent çà et là des collines et des montagnes granitiques qui décèlent la nature du sol sous-jacent. La montagne la plus élevée est celle de Ledang que les Européens désignent sous le nom de mont Ophire, et qui mesure en hauteur 5600 pieds anglais. Le granit qui constitue cette masse appartient à la variété porphyroïde ; la Limonite que les Anglais appellent Latérite forme des collines dont les pentes, ainsi que les vallées qui les séparent, sont couvertes des débris de cette roche ferrugineuse mêlée à du sable siliceux ; l'origine marine de ce sable est démontrée par la présence de nombreuses coquilles dont les analogues vivent actuellement sur les côtes voisines. La colline des Signaux au sud de la ville de Malacca, est entièrement formée de limonite celluleuse ; sur d'autres points tels que la côte de keddah, cette roche est compacte et beaucoup plus argileuse. On recueille sur le territoire de Malacca, de l'or et de l'étain dans les terrains d'alluvion appartenant à l'époque tertiaire supérieure, qui occupent toute la surface du sol. L'étain existe presque partout, mais les mines les plus abondantes sont situées à l'extrémité est de la province de Nanning près de la ligne qui la sépare du Johole.

L'exploitation en est fort simple : on se borne à faire dans le sol des excavations qui n'ont guère plus de 5 à 6 pieds de profondeur avant d'atteindre la couche de sable noir qui n'est autre chose que de l'étain à l'état d'oxide; on pratique une rigole pour faciliter l'écoulement des eaux, puis on procède à l'extraction de ce sable noir qu'on introduit tel quel, avec un mélange de charbon de bois dur, dans un fourneau de la forme d'un four à chaux, le métal coule par une espèce de conduit qu'on a pratiqué au bas du fourneau ; cette exploitation est faite par quelques indigènes, et plus encore par des ouvriers chinois qui sont d'ailleurs fréquemment atteints par des fièvres intermittentes fort dange-

lais, de Bugis, d'Indous, de Bengalis, de Siamois, de Battas, d'Arabes, de nègres, et enfin de métis portugais et hollandais, descendants dégénérés des premiers conquérants européens. Toutefois, cette réunion si variée s'élève à peine à 30,000 âmes, dans tout le territoire de la colonie. Les nègres endamènes, dont le nombre est extrêmement réduit, paraissent être les premiers habitants de la presqu'île malaise, bien que ce nom semble la désigner comme le berceau de la race malaise ; mais l'histoire a conservé le souvenir des premières immigrations des Malais, qui chassés aux xiie et xiiie siècles du royaume de Palambaug (côte de Sumatra) vinrent peupler Singapore et Malacca. Les descendants de ces Malais, ainsi que les Bugis, les Battas et les Chinois comptent aujourd'hui pour 22,000 dans la population totale. Les Hindous au nombre de 1,000 environ sont originaires de la côte de Coromandel. Quelques Arabes mahométans, attirés par l'influence religieuse qu'ils exercent sur leurs coreligionnaires, sont venus se fixer dans le pays. Les Chrétiens catholiques, la plupart métis portugais, ne comptent pas moins de 2,500 âmes.

Bien qu'entourée de marécages, la ville de Malacca passe pour le pays le plus sain de l'Inde. On serait donc tenté de trouver dans ce fait une confirmation de l'opinion qui attribue l'origine des miasmes délétères des marais voisins de la mer, à la putréfaction des êtres

reuses. Quant aux Européens, l'insalubrité du climat leur interdit d'une manière absolue le séjour de ces mines ; elles ont produit en 1843, 2300 picules d'étain.

organiques, occasionnée par le mélange de l'eau douce stagnante avec l'eau de la mer, et il est à remarquer que sur les côtes de la colonie de Malacca ce mélange n'a pas lieu. Mais, pourquoi ce pays si salubre et dont la tranquillité est garantie depuis près de trois cents ans par la présence des Européens, n'offre-t-il encore qu'une population clair-semée et misérable ? Il faut en chercher la cause dans l'infertilité du sol qui semble réserver toute sa puissance de végétation pour les arbres de ses forêts vierges, tandis qu'il se montre rebelle aux cultures des plantes nécessaires à l'homme ; ainsi le rendement des terres à riz y est moitié moindre que dans la province de Wellesley située en face de Poulo-Pinang.

Mais c'est surtout la position du port de Malacca, position peu favorable au commerce d'échange et à l'approvisionnement d'une grande étendue de pays, qui s'est toujours opposée au développement de cette colonie ; aujourd'hui le voisinage de Singapore, lui porte le dernier coup, malgré tous les efforts du gouvernement anglais pour communiquer la vie à ce corps qu'elle abandonne; aussi les Anglais ne se maintiennent-ils à Malacca que pour qu'aucune autre puissance européenne ne vienne s'y établir.

Les relevés ci-après du mouvement de cette place tant à l'importation qu'à l'exportation pendant les années 1842-43 et 1843-44 montrent la décadence rapide de son commerce.

IMPORTATIONS.

	En 1842-43.	En 1843-44.
De Pinang.	232,040 roupies.	117,679 roupies.
De Singapore	546,180	490,716
De toute autre provenance	293,643	373,244
	1,071,863	981,639

Diminution pour l'année officielle en 1843-44 : 91,224 roupies de la compagnie, soit 228,160 francs au change de 2 fr. 50.

EXPORTATIONS.

	En 1842-43.	En 1843-44.
A destination de Pinang . .	22,555 roupies.	25,948 roupies.
id. de Singapore.	410,937	372,756
A toute autre destination. .	247,905	214,946
	681,397	613,650

Diminution pour l'année officielle 1843-44 : 67,747 roupies soit 169,368 francs au même change que ci-dessus.

Le riz destiné à la nourriture de la population a été importé pour une valeur de 273,330 roupies, ce qui vient à l'appui de l'opinion énoncée ci-dessus touchant l'infertilité du sol. Les autres principaux articles d'importation sont des tissus divers (pièces goods) de l'huile, du sel, du tabac et divers articles (sundreas) de l'Inde et de la Chine ; je remarque en outre que l'opium y figure pour une somme de 72,818 roupies.

Quant aux exportations elles consistent principalement en étain pour une valeur de 249,114 roupies ; en
sucre de jagre pour 20,000 roupies environ ; en cire
d'abeilles pour 7,000 roupies ; en résine Dammar pour
12,000 roupies ; en poudre d'or pour 24,000 roupies.
L'opium figure aussi à l'exportation pour une somme
de 41,000 roupies ; ce qui réduit à 32,000 roupies environ la valeur de celui qu'auraient consommé les
Chinois de Malacca.

Je m'étais proposé de visiter la colline des tombeaux
chinois et l'occasion ne s'en fit pas attendre ; à mon arrivée dans la rue principale, la première chose qui frappa
de loin mon attention, fut un cercueil autour duquel se
pressait une foule de Chinois en habit de deuil. Je hâtai
le pas : le convoi se mettait en marche lorsque je l'atteignis ; en tête s'avançait un homme portant une corbeille
remplie de petits cahiers de papier jaune imprimés en
lettres d'or et d'argent ; venait ensuite une espèce de tabernacle porté par quatre hommes et rempli des mets
destinés au repas funèbre ; puis un bonze couvert d'un
chapeau conique surmonté d'une énorme houppe en soie
rouge, et vêtu d'une longue soutane de damas bleu
foncé.

A un pas en arrière à droite et à gauche étaient deux
musiciens qui fesaient résonner par intervalle un gong
au son grave et un tambour lugubre. Un homme couvert
d'un drap blanc et porté par quatre hommes, suivait ces
musiciens et précédait le mort que renfermait un cercueil
de bois peint en noir et de la forme d'un sarcophage
égyptien. Derrière le cercueil se pressait une foule d'hom-

mes en habits de deuil, c'est-à-dire en veste blanche et pantalon noir ; venaient ensuite trois pleureuses couvertes de sarraus de grosse toile écrue, puis les femmes de la famille du défunt, drapées de la tête aux pieds dans de grandes robes blanches. Le cortége se terminait par une foule de femmes coiffées en cheveux *à la chinoise*, et vêtues de grands surtouts en lustrine noire laissant apercevoir leurs jupons de dessous, en toile bleue.

Je me mis à la suite du convoi et après avoir passé le pont et traversé l'esplanade et le faubourg, nous suivîmes en dehors de la ville un chemin ombragé par des cocotiers et d'immenses bambous. Je marchais à côté d'un homme qu'à ses longs cheveux, à sa peau cuivreuse et à son costume je reconnus pour être un Malais ; il m'assura en mauvais portugais que rien ne s'opposait à ce que j'accompagnasse le convoi, comme il le fesait lui-même.

Le chemin contourne une colline rocheuse couverte presque jusqu'à son sommet de tombeaux chinois ; chaque emplacement est entouré d'un petit mur à hauteur d'appui et s'arrondissant en un demi-cercle dont le centre est occupé par un massif en maçonnerie, surmonté d'une pierre tumulaire placée de champ, et couverte de caractères chinois sculptés sur le granit. Après une demi-heure de marche, le convoi quitta la grande route pour suivre un sentier, à l'entrée duquel il se divisa en deux groupes : les femmes, ayant à leur tête les parentes du mort, furent prendre position sous une espèce de tente de bambous placée à l'écart, tandis que le reste du convoi poursuivit sa route jusqu'au lieu choisi pour la sépulture du défunt. La crainte d'être indiscret m'avait retenu un

peu en arrière, cependant le sentiment de la curiosité
l'emportant, je m'avançai et je trouvai tous les hommes,
bonzes, parents et amis composant le cortége, réunis
sous des tentes de bambous et occupés à deviser et à
boire du thé en mangeant des fruits et des gâteaux; à
mon approche, les hommes les plus considérables de l'as-
semblée s'avancèrent au devant de moi et me prièrent
de l'air le plus empressé de prendre place sous leur tente,
ce que j'acceptai et, après m'être accroupi à la chinoise,
on me servit du thé dans de toutes petites tasses et des
gâteaux sucrés appelés par les chinois *pinangs*; c'était
la première fois que je prenais du thé sans sucre, je le
trouvai fort bon; puis on m'offrit le betel et l'arec; je
fis comme les Chinois, et frottant d'une pâte de chaux
vive une feuille de betel, j'y renfermai un morceau de
noix d'arec et je plaçai le tout en forme de chique dans
ma bouche. Pendant ce temps nous échangions quelques
questions en mauvais anglais; mais du mort, on n'en
paraissait pas le moins du monde occupé; il semblait
que toutes ces formes bizarres eussent été inventées pour
faire diversion aux tristes souvenirs. Les Chinois tenaient
beaucoup à savoir qui j'étais, d'où je venais et où j'allais;
je leur expliquai que je venais de France et ils avaient
entendu parler de ce pays, ce qui me fit grand plaisir
pour lui; que j'allais rendre visite à leur Empereur à
Pékin, et enfin que j'étais un mandarin envoyé par le
roi de France. Ils eurent plus de peine à comprendre la
fin de mon histoire, et ils insistaient pour que je fusse
un *marchand*. Nous en étions là de nos conversations
lorsque le son du gong et du tambour donna le signal

de la cérémonie funèbre. Je me levai donc et m'approchai de la fosse ; elle pouvait avoir 4 pieds de profondeur
et le cercueil la remplissait presque complètement ; sur
un tertre élevé au-dessus de la tête du mort, était servi
un repas funèbre qu'éclairaient deux bougies en cire
rouge , et qui se composait d'un énorme quartier
de lard couvert d'une feuille de papier jaune imprimé
en chinois, puis, d'un poulet et d'un canard cuits à l'eau,
mais parés et dressés avec art, de gâteaux, de pâtes de vermicelle , de bananes et de figues sèches.
Un second repas semblable au premier était dressé aux
pieds du mort. Le bonze dont nous avons décrit plus
haut le costume, s'en approcha avec gravité et commença
le sacrifice selon les rites. Après s'être profondément
incliné devant le repas, il s'agenouilla en face à neuf
reprises différentes , sur un tapis qu'on avait étendu
pour cette cérémonie, frappa neuf fois la terre de son
front , se saisit de l'imprimé posé sur le lard et le lut en
chantant , puis il brûla des allumettes odorantes de diverses couleurs, et se retira. Dans cet instant les pleureuses couvertes de leurs sarraus de toile écrue, fesaient
retentir les airs de leurs lamentations, et l'on mettait le
feu à un gros tas de papiers dorés , couverts de prières
chinoises qu'on expédiait ainsi au ciel , sur les ailes de
la fumée : manière assez originale d'adresser à Dieu des
prières, qui lui parviennent aussi sûrement sans doute que
le κυριε ελεισον marmoté par nos vieilles bonnes femmes ;
l'intention fait tout.

La cérémonie funèbre entra alors dans une nouvelle
phase.

Le repas devant lequel on venait de célébrer le sacrifice fut déplacé ; on le transporta au pied du cercueil ;
une petite tablette de bois de 50 centimètres de long et
10 de large, sur laquelle étaient gravés en creux des caractères chinois, et qui reproduisait exactement la pierre
tumulaire du défunt, fut plantée au centre des plats.
Un coq vivant dont les pattes étaient liées, fut mis dans
l'alignement du tombeau. La présence de ce coq me
préoccupait vivement ; je n'ignorais pas que cet animal
joue un grand rôle dans les sacrifices chinois ; quand un
chinois veut donner une sanction à son serment, il tran-
che la tête d'un coq d'un seul coup de couteau. Je demandai à un Chinois mon voisin, quel était le rôle de ce
coq, mais je ne pus obtenir que cet éclaircissement,
chinese custum ! c'est clair !... On garnit ensuite le cercueil d'une quantité considérable de papier jaune pour
en préserver le bois, me dit-on, de toute offense. Enfin,
les fossoyeurs armés de grandes pioches se rapprochè-
rent du bord de la fosse, se tenant prêts à la combler ;
le bonze reparut alors avec une clochette qu'il agita en
se prosternant neuf fois jusqu'à terre et en récitant des
prières ; il fit place à un jeune enfant vêtu de blanc et,
à ce que je crus comprendre, petit-fils du défunt. Cet
enfant jeta sur le cercueil de son grand-père une poignée
de terre, adieu touchant de l'être qui vient à l'être qui
s'en va. A l'instant les pleureuses qui s'étaient avancées,
recommencèrent leurs cris plaintifs qu'accompagnaient
le glas du gong et le son étouffé du tambour funèbre ;
à ce dernier signal les fossoyeurs commencèrent leur
besogne et la fosse fut promptement comblée. Alors le

fils du mort, qui s'était tenu jusque-là à l'écart, se présenta devant le tombeau ; il portait empreinte sur sa figure l'expression d'un profond abattement. Après avoir salué à plusieurs reprises ces restes vénérés, il s'abandonna à la douleur, et ses gestes, ses larmes rendirent d'une manière déchirante l'éternel adieu qu'il adressait à son père bien-aimé. Quatre proches parents placés en ligne, et tenant dans les mains des allumettes odorantes qui brûlaient, lui succédèrent et firent aussi éclater leurs douleurs ; mais elles restèrent dans certaines limites fixées sans doute par la convenance et les rites ; quatre autres vinrent reproduire la même scène. Enfin, la veuve du défunt et les autres femmes de la famille, drapées dans leurs longues robes blanches, se traînèrent jusqu'auprès du cercueil en fesant retentir l'air de leurs gémissements et en frappant la terre de leurs fronts. La foule des nombreux amis du défunt fut à son tour admise à lui rendre les derniers devoirs, mais on voyait que ce n'était, de leur part, qu'un vain cérémonial, tant leur air était distrait et indifférent.

Cependant les fossoyeurs avaient achevé leur besogne ; ils se retirèrent à l'approche d'un vieillard portant dans sa main un coco qu'il ouvrit avec une hache et dont il répandit l'eau sur la tombe en chantant des prières ; puis jetant en l'air, et comme pour consulter le sort, les deux moitiés du coco, il parut fort préoccupé de savoir dans quelle position elles retomberaient. Il paraît que les choses n'allaient pas tout d'abord au gré de ses désirs, car il recommença quatre fois son opération. Enfin, l'un des morceaux ayant présenté sa face concave, tandis que l'autre montrait son côté convexe, il enfonça, avec le pied, ce dernier, dans la terre encore meuble de la fosse et emporta soigneusement l'autre.

Un bonze âgé qui ne s'était pas encore montré, s'avança alors, une tablette à la main, et l'étendant vers la fosse, il entonna un chant lugubre auquel le caractère monosyllabique de la langue chinoise donnait quelque chose de saccadé fort original. Ce prêtre se retira un instant pour reparaître porteur d'un plateau contenant deux cierges rouges, ornés d'or, et quelques poignées de riz en grain qu'il jeta en l'air de manière à ensemencer la tombe et ses alentours; des prières accompagnaient cette cérémonie. Je n'avais cessé de demander à mon ami le Chinois, la signification de chacune de ces pratiques; mais, invariable dans son explication, il me répétait: *Chinese custum;* je vous la transmets, ami lecteur, pour ce qu'elle vaut.

Cependant la cérémonie tirait à sa fin et la foule commençait à s'écouler. Les hommes se dirigeaient vers la demeure du défunt où un grand souper les attendait; quant aux divers mets composant le repas funèbre, ils avaient été ramassés soigneusement pour le compte des deux bonzes. On s'occupait à plier les tentes quand je partis.

La route passe près d'une pagode chinoise; j'y entrai. Le bonze me reçut très gracieusement et me fit accepter quelques bols de thé et du betel. Sur un autel brûlaient plusieurs lampes et fumaient des bottes d'allumettes aromatiques, devant l'image d'un vieillard à barbe blanche , ayant à sa droite ainsi qu'à sa gauche deux magots dans des postures fort grotesques et fesant d'effroyables grimaces. J'appris que j'étais devant l'image d'un empereur chinois canonisé : c'est votre Dieu, dis-je au bonze? — Non, répondit-il, par un geste fort vif; Dieu est là haut, en me montrant le Ciel. Je fus enchanté de cette réponse qui me prouvait que ces bonnes gens n'étaient pas si ridicules dans leurs adorations , qu'on le pense généralement. Leurs empereurs réunissant à l'autorité du chef de l'État le caractère sacré du souverain pontife de la religion de Fo , qu'y a-t-il d'étonnant à ce qu'ils les adorent comme des saints? Il n'en est pas moins vrai que les Chinois poussent si loin le cérémonial et les formes de leur culte, qu'ils tombent parfois dans d'étranges pratiques ; mais si l'on mettait en regard certaines dévotes pratiques de nos bas-bretons, je ne sais ce qui semblerait le plus chinois.

L'intérieur du temple était garni d'énormes lanternes ellipsoïdales en papier transparent, portant des inscriptions sacrées; plusieurs étaient suspendues sous la porte extérieure du temple.

Je traversai la ville pour rejoindre mes compagnons que j'avais laissés dans les mains d'un métis indo-anglais chargé de nous préparer à dîner. N'ayant en attendant ce dîner, rien de mieux à faire que de flâner , je me mis à parcourir les principales rues de la ville ; l'une d'elles n'était occupée que par des forgerons chinois qui travaillaient avec une grande activité. Des échoppes de comestibles exposaient à la vue des passants divers mets d'un aspect peu ragoûtant. Les boutiques de riz sont nombreuses à Malacca, elles y tiennent lieu de nos boulangeries ; je m'arrêtai pour voir monder le riz au moyen d'une espèce de pilon de granit, mis en mouvement à l'aide d'un bras de levier sur lequel un homme agit par son propre poids. Rien de plus curieux que de voir l'exercice de cet homme, qui monté sur sa machine s'y tenait d'une main afin de conserver l'équilibre, tandis que de l'autre, il agitait vivement un large éventail, pour se rafraîchir. Plus loin je me trouvai devant la porte d'une salle spacieuse d'où s'échappaient les chants les plus discordants : c'était une école de garçons ; le maître m'invita à y entrer. Les écoliers lisaient tous ensemble à tue-tête, et le maître au lieu d'être étourdi par un pareil vacarme, avait le talent de distinguer à travers tous ces bruits confus, les fautes de lecture de chacun. Sur d'autres tables plusieurs écoliers étaient occupés à apprendre à écrire par la méthode de l'enseignement mutuel ; chacun avait devant soi une pierre munie d'un godet plein d'eau, sur laquelle il délayait un bâton d'encre de Chine ; ils maniaient généralement avec une grande précision leurs pinceaux, et formaient rapidement les caractères chinois les plus compliqués. Au fond de l'école deux lampes brûlaient perpétuellement devant l'image d'un gros personnage flanqué de deux magots représentant le bon et le mauvais génie. Ce personnage est le dieu Lare, le saint protecteur de la maison, car le maître d'école eut bien soin de m'expliquer, en me montrant le ciel, que Dieu était là haut.

La porte d'entrée de chaque maison est précédée

d'une varande ; j'avais remarqué sous plusieurs, des coffres en bois, espèces de bahuts de diverses couleurs, affectant la forme de sarcophages égyptiens. En les examinant mieux, je reconnus dans ces coffres des cercueils, et mes informations m'apprirent qu'il est d'usage que chaque chef de famille conserve ainsi sa bière, à la porte de sa maison, usage pratiqué autrefois en Egypte, et très propre à rappeler le néant des choses d'ici-bas ; mais ces sombres pensées sont tempérées par l'idée consolante que renferme en soi le culte des ancêtres. Certes une religion qui conduit à de pareilles pratiques doit faire d'honnêtes gens.

J'avais rencontré, en rentrant en ville, un jeune éléphant qui se promenait dans la rue, jouant avec les passants, et je m'étais mis de la partie ; un peu plus loin, je m'étais arrêté devant un buffle attelé à un tombereau ; son conducteur était muni d'une espèce de panier que je le vis placer sous l'animal chaque fois que ce dernier s'arrêtait, afin de ne rien perdre du précieux produit destiné à la fabrication des allumettes sacrées, ou de ces espèces de bâtons à l'usage des fumeurs ; lorsque, parvenu dans Trinquera-street, j'aperçus de loin, devant la maison de notre hôte, le señor Tomassion, un attroupement considérable. Je compris rapidement que la présence de mes compagnons devait en être la cause et je hâtai le pas. La foule se pressait, bruyante et confuse autour d'eux, brandissant des sagaies, agitant des kress aux lames flamboyantes et de grossiers coutelas. Je crus, un instant, à la levée en masse de la Landsturm malaise ; l'expression farouche de ces Malais à demi-nus, dont

les lèvres et les dents rougies par l'effet du betel semblent maculées de sang, donnaient à cette scène un
caractère sauvage, de nature à impressionner vivement
un étranger ; mais toute cette agitation, tout ce tumulte
avaient été excités par un achat considérable d'armes
de toutes sortes, que mes compagnons s'étaient dispu-
tées et avaient payées au poids de l'or. Le haut prix avait
fait affluer sur le marché toutes les vieilles rouillardes
du pays : les campilans à deux mains, les poignards,
les sagaies, les sarbacanes avec leurs dards empoison-
nés étaient offerts par faisceaux. L'annonce du dîner
vint mettre un terme à ces transactions. Il avait été impossible à notre hôte de trouver soit du pain, soit du
vin dans toute la ville ; aussi, rien au monde ne me ferait convenir que j'ai dîné ce jour là, en avalant du riz
à l'eau et quelques sauces pimentées, le tout pour vingt-
quatre francs par tête ! Oh ! si les restaurateurs de l'Asie
m'ont laissé, à mon retour en France, la disposition de
vingt-quatre francs, je veux les consacrer à dîner deux
fois le même jour chez quelque bon restaurateur de
Paris, afin d'oublier le tort que m'a fait son collègue
l'empoisonneur de Malacca !

La nuit venue, la ville nous réservait le spectacle
tout nouveau d'une illumination aux lanternes. Grosse,
moyenne, petite, transparente, translucide, rouge,
bleue, blanche, jaune, verte, barriolée, carrée, sphé-
roïdale, ellipsoïdale, de toutes les dimensions, de toutes les formes, de toutes les couleurs, la lanterne
est incontestablement la spécialité du peuple chinois ;
il y donne essor à toute l'originalité de ses goûts fan-

iques, et laisse loin derrière lui cette pauvre Eu-
avec ses reverbères à gaz, voire son éclairage si-
. Nous ne parlons pas ici de la lumière obtenue,
de l'aspect gracieux et gai d'une ville où, devant
que porte, devant chaque boutique, se balancent
ées par la brise du soir, deux et trois lanternes de
imension d'une barrique, étincelantes de mille cou-
s, et sur lesquelles se dessinent des dragons ailés et
caractères cabalistiques qui disent chacun un mot au
ble.

lusieurs maisons de bonne apparence étaient restées
ertes, et l'on apercevait au fond de la salle d'en-
, à la lueur des lampes, deux autels chargés de
rines, de cierges, de vases à parfum et d'une foule
tres objets destinés au culte du dieu Fo ; puis, ap-
dues aux murs, des images grotesques et fantasti-
s. La curiosité nous retenait sur le seuil d'une de
portes, et nous plongions avidement nos regards
s l'intérieur, lorsque le maître de la maison, Chinois
ort bonne façon, nous invita très poliment à entrer ;
ous apprit, dans un anglais assez correct, que le
tibule où nous étions, était réservé au culte de ses
êtres. Le saint, devant lequel brûlaient perpétuelle-
t ces lampes et ces parfums, est un empereur chi-
s qu'il nous nomma, et dont l'heureux règne remonte
n millier d'années ; c'est le dieu Lare de la maison.
la gauche était placée de champ, au milieu d'une
èce de tabernacle en bois délicieusement sculpté, une
lette également en bois couverte d'une inscription
noise, et identique à celle que j'avais vue consacrer

dans la cérémonie funèbre à laquelle j'avais précédemment assisté. C'est la reproduction exacte de la pierre tumulaire qui forme l'entrée de chaque sépulture. Cette tablette mortuaire était celle de son père; des lampes et de longues allumettes odorantes plantées verticalement dans un vase plein de sable, brûlaient devant le tabernacle qui la renfermait; j'y ajoutai pieusement une allumette à laquelle j'avais mis le feu ; cet hommage me valut les plus chaleureux témoignages de reconnaissance de la part de notre hôte, qui nous apprit qu'après avoir fait longtemps le commerce à Singapore , il était venu se retirer à Malacca pour s'y consacrer au culte de ses pères, dont il avait emporté religieusement les tablettes.

La plupart des lanternes restent allumées fort avant dans la nuit, et quand le lendemain, de grand matin, je parcourus la ville, j'en vis plusieurs qui brûlaient encore ; on les éteignit au jour.

Les scènes d'une matinée à Malacca ne le cèdent point en originalité à celles d'une soirée. Les boutiques s'ouvraient de toutes parts et le souan-pann retentissait au loin pour convier les chalands. Le souan-pann est un compteur à l'aide duquel les marchands chinois exécutent les quatre règles de l'arithmétique avec une rapidité qui défierait nos plus habiles calculateurs. La première boutique qui fixa mon attention, fut l'officine d'un médecin apothicaire. Gravement assis devant son comptoir, ses larges besicles sur le nez , il paraissait absorbé dans la transcription de quelque importante recette. Des lignes de petits tiroirs aux couleurs bariolées, vaste dépôt de compositions précieuses et de remèdes pour tous les maux, garnissaient les murs dans toute leur hauteur. Les devants de l'officine réunissaient une grande variété d'herbes destinées à des applications externes. Un apprenti apothicaire était occupé à préparer un de ces cataplasmes, en écrasant des herbes dans un mortier. Sous son rapide coup de pilon, elles ne tardèrent pas à prendre l'aspect d'un volumineux plat d'épinards, qu'il versa sur une feuille de bananier qu'une femme chinoise lui présentait. Je m'approchai de l'apothicaire et lui ayant fait comprendre, en affectant de tousser, que je voulais un remède pour le rhume, il me remit avec gravité une boîte contenant une poudre jaune verdâtre, en m'assurant par un geste très expressif, que mon rhume allait disparaître. Je reconnus dans ce précieux médicament de la bouse de vache desséchée et aromatisée, qui avait au moins sur la pâte de Regnault que nous subissons en France, l'avantage de ne coûter que trois sous la boîte, y compris le prospectus.

On déjeunait dans plusieurs échoppes ; un plat de germes de haricots accommodés avec des chevrettes, composait le menu du repas dans lequel le riz cuit à l'eau tenait lieu de pain. C'est merveille de voir avec quelle dextérité les Chinois manient leurs baguettes pour porter à la bouche ces divers aliments. Les germes de haricots ou de pois constituent pour la cuisine occidentale un mets nouveau ; or, comme l'a dit l'illustre professeur[1], une telle découverte intéresse plus l'humanité que celle

[1] Brillat-Savarin.

d'üne planète, et la mission philosophique de recueillir les diverses préparations culinaires que possède l'antique civilisation chinoise, est une de celles qu'on accepte avec orgueil et qu'on remplit avec dévouement,
parce qu'elle rentre directement dans le programme
de l'amélioration du sort de l'espèce humaine. Au riche
dont le goût est blasé, j'offrirai, je l'espère, à mon retour, ces condiments nouveaux qui rendent l'appétit,
ces reconfortants qui restaurent ; au pauvre j'apporte-
rai des assaisonnements à son pain. Commençons cette
œuvre humanitaire en détaillant la préparation des germes, telle qu'elle se pratique en Chine ; l'importance
du sujet ne me permet pas de rejeter cette recette dans
une note.

Vous avez mis tremper vos pois ou vos haricots pendant quatre à cinq heures dans de l'eau à 20 ou 25 degrés ; vous les placez ensuite dans un vase plat où ils
sont recouverts de paille, et abandonnés à eux-mêmes
pendant deux jours, dans une chambre humide et
chaude ; les germes qui se sont développés ont atteint
environ deux pouces de longueur, ils sont alors bons à
manger. A cet effet vous les secouez pour les débarrasser des débris de graine qui subsistent encore, vous
les ébouillantez, puis les assaisonnez en salade ou les
passez à la casserolle. Vous avez ainsi l'avantage de
substituer un aliment frais et léger à un légume sec et
lourd, tout en augmentant ses qualités nutritives, plus
abondantes dans le développement germinal que dans la
graine elle-même. Je livre d'ailleurs, avec confiance, ce
produit nouveau aux méditations de nos cuisiniers fran-

çais, bien rassuré sur le parti qu'ils sauront en tirer pour les jouissances de l'espèce humaine.

Le marché de Malacca me parut abondamment pourvu de légumes, de fruits, de poissons, de volailles et de viande de porc. Des marchands y étalaient sur les plateaux d'une espèce de balance dont leur épaule est le point de support, mille productions dont le plus grand nombre m'étaient à peu près inconnues. Ici, sont des confitures, des fruits secs et des gâteaux ; là une gelée tremblottante d'agar-agar qu'on détaille avec un couteau de bois ; plus loin, l'appétissant taofo, fromage de légumine, dont je compte bien enrichir la cuisine du pauvre. Puis un restaurateur en plein vent débite des portions d'affreux ragoûts et du thé ; chacun annonce sa marchandise par des cris bizarres, ou par le bruit assourdissant d'une crecelle ou d'un tambour à main. Les barbiers ambulants traversaient la foule, offrant leur ministère et attirant l'attention à l'aide d'un diapason mis en vibration par un choc sur la cuisse.

Les fruits sont très variés à Malacca ; on en compterait aisément jusqu'à cent espèces, et le marché en est abondamment pourvu ; j'y retrouve le papayer, la mangue, le jack, le coco, le raisin, la banane dont on compte plus de quarante variétés, parmi lesquelles, les espèces mas, raja, oodang et nangi sont d'une haute distinction ; l'ananas qui se vend un sou, le magoustan, le durian !! Oserai-je avouer que j'ai rencontré dans ce fruit, conspué en raison de l'odeur fétide qu'il répand, tout ce qu'un palais exercé aux jouissances peut analyser de plus relevé. Arrière ceux qui n'ont pas osé une première fois affronter l'odeur ammoniacale qui défend le durian des atteintes du vulgaire ; ils ne jouiront jamais du parfum de fromage de Roquefort, d'ail et d'olive que ce fruit réserve à ses véritables amateurs. O durian , je te proclame le premier fruit des deux hémisphères !

Je n'en finirais pas, si je voulais raconter tout ce que ce pays m'offrait à chaque pas de nouveau, d'étrange ; c'était la première fois que l'Europe s'effaçait complètement à mes yeux. Rien, sur ce coin de terre, ne portait plus l'empreinte de la civilisation européenne, venue se heurter sans succès contre cette autre grande civilisation qui partage avec elle l'empire du monde. Ici, malgré trois siècles d'occupation par l'Europe, les habitudes de la vie , les usages, les mœurs, les arts, l'industrie, l'agriculture, tout est un reflet, une émanation de la civilisation antique et colossale dont la Chine est le foyer. Les diverses races de l'Asie se pressaient confusément autour de moi sans avoir subi la moindre altération du contact européen ; le Malais n'avait rien perdu de son aspect farouche , l'Hindou, de son air efféminé, le Chinois, de cette activité fébrile que pauvre il apporte au travail, ou de cette quiétude que riche et retiré des affaires il puise dans une vie contemplative et sensuelle. Il n'est pas jusqu'au métis européen qui n'ait perdu, au contact prolongé de l'Asie, les dernières traces de son type originel. N'étaient donc les Cipayes sous l'uniforme anglais, qu'en débarquant j'avais vus en faction auprès de quelques méchants canons, il m'eût été impossible de me croire dans une possession européenne. Aujourd'hui que l'Europe a définitivement envahi tout l'espace qui la séparait de la Chine, la lutte deviendra chaque jour plus vive entre les deux civilisations destinées à se disputer le monde ; l'Europe continuera à intervenir avec la puissance de ses armes, de son industrie, de l'application de ses théories scientifiques ; la Chine, avec le nombre, l'activité, et l'intelligence de ses colons qui portent, dans leurs vieilles connaissances pratiques, tous les éléments de bien-être du peuple soumis à leur influence pacifique, et dont l'émigration croissante augmente chaque jour la sphère d'action.

CHAPITRE VI.

∝

SINGAPORE.

❖

3 juillet.

Il est neuf heures du matin, nous jetons l'ancre dans la magnifique rade de Singapore. A côté de nous est un steamer qui se dispose à partir pour Suez, le plénipotentiaire anglais, sir Henri Pottinger est à bord ; il retourne glorieusement dans sa patrie, après avoir attaché son nom à l'un des plus grands événements du siècle, au premier traité par lequel l'Europe ait saisi la Chine corps à corps, et étreint son flanc pour ne plus lâcher prise. Puissions-nous, nous aussi, ajouter une pierre à l'édifice social qui s'élèvera du sein des combinaisons nouvelles auxquelles doit donner lieu le contact des civilisations européenne et chinoise, et faire à la France une part digne d'elle dans cette œuvre colossale !

La frégate est bientôt entourée d'une foule de petits bateaux, vraies coques de noix allongées, où se balancent quelques Malais (orăng-Lăŭt) à demi nus, qui nous invitent à descendre à terre. Il faut que la mer soit bien sûre dans ces parages, pour qu'on ose s'y aventurer ainsi ; cette réflexion m'avait conduit au pied de l'échelle où l'une de ces fragiles embarcations m'attendait pour me transporter à la ville, à travers les jonques chinoises et cochinchinoises, les proas malaises et les navires européens, qui couvrent la grande rade en face de la ville anglaise. La petite rade de Singapore, beaucoup plus sûre que la grande, est située à l'ouest de la ville, mais elle est peu fréquentée en raison de son éloignement du centre des affaires.

Après avoir franchi la pointe de la batterie qui défend l'entrée de la ville et où veille une compagnie d'artillerie de cipayes, nous donnons dans la petite rivière de Singapore, espèce de crique qui a tout juste assez d'eau pour recevoir les barques et les pontons destinés au transbordement des marchandises. Cette rivière sépare la ville en deux parties parfaitement distinctes, qu'un pont et une passerelle mettent en communication. Le commerce s'est exclusivement emparé de la rive droite; là, sont les comptoirs des négociants, les magasins, les boutiques, les ateliers; là une foule presque entièrement composée de Chinois et de Malais, s'agite et travaille : c'est une foire perpétuelle. Les maisons sont, en général, basses, mais bien construites en pierres et en briques, les rues, symétriquement disposées et bien percées ; la plupart sont flanquées de galeries couvertes sous lesquelles on peut braver les feux du jour. Le terrain sur lequel s'étend la ville de commerce est plat ; une partie a été conquise tout récemment sur des marais fangeux qu'il a fallu dessécher au moyen d'un vaste canal, et combler de terre ; mais, chose étonnante, ces travaux n'ont nullement altéré la salubrité dont jouit le pays. L'autre côté du canal de desséchement conserve encore ses marais boueux, au-dessus desquels s'élèvent çà et là, des cases malaises, perchées, c'est le mot, à six pieds au-dessus du sol, sur de longs bambous, fichés verticalement dans la vase liquide ; eh ! bien, ces demeures sont saines et leurs habitants plongés dans ces prétendus foyers d'infection, ne sont sujets à aucune maladie endémique : qu'on disserte maintenant tant qu'on voudra sur les causes d'insalubrité locale, qu'on allègue la putréfaction des êtres organisés, les vapeurs humides des marais, que sais-je encore? la ville de Singapore, bâtie au milieu d'un cloaque, est, en dépit de toutes les théories, le lieu le plus salubre des régions tropicales.

Passons sur la rive gauche de la rivière : le bruit a cessé tout à coup ; au mouvement commercial, à l'agitation de l'artisan, ont succédé le silence et le calme du cottage ; d'immenses palais, soutenus par des lignes de colonnes, de vastes constructions entourées de jardins et d'ombrages, d'élégantes villas, des rues larges

et sablées que sillonne le léger palanquin, une vaste esplanade toujours verte, un beau temple protestant, une
jolie chapelle catholique, vous révèlent la destination
de ce somptueux quartier : vous êtes dans la ville des
Européens. C'est là que le négociant vient tous les
soirs vers cinq heures, se reposer des fatigues du
comptoir, et oublier dans les jouissances d'un élégant
comfort, le souci des affaires qui doivent, dès le lendemain matin, le ramener au milieu du tumulte de la ville
chinoise.

London-hôtel, le meilleur gîte que Singapore puisse
offrir aux voyageurs, fait partie de ces élégantes constructions dont je viens de parler. Je m'empressai d'y
choisir une vaste chambre dont les fenêtres, garnies
de persiennes laissaient circuler les plus délicieux courants d'air. Le prix de la journée de séjour fut fixé par
mon hôte, à six piastres fortes (33 francs) pour le logement, la nourriture et le palanquin, espèce de petite
voiture basse à quatre roues, que traîne un poney ja-
vanais, conduit à la main par un seis malais ou hindou, courant avec la légèreté d'une gazelle.

Les soins de mon installation m'avaient occupé jusqu'à la nuit, et dans mon impatience je ne voulais pas
remettre au lendemain ma visite à la ville chinoise ;
d'ailleurs, pour tout voir, il faut voir à toute heure : je
m'engageai donc fort avant dans la ville, guidé par une
espèce de garçon d'auberge dont les fonctions, à en
juger par l'empressement qu'il mit à me conduire dans
la grande fumerie d'opium, paraissaient être de faciliter
aux voyageurs l'étude des étranges mœurs de l'Asie. Un

être informe et d'un sexe douteux vint m'ouvrir ; je montai au premier étage et me trouvai dans une vaste salle garnie de bancs et de tables, où plusieurs Chinois buvaient du thé. De petits cabinets s'ouvraient de chaque côté de la salle et à travers les portes qu'on ne s'était pas donné la peine de fermer, j'aperçus dans leur intérieur un ou deux fumeurs d'opium étendus sur des nattes. Les uns, la paupière alourdie par l'effet stupéfiant de l'opium, cherchaient avec cette hésitation de mouvements et de gestes caractéristique d'un commencement de vertige, à préparer les dernières pipes destinées à compléter l'ivresse ; d'autres, entièrement maîtrisés par les vapeurs opiacées, semblaient plongés dans une effrayante extase ; quelques-uns accomplissaient un rêve délirant dans les bras de quelques farouches beautés malaises, elles-mêmes à moitié ivres d'opium. Plusieurs femmes s'étaient traînées chancelantes jusqu'à moi ; leur aspect me fit horreur et décida promptement ma retraite.

La prostitution, dégoûtante en Europe, est hideuse dans cette partie de l'Asie, où elle dépouille jusqu'aux semblants de coquetterie qui en déguisent parfois l'infamie. Ce n'est plus qu'un ignoble appel aux jouissances de la brute. Les fumeries d'opium sont nombreuses à Singapore, mais elles se bornent ordinairement à la consommation de cette drogue, sans y joindre les repoussants accessoires qui venaient de s'offrir à ma vue.

Je visitai dans la soirée plusieurs de ces espèces de cabarets ; ils consistent invariablement en une salle divisée au moyen de nattes, en compartiments, dans chacun desquels deux ou trois Chinois, groupés sur une espèce d'estrade ou de tréteaux, autour d'une petite lampe , se passent et repassent successivement une pipe à opium composée d'un fourneau en terre cuite de la forme d'un globe, percé à la partie supérieure d'un trou de deux millimètres de diamètre, disposé pour recevoir une boulette d'opium de la grosseur d'une tête d'épingle ; ce fourneau est emmanché d'un tuyau de bambou par lequel on aspire la vapeur de l'opium produite à l'aide de la chaleur de la lampe.

Une pipe ainsi chargée est consommée en deux ou trois aspirations; on la fait circuler jusqu'à ce que chaque convive perde connaissance. Je suivais attentivement toutes les phases de cet empoisonnement qui présentait, à quelques exceptions près, comme dans tous les phénomènes où le système nerveux joue le principal rôle , les caractères généraux ci-après : la première et la deuxième pipe produisaient une légère excitation, un sentiment de bien-être qui se traduisait en une gaîté rieuse et communicative ; les troisième et quatrième pipes commençaient à alourdir la paupière et imposer le mutisme ; alors , parfois un rire hébété errait sur les lèvres des fumeurs ; la sixième ou septième pipe les plongeait ordinairement dans l'immobilité de l'ivresse ; du reste , cet effet varie avec le plus ou moins d'habitude de l'opium : il faut quelquefois dix à douze pipes et plus, pour produire l'ivresse chez un vieux fumeur. Plongés alors dans un état qui n'est ni le sommeil, ni la veille, ils paraissent en proie aux plus ravissantes hallucinations. Leurs faces ignobles et dégradées me rappelaient l'expression de ces misérables qui en Europe se livrent avec excès à l'usage de l'eau-de-vie; plusieurs avaient contracté une maigreur effrayante; on eût pu faire aisément sur eux un cours complet d'ostéologie. Comme l'ivresse de l'opium se prolonge, et qu'un de ses effets est d'effacer de la mémoire les faits récents, les fumeurs ont le soin de régler leurs comptes en entrant, et je remarquai que le plus grand nombre fumaient à crédit; ce n'est pas le seul trait d'analogie qu'ils présentent avec les gens qui hantent chez nous les cabarets, car ces deux vices ont après tout le même point de départ, un insatiable besoin d'excitation; ils se comportent, à peu près de la même manière et conduisent aux mêmes résultats physiques et moraux. Le ferme de l'opium à Singapore rend annuellement 500,000 fr. à la Compagnie Anglaise des Indes Orientales.

4 juillet.

La col ine des Signaux s'avance entre les deux villes qu'elle domine; elle est couronnée par un charmant cottage, demeure de M. Butterworth, colonel-gouverneur des établissements anglais du détroit; il était absent quand je me présentai pour lui rendre visite. Je m'assis un instant sur la terrasse de son jardin pour contempler le tableau déroulé devant mes yeux, et je restai absorbé par les pensées qu'éveillait en moi le spectacle inattendu de l'œuvre commerciale des Anglais. Sur ce rivage où, il n'y a pas vingt ans, se groupaient quelques misérables cases de Malais, moitié pêcheurs, moitié pirates, où la forêt vierge s'avançait jusqu'à la mer pour y tremper ses branches, où le tigre embusqué dans le jungle venait attendre sa proie, là où mourait le flot, où quelque pirogue sillonnait à peine une mer solitaire, s'élève aujourd'hui une immense ville, s'agite une population laborieuse. Là sont des palais somptueux dont les jardins s'étendent jusqu'à la mer ; là l'étranger vient prendre le frais à la tombée de la nuit, seul, sans armes, aussi[i] rassuré contre les tigres qui ont fui dans la profondeur des forêts, que contre le bandit malais sur qui s'ouvre l'œil vigilant d'une police infatigable ; et cette rade hospitalière est devenue le rendez-vous des navires de toutes les nations. Voilà ce qu'a produit le cri de liberté poussé par l'Angleterre au sein des populations Indo-Chinoises courbées naguère sous le monopole commercial.

Il y a à peine un quart de siècle, en effet, que le commerce de l'archipel Indo-Chinois était encore presque tout entier dans les mains des Hollandais. S'ils n'avaient pas réussi dans leurs tentatives sacriléges de détruire, dans le but de rester seuls fournisseurs du marché des épices, les richesses naturelles dont la providence avait doté les îles voisines de leurs établissements, ils étaient du moins parvenus à empêcher le développement commercial de ces contrées, en ne laissant ouverts à leurs productions d'autres débouchés que les comptoirs hollandais, où le monopole en réglait le prix en même temps qu'il repoussait les marchandises des pays étrangers, par tous les moyens, même au mépris des traités qui les obligeaient envers l'Angleterre, par exemple, à recevoir les marchandises de cette puissance, moyennent le double du droit imposé aux produits similaires de la Hollande.

Cet état de choses une fois connu, ne pouvait subsister bien longtemps ; il suffisait en effet d'indiquer aux habitants de l'archipel Indo-Chinois un point central, un rendez-vous commercial où ils pussent trouver à échanger librement leurs produits, pour annihiler tous les efforts de la politique étroite et égoïste de la Hollande. Ce point, l'île de Singapore située à l'extrémité méridionale de la presqu'île malaise, l'a offert avec tous les avantages qu'on pouvait désirer sous le rapport de la facilité des communications, de la sûreté du mouillage, de la salubrité du climat, de la position centrale, et enfin de la sécurité du patronage. Toutefois il y avait encore une condition essentielle à remplir pour opérer le prompt déplacement commercial dont on sentait si vivement le besoin ; il fallait que le nouveau champ ouvert au commerce fût libre, entièrement libre pour tous ; les Anglais n'ont point hésité à entrer dans cette voie : Singapore est devenu un port franc dans toute l'acception du mot ; on n'y acquitte pas même de droits de port, bien qu'on eût pu les considérer comme destinés à faire face aux dépenses d'entretien.

On ne saurait trop faire remarquer ici la largeur de vues de l'administration anglaise, et la fécondité des principes de liberté commerciale dont elle a fait, dans cette circonstance, une si heureuse application.

Aussi, comme dans toutes les créations qui répondent à un véritable besoin de la société, un développement inouï dans les fastes coloniaux s'est-il manifesté à Singapore. Cette île qui, en 1820, n'était habitée que par un millier de Malais, comptait en 1832, 20,880 âmes, et l'on n'évalue pas aujourd'hui sa population à moins de 75,000 habitants, dont les trois quarts sont chinois émigrés du Fo-kien, du Kwang-tong et de l'île d'Hainan. Son commerce, tant à l'importation qu'à l'exportation a porté en 1843 - 44 sur une valeur de 51,386,050 roupies secca, soit au change de 2 fr. 56 c. 131,548,288 francs [1] sans compter les transbordements considérables opérés dans la rade devenue le lieu de rendez-vous d'une foule de navires.

Un gros village chinois-malais flanque la ville à l'est, et lui sert comme de faubourg. Un populeux *compong* s'est établi dans l'intérieur de l'île, que des routes carrossables traversent en tous sens. Des défrichements considérables reculent chaque jour la limite des forêts vierges qui couvraient le sol ; les cultures de toute espèce prennent leur place, et les envahissements de la colonisation sont si rapides, que l'ancien habitant de ces jungles, le tigre, a à peine le temps d'opérer sa retraite. Aussi cette dépossession trop pressée n'est-elle pas pure de sang humain : près de quatre cents pionniers deviennent chaque année la proie de ces animaux. Terrible, mais dernière protestation de la force sauvage, qu'enregistre soigneusement le *Singapore-frée-press* dans ses colonnes !

Pour les peuples circonvoisins, Singapore est devenu, comme l'avaient calculé les Anglais, une espèce de champ de foire permanent où tous apportent les produits

---

[1] On trouvera plus loin des détails propres à fixer l'opinion sur l'importance actuelle de la place de Singapore.

naturels de leur sol ; sûrs qu'ils sont de les échanger librement contre les objets manufacturés adaptés à leurs usages. De leur côté les navires européens, après avoir déposé leurs marchandises dans les mains de consignataires, trouvent réunis, dans les entrepôts de Singapore, les divers produits qu'ils étaient naguère obligés d'aller charger en cueillette et à grands frais sur les côtes de ces pays inhospitaliers.

Effrayés de ces immenses résultats si rapidement obtenus, les Hollandais ont cherché à détourner le danger qui menaçait leur commerce, en élevant à Rhio, petite ville située dans l'île de Bintang, à seize milles sud-est de Singapore, un comptoir rival, un port libre ; mais il était trop tard.

Les habitudes du commerce et la largeur du marché ont fait pencher la balance du côté de l'établissement anglais. Rhio n'a réussi à attirer à lui que les quelques minces produits des îles voisines [1].

Cet amour de liberté commerciale dont la Hollande s'est sentie tout à coup éprise dans son établissement à Rhio, aura toutefois pour résultat général de maintenir par la concurrence, la franchise du port de Singapore, contre les idées rétrogrades qui pourraient plus tard y faire des réserves en faveur de la nation anglaise.

5 juillet.

J'étais porteur de lettres d'introduction pour M. Mac-

---

[1] Rhio, ou Riouw n'est qu'un port d'échange et de transbordement, où l'importation et l'exportation n'ont qu'une faible im-

Mecking, chef d'une des plus importantes maisons anglaises de Singapore, et d'Almeida, consul-général de Portugal. Je reçus de tous deux le meilleur accueil; ils voulurent bien se mettre à ma disposition pour tous les renseignements dont je pourrais avoir besoin.

M. d'Almeida est un homme fort honorable et un médecin très instruit; il a servi autrefois dans les armées françaises, et a conservé pour les Français une prédilection marquée. Ses deux fils aînés sont à la tête de la maison de commerce qu'ils dirigent avec une habileté remarquable. Tous les navires français qui fréquentent Singapore leur sont consignés, et les capitaines ont toujours eu à se louer de la franchise, de l'activité et de la haute probité de cette maison.

6 juillet.

Les diverses races qui peuplent Singapore, se sont autant que possible agglomérées par quartier. Je viens de parcourir successivement ces diverses parties de la ville. Un petit temple voué à Brahma occupe le centre du quartier hindou; quelques rares fleurs répandues devant une statue assez mesquine du dieu hindou trahissaient la pauvreté de ses sectateurs. Le quartier malais a aussi sa mosquée; on n'y pénètre, comme on sait, qu'en laissant sa chaussure à la porte, mais une petite pièce d'argent mise discrètement dans la main du gardien,

portance. En 1825, on estimait à 57,000 francs le mouvement de son commerce général; il s'élève aujourd'hui à 6,300,000 francs.

m'obtint une exemption, et je foulai avec les bottes d'un mécréant le sol garni de nattes.

Quant à la pagode chinoise, elle est d'une richesse d'ornements et d'une élégance d'architecture fort remarquables. Un bonze me reçut à la porte et m'accompagna dans la visite minutieuse que je fis de tout ce qu'elle contient. L'éclat des couleurs, les sculptures et l'or répandu à profusion sur l'autel du dieu Fô, révélaient l'état prospère de son culte; on apercevait au milieu d'une niche pratiquée dans l'épaisseur du mur et au-dessus du maître-autel, l'image de la vierge Quoan-yn. Des candelabres, des cierges, des lampes sacrées, des vases de fleurs et des cassolettes à parfums surchargeaient l'autel.

Je m'étais muni d'un daguerréotype, et le bonze me permit de le poser sur l'autel, pour prendre l'intérieur de la porte principale ornée de colonnes torses en granit sculpté. La façade est couverte de caractères chinois ciselés dans le granit ; la peinture s'y marie avec succès à la sculpture, et le tout rappelle ce genre de décoration en usage chez les Egyptiens, dont la plupart des temples conservent encore à l'intérieur les couleurs qui recouvrent les hiéroglyphes taillés en creux dans la pierre.

Au-delà de la pagode chinoise et à l'ouest, la côte s'exhausse et laisse voir le long de la mer une coupe très favorable aux études géologiques des terrains qui constituent la majeure partie du sol de Singapore. Ce sont des strates de grès siliceux et d'argile blanche, bleue, grise et rougeâtre alternant ensemble et renfermant du fer argileux hydraté (hématite), en couches d'un à deux décimètres d'épaisseur. L'inclinaison générale des couches varie de 45 à 50° et leur direction nord 50° ouest, au sud 50° est, a cela de fort remarquable que c'est exactement celle de la presqu'île de Malacca, dont la forme et l'orientation sembleraient dèslors se rattacher au soulèvement de ce terrain. Je poursuivis cette étude au-delà de New-Harbour jusqu'à la petite rivière de Padang, dans l'espoir de découvrir quelques fossiles propres à me guider dans la détermination de l'âge géologique de ce dépôt; recherches inutiles qui me firent errer jusqu'au coucher du soleil, mon fusil sur l'épaule et le marteau à la main. Je rentrai à Singapore par la colline où s'élèvera le grand hôpital militaire de la colonie; l'entaille considérable que l'on fait dans le flanc de cette colline me permit de compléter l'étude de la composition du terrain; je le trouvai identique à celui de la côte.

Une chaîne des convicts de l'Inde était employée aux terrassements. Ces malheureux, à peu près nus, semblaient succomber sous le poids d'une charge, qu'un ouvrier européen eût aisément transportée dans sa main. C'est qu'on se ferait difficilement une idée de la ténuité de ces longs corps noir d'ébène, qui semblent, en s'effaçant un peu, devoir réaliser la possibilité mathématique d'une longueur sans largeur. Des surveillants, armés de longues baguettes, cherchaient à stimuler leur activité par une grêle de coups acceptés, d'ailleurs, avec le flegme et la résignation d'un cheval de fiacre qui achève sa dernière course.

Les Anglais transportent, dans leurs établissements de la Malaisie, les condamnés des grandes Indes, et réciproquement dans les grandes Indes, les condamnés de la Malaisie. Ce système est fort bien entendu, en ce qu'il les isole au milieu d'une population à laquelle ils sont étrangers. Je remarquai que plusieurs de ces convicts portaient, tatoués sur le front en langue hindoue, les motifs de leur condamnation. Cette aggravation de peine, réservée par les usages du pays à l'homme qui a commis un meurtre, a été étendue au crime de trahison ; or, les Anglais qualifient ainsi la rébellion contre leur autorité : cruelle dérision qui, confondant toutes les notions du juste et de l'injuste, prétend assimiler le crime du guerrier vaincu à celui d'un lâche meurtrier ; comme si les dominateurs de l'Inde pouvaient à volonté changer la moralité des actions du peuple qu'ils exploitent ! O Bentham, qu'eût pensé votre grande âme !...

7 juillet.

La route qui conduit à la colline de Boukit-timah (montagne d'étain) traverse presque l'île de Singapore dans sa plus grande largeur, et fournit l'occasion d'étudier le pays sur une étendue de neuf à dix milles. Des collines basses, séparées par d'étroites vallées marécageuses, flanquent de droite et de gauche la route que nous suivons. Le sol de ces vallées est formé d'un mélange de sable et d'argile qui convient à la culture du gambier et du poivrier dont nous traversons plusieurs plantations. Au-delà de la colline de Boukit-timah, le grand chemin n'a point été achevé, et l'on ne trouve plus qu'un sentier à travers les bois pour gagner les rives de l'ancien détroit qui sépare Singapore du continent. Je laisse ce sentier sur ma droite et je pénètre dans le jungle pour gravir la colline de Boukit-timah, qui s'élève d'environ 130 mètres au-dessus du niveau de la mer ; c'est le point culminant de l'île et le quartier général des tigres ; aussi, en m'enfonçant dans le bois, accompagné de mon fidèle Robert, me suis-je bien assuré de l'état de nos fusils, et, tandis que je détache des échantillons de granit siénite, du flanc de la colline, son fusil armé et prêt à faire feu veille sur moi.

Les fouilles que l'on a faites au pied de cette colline, à la recherche du dépôt d'étain oxidé sablonneux qui couvre, comme on sait, une partie de la presqu'île malaise et des îles adjacentes, n'ont pas été sans résultat ; l'on est arrivé à une couche de sable stannifère mêlée de grains de quartz. Ce gisement a tous les caractères d'un dépôt alluvionnaire de la fin de l'époque tertiaire ; il est probablement fort important, parce que le remous qui s'est produit à la rencontre de cette butte de granit a dû être très favorable à la précipitation du sable stannifère que le courant transportait.

Je me trouvai, à la sortie du bois, au milieu d'une plantation de gambiers et de poivriers, attenant à une petite ferme où une communauté de sept à huit cultivateurs chinois était établie. Ces malheureux étaient seuls, c'est-à-dire sans compagnes ; ils ont quitté la Chine, trop pauvres pour pouvoir décider des femmes chinoises à les suivre, et ils n'ont pu gagner assez depuis, pour se

procurer des femmes malaises, lesquelles sont fort re-
cherchées dans le pays. L'existence des colons chinois à
Singapore ne repose donc pas encore sur les bases solides
de la famille ; ils ne forment toujours qu'une branche
gourmande séparée du tronc et que rien ne féconde.

Après m'avoir fait examiner le mode de culture du
gambier et du poivrier qui se complète l'une par l'autre, parce que le résidu de la préparation du premier
est l'engrais naturel du poivrier, ces cultivateurs me
firent voir une fosse pour prendre les tigres : c'est un
trou de 5 mètres de longueur sur 2 mètres 1/2 de
hauteur et 3 mètres de largeur, boisé à l'intérieur et
recouvert d'une claie composée de perches grosses
comme la cuisse et solidement assemblées ; cette claie
est tenue en suspension sur la fosse, par un trébuchet
analogue à celui d'une souricière ; on y place un chien
vivant pour appât ; l'ouverture de la fosse est, d'ailleurs, dissimulée par quelques frêles roseaux soutenant
des herbes sèches. On m'expliqua que le dernier tigre
pris, l'avait été en plein jour et précisément à l'heure
où nous nous promenions ; qu'on l'avait vu faire le tour
de la fosse pour examiner son terrain, avant de se jeter
sur le chien qui l'avait attiré par ses aboiements. Le
gouvernement a payé très exactement la prime de 15
dollars allouée pour chaque tête de tigre. Quelques
jours avant l'établissement de cette fosse, ce terrible
animal avait enlevé un de leurs compagnons, tout à côté
d'eux et sans qu'ils aient eu le temps de tourner la tête.
Le Chinois qui m'accompagnait me raconta cette affreuse
scène avec une telle vérité d'expression et de gestes,

que je sentis comme les griffes du tigre me déchirer l'épaule, au moment où le narrateur posa sur moi sa main contractée.

Les procédés des teinturiers chinois de Singapore sont à peu près ceux que nous pratiquons en Europe. J'examine avec M. d'Almeïda, qui a la bonté de me servir d'interprète, plusieurs ateliers où l'on emploie pour teindre le coton en noir, de l'acétate de fer, appelé ici *kini*, et une écorce d'arbre qui paraît riche en acide gallique; les Malais l'appellent *baco* et les Chinois *cat-chan-poé*. Le calandrage des tissus a lieu sur une pièce de bois unie, au moyen de gros maillets que deux ouvriers placés de chaque côté de la pièce de bois, font tomber en cadence avec une extrême rapidité : ce procédé fort primitif demande une grande habitude de la part des ouvriers.

La préparation du sagou est une des industries que la colonie de Singapore a attirées à elle, au préjudice de Malacca et de Siak (côte de Sumatra) qui l'exploitaient précédemment. La fabrique que je viens de visiter est située sur le bord du canal de dessèchement. Huit à dix Chinois y sont occupés à faire subir à la moelle brute du palmier sagou (metrouglum-sagu), que les Malais de l'intérieur de Bornéo et de Sumatra apportent à Singapore, les préparations ci-après : on lave la moelle brute dans une cuve, sur une toile serrée qui laisse passer la fécule, tandis que les fibres ligneuses y sont retenues ; on décante le précipité de fécule, et l'on verse le résidu dans de longues caisses dont le fond percé de trous est recouvert d'une toile très serrée laissant filtrer l'eau. Cette fécule est ensuite séchée au soleil, puis passée au tamis. La substance ainsi obtenue se présente sous forme de farine parfaitement blanche et criant sous le doigt. Dans cet état, on l'expédie en grande quantité en Angleterre pour être convertie en gomme et servir d'apprêt aux étoffes ; des commissions permanentes sont données, à cet effet, à des négociants de Singapore, qui n'arrêtent leurs expéditions que quand le prix de cette farine dépasse 12 fr. 40 c. les 100 kil., mais il est souvent à 8 fr. 80 c.

Pour compléter la préparation du sagou, on expose cette fécule à un feu doux dans de grandes bassines en tôle mince, enchassées sur un fourneau de torréfaction ; on agite continuellement la matière avec une spatule, de manière à favoriser l'agglomération des grains par le contact des diverses particules de fécule ; quand la granulation est complète, on retire le sagou pour le laisser refroidir ; ainsi préparé, il se vendait, en 1845, de 27 fr. 50 c. à 32 fr. les 100 kil.

Le palmier-sagou n'excède pas 10 mètres en hauteur ; sa jeune tige est couverte d'épines qui tombent quand elle grossit ; il croît dans les lieux bas et marécageux, et parvient à maturité à quinze ans. On fait alors un trou dans le tronc pour reconnaître l'état de la moelle, puis on coupe au pied l'arbre qu'on partage en pièces de 2 mètres de longueur et qu'on fend pour en extraire la moelle, au moyen d'un bambou qui racle le cœur du palmier. Un palmier-sagou peut produire jusqu'à 300 k.

de moelle brute. C'est dans cet état que les Malais de l'intérieur des îles de Bornéo et de Sumatra l'apportent le plus ordinairement à Singapore, où cette substance vaut de 7 à 9 fr. les 100 kil.

Les naturels de Bornéo et de Sumatra font des plantations de palmier-sagou ; les pieds sont espacés entre eux de 3 mètres 1/2. Ils attendent douze à quinze ans la récolte, mais le palmier coupé repousse par rejetons. Ils se nourrissent de la moelle brute, et préparent un sagou à gros grains, peut-être moins raffiné que celui de Singapore, mais qui, n'ayant pas été atteint par la fermentation pendant le transport de la matière brute, a meilleur goût, et se vendait en 1844, à Singapore, de 12 à 18 fr. les 100 kil. Cette substance précieuse, et comme aliment et comme apprêt pour les étoffes, est loin d'occuper en France la place que lui assigne son utilité dans la satisfaction de nos besoins. Cela tient surtout au droit exorbitant qui l'atteint et la repousse de la consommation.

Je profite de nouveau, dans l'après-midi, de l'obligeance de M. d'Alméïda pour aller visiter une vaste plantation de gambiers, ainsi que la fabrique où l'on traite le produit de ce nom.

Le gambier est un arbuste qui atteint la hauteur de 2 mètres à 2 mètres 1/2. Ses feuilles sont ovales, épaisses quand elles sont mûres, et d'un vert sombre ; lorsqu'on les mâche, elles ont un goût astringent, amer, laissant un arrière-goût douceâtre.

Semé en pépinière, le gambier est transplanté au bout de deux ou trois mois en lignes. La première coupe des feuilles a lieu à quatorze mois ; la deuxième huit mois après la première. La plante pousse alors avec vigueur, et permet quatre récoltes de la feuille par année. Une plantation bien nettoyée dure vingt ans. L'arbuste du gambier est aussi propagé par bouture ; voici quel est le mode de préparation du produit tel que nous l'avons vu pratiquer à Singapore.

La feuille est placée dans une large chaudière pleine d'eau, dont les bords ont été exhaussés au moyen d'une claie ou d'une écorce d'arbre garnie d'argile. On entretient l'ébullition pendant six heures ; la feuille est alors séparée du liquide au moyen d'une claie, puis lavée dans un baquet de bois afin de profiter de toute la matière soluble ; cette eau de lavage réunie à la liqueur restée dans la chaudière, est soumise à une ébullition prolongée. Lorsque l'extrait est suffisamment rapproché, on le verse dans un moule de bois, où on l'agite avec la main armée d'un morceau de bois de *pouna*, dont la propriété est de faire prendre l'extrait en masse. Quand il est refroidi, il offre une masse solide qu'on divise en plaques, puis en cubes avec une ficelle, comme on opère sur le savon frais ; ces cubes sont mis à sécher sur une claie.

La fabrication du gambier est partout entre les mains des Chinois, qui viennent des côtes de Fo-kien, de Kwang-tong et de l'île d'Haïnan, pour exploiter les richesses de l'Indo-Chine.

Cet extrait est très employé par les naturels de l'Inde, de l'archipel Oriental, de la Cochinchine et du Camboge, comme drogue à mâcher ; on le mêle au bétel et à la noix d'arec.

Le gambier est un puissant astringent : il est employé avec succès en médecine dans les diarrhées, les fièvres intermittentes, les dyssenteries, les écoulements, les affections catarrhales. Les alcalis forment, en se combinant au gambier, des sels dans lesquels les propriétés astringentes de cette substance disparaissent ; la solution de colle de poisson précipite le gambier de sa dissolution ; les sels métalliques exercent la même action, et à ces caractères on reconnaît l'existence des acides gallique et tannique qui paraissent constituer la majeure partie de cet extrait aqueux. J'ai mis cette course à profit pour recueillir des graines de gambier que je destine à des essais, dans nos colonies. [1]

12 juillet.

Le comptoir de M. d'Alméïda m'offrait une trop belle occasion d'examiner les principaux articles de commerce de Singapore, tant à l'importation qu'à l'exportation, pour ne pas en profiter. J'étais, d'ailleurs, parfaitement sûr, en m'adressant à lui, d'obtenir tous les renseignements qu'on peut attendre d'un homme probe et éclairé. Je consacrai donc la journée à prendre, dans ses vastes magasins, des notes et des échantillons, et je passai en revue mille articles de droguerie. C'est là que je vis pour la première fois ces nids d'hirondelle si recherchés des Chinois. La matière qui les compose a l'aspect de la colle

---

[1] J'ai adressé, à mon retour à Paris, à M. le ministre de la marine et des colonies, ces graines, qui ont été envoyées à la Guyane, où des essais seront faits au jardin botanique de Baduel.

de poisson, ou bien encore de la corne blanche; mais elle est insoluble dans l'eau, ce qui permet d'en préparer dans le bouillon de poulet, des soupes de l'apparence et presque du goût de la soupe au vermicelle. Ce nid, de la forme d'un bénitier, a, dans son plus grand diamètre, de 6 à 7 centimètres et dans son plus petit 4, sur une épaisseur de 1 à 2 millimètres; le bord sur lequel il a été fixé au rocher est plus renflé; il pèse de 8 à 15 grammes. Ces nids sont apportés à Singapore de presque toutes les îles montagneuses de l'archipel Indien, mais notamment de Java [1], de Bornéo et de Sumatra.

M. d'Alméïda me fit distinguer les diverses qualités de nids du commerce. La première se compose de ceux de couleur claire, parfaitement nets et auxquels aucune plume n'est mêlée; ce sont les nids de première nichée, presqu'aussitôt enlevés que construits et où l'oiseau n'a pas le temps de déposer ses œufs; ils se vendent jusqu'à 200 fr. le kil. L'hirondelle, pressée de pondre, se hâte d'en construire un autre, dans lequel la matière se ressent déjà des efforts de ce petit animal pour la faire produire à son estomac; les points d'attaches de ces nids sont sanguinolents et il se mêle à leur substance quelques plumes. Ces sortes de nids constituent la qualité moyenne, qui vaut communément de 120 à 150 fr. le kilog. Lorsqu'on lui a enlevé jusqu'à deux et trois fois

---

[1] J'ai eu occasion de visiter, dans mon voyage de Java, des cavernes qui fournissent annuellement des quantités considérables de nids d'hirondelle. Voir leur description au deuxième volume.

son nid, l'hirondelle en construit rapidement un quatrième; mais, épuisée par la dépense de matière des
nids précédents, elle cherche à y suppléer en y ajoutant
des plumes, qu'elle s'arrache et quelques brins d'herbe.
Ces nids, qui forment la dernière qualité, valent de 12 à
20 le kilog. Les Chinois les nettoient avec soin et parviennent à les rendre mangeables. [1]

M. d'Alméïda me fit ensuite voir plusieurs herbes
marines, espèces de fucus, recueillies sur les côtes de
l'Asie et des îles de l'Océanie et que les Chinois désignent
sous le nom de *eung-fan-tsoi*. On en prépare une gelée
compacte, appelée en Malais agar-agar et très estimée
dans tout l'Empire Céleste, comme aliment, ainsi que
pour servir d'apprêt, de colle ou de vernis sur le papier
et les étoffes. Sous ce double rapport, je ne puis me
dispenser de faire connaître ici cette précieuse préparation, que je dois à M. d'Alméïda.

Ces herbes marines sont mises à tremper dans l'eau
douce, pendant deux jours, et lavées à plusieurs eaux,
à l'effet de les faire *revenir* et de les dessaler; puis on
les fait bouillir, pendant une heure, dans de l'eau légèrement aigúisée d'acide acétique ou de vinaigre; lorsque la dissolution est à peu près complète, on jette le
tout sur une toile qui laisse passer la liqueur, laquelle
se prend en gelée limpide par le refroidissement. [2]

---

[1] Voir plus loin les détails qui complètent l'histoire naturelle
de l'*hirundo esculenta* et de son précieux nid.

[2] Cette gelée, analogue à la dextrine, est insoluble dans l'alcool, ainsi que dans plusieurs alcalis qui la précipitent de sa dis-

Le *Bicho di mar*, l'holoturie ou trypan est une espèce de mollusque voisin de la laplysie et dont M. d'Alméida me montra plusieurs échantillons. Cet animal, que fournissent toutes les plages des mers de l'Océan et de la Polynésie, a, quand on le pêche, 60 à 80 centimètres de longueur; il se retire tellement par la dessication à laquelle on le soumet, qu'il est à peine de 12 centimètres. il est noir alors et coriace; mais convenablement préparé, il offre un aliment sain et fort agréable, dont, ajouta M. d'Alméida, je veux vous faire goûter demain à ma table.

Nous terminâmes notre revue par l'examen du camphre barouss et du gettania; cette dernière substance est une gomme élastique extraite d'un arbre connu dans la Malaisie sous le nom de getta-percha, appartenant à la famille des artocarpus; son écorce incisée laisse écouler un lait blanc qui se durcit à l'air en s'oxigénant. Cette substance a la plus grande analogie avec le caout-

solution dans l'eau; l'eau chaude la dissout aisément; il en est de même de l'eau froide aiguisée par les principaux acides. Je l'ai employée avec succès au collage du papier et comme apprêt sur diverses étoffes, auxquelles elle donne un brillant satiné remarquable; mais son plus précieux emploi est comme aliment. Les gelées d'agar-agar, préparées au sucre et convenablement aromatisées, laissent, en raison de leur fraîcheur et de leur consistance, à une grande distance, celles d'ycthiocole, de gélatine et d'acide pectique, et j'ai la conviction qu'aussitôt que cette substance aura été introduite dans notre alimentation, elle remplacera ces dernières. Singapore en expédie annuellement 30 à 40,000 kilogrammes, au prix de 15 à 20 centimes le kilogramme.

chouc : on n'en fait jusqu'ici que des cravaches, des fouets et des cannes très flexibles. [1]

Quant au camphre barouss, il n'a de commun avec le camphre officinal que l'odeur et le nom, car il en diffère essentiellement par son origine et par ses propriétés physiques et chimiques. En effet, c'est le produit naturel d'un arbre de la famille des laurinées, (dryabalanops camphora), qui ne croît que dans les forêts vierges de Bornéo et de Sumatra. Les naturels du pays recueillent dans les fentes de cet arbre les petits cristaux qui s'y sont formés par exsudation. Il est peu volatil et sa composition chimique le range parmi les substances nouvelles ; il passe en Chine pour un excitant énergique ; aussi, y vaut-il 200 fr. le kil., tandis que le camphre officinal vaut 2 fr. à 2 fr. 50 cent. et joue le rôle de calmant dans notre thérapeuthique.

13 juillet.

J'ai conduit, aujourd'hui, à bord de notre belle frégate, plusieurs négociants de Singapore qui avaient grande envie de la visiter. Rien de varié et de curieux comme cet assemblage de gens de toutes les nations que

---

[1] Il résulte des essais que nous avons faits, que cette nouvelle gomme élastique est soluble dans l'essence de térébenthine, l'acide acétique et l'huile essentielle de goudron. Cette propriété permet de l'étendre en couches minces sur des étoffes. On lui donne, dans l'eau chaude, toutes les formes désirables ; les essais sont en ce moment en voie d'exécution dans le laboratoire de M. Dumas, à Paris. La gettania vaut 28 francs les 100 kilogrammes à Singapore.

renfermait mon canot, c'était l'expression la plus exacte de la transformation commerciale de Singapore : Abou-basa, négociant arabe de Mascate, un riche arménien d'Ispahan, un banian de Bagdad, M. Rustumjee, parsis de Bombay, et Wampo, négociant chinois, y avaient pris place. Ils parurent émerveillés de tout ce que nous leur fîmes voir. [1]

16 juillet.

Départ de Singapore. Nous sommes retardés dans notre appareillage par un violent Sumatra qui cause une véritable tempête dans la rade; c'est ainsi qu'on appelle le vent du sud-ouest, qui souffle avec furie, et à l'improviste, dans tout le détroit de Malacca.

[1] Voir, comme complément des observations faites à Singapore, les parties du dernier volume relatives à mes retours à Singapore, les 12 mars, 9 mai et 9 septembre 1845.

CHAPITRE VII.

∽

MANILLE.

●

25 juillet.

Nous prenons connaissance de la montagne de las Cobras, située au sud de Manille.

26 juillet.

Nous voici, au point du jour, en face de l'île du Corregidor placée à l'entrée de l'immense rade de Manille. Cette entrée présente ainsi deux passes, l'une et l'autre très sûres ; la direction des vents nous fait choisir la passe du nord ou grande passe ; le petit rocher de la Monja nous sert de point de repère ; laissant ensuite à

droite la haute montagne de Mariveles, nous venons jeter
à la nuit, l'ancre devant Manille.

Il est 8 heures du matin, l'administration sanitaire
est déjà venue nous donner la libre pratique, et le
signor San-Iago Blanco, le maître de la meilleure auberge de Manille, est à bord, nous offrant ses services.
Matelot sur un navire français venu, en 1802, aux Philippines, il s'est oublié à terre, un beau jour, auprès
d'une jolie tagale qui l'avait énivré d'amour ; puis, mettant dans un des plateaux de la balance la vie rude du
matelot, le biscuit de mer, l'air étouffé de la cale, la
ration d'eau, le quart, les coups de corde et la disci-
pline du bord, et dans l'autre plateau, l'haleine embau-
mée de la brise, le vin de coco, le doux laisser-aller de
l'existence et la vie d'amour qu'on mène aux Philippines, il avait eu le courage de choisir ce dernier lot que
lui offrait la fortune ; il avait déserté ! Lui, fils de la
Provence, il avait pu dire un éternel adieu aux champs
parfumés de sa patrie ! Si quarante-deux ans de séjour
aux Philippines ne laissent plus aujourd'hui place aux
regrets de l'exil, les souvenirs du pays sont restés chers
à son cœur, et il les évoque encore avec cette originalité
dont la nature a marqué d'un trait indélébile tout Pro-
vençal pur sang.

J'arrêtai donc un logement chez le sieur Blanco.

Le port de Manille est formé par l'embouchure du
Rio-Passig, rivière assez profonde pour recevoir des
bâtiments de deux à trois cents tonneaux. Elle est en-

caissée entre deux jetées qui se prolongent en avant dans la mer, pour prévenir la formation d'une barre. La tour d'un phare termine la jetée de la rive droite, et une batterie celle de la rive gauche. Le port est fermé en amont par un pont de pierre et de bois de huit arches, jeté sur le Passig et qui réunit la ville de Manille au faubourg de Binondo, devenu depuis longtemps, grâce au commerce, la ville principale.

On a bientôt parcouru Manille; c'est moins une ville qu'une citadelle construite selon les principes de l'art et qui nécessiterait un siége en règle. La garnison en est nombreuse et les principales autorités civiles, militaires et ecclésiastiques y résident. Le palais royal est un grand bâtiment irrégulier, sans architecture, dont les salles délabrées tombent en ruines.

Le gouverneur-général, M. Claveiria, me fit une excellente réception. C'est un homme du meilleur ton, doux, humain, d'une haute probité et d'une grande capacité. Nous causâmes beaucoup du pays et des réformes administratives devenues indispensables. Puisse-t-il, en combattant les abus, ne pas faire la guerre à plus fort que lui !

Les couvents sont en grand nombre dans la ville de guerre de Manille, et cela ne contribue pas peu à son aspect triste et solitaire; les religieux qui les habitent appartiennent aux ordres des Augustins, des Franciscains, des Dominicains et des Récollets. Ce sont là les vrais conquérants et en réalité les seuls dominateurs des Philippines. C'est à eux que l'Espagne doit la conservation de cette précieuse colonie qui, sans leur influence religieuse, eût passé, dès 1762, aux mains des Anglais, lors de la prise, par eux, de la ville de Manille. L'hôtel de la Douane est, à proprement parler, le seul édifice monumental qui existe à Manille.

La ville de Binondo s'étend sur un vaste terrain plat et bas, sillonné de petites rivières ou de canaux couverts de barques et de pirogues. On en porte la population à plus de 140,000 âmes. Elle possède quelques beaux quartiers, dont les rues larges et garnies de trottoirs ne manquent pas de régularité et d'une certaine élégance, bien que les maisons n'aient qu'un étage. Le trait caractéristique de ces constructions est la saillie que cet étage fait sur la rue, au moyen d'une galerie qui l'entoure comme d'une cage formée de petits carreaux de nacre translucide supportés par de grands cadres à coulisse.

Les rues les plus fréquentées sont celles du Rosario, de l'Estrella et de l'Escolta. C'est dans cette dernière surtout que j'aimais à flâner, de boutiques en boutiques, observant tout à mon aise le marchand chinois à l'œuvre.

Accourez, honnêtes boutiquiers de la rue St-Denis, et vous marchandes à la toilette, vous aussi commis voyageurs pour les vins, venez tous prendre une leçon du vrai détaillant. Pénétrez dans le magasin de ce Chinois ; son regard vous y a invités depuis longtemps ; il vous accueille, le sourire sur les lèvres ; faites tout déployer, examinez tout, jetez le désordre dans ses étagères si bien rangées, prenez vos airs les plus dédaigneux; jamais l'espoir de vous vendre ne l'abandonnera complètement ; jamais vous ne parviendrez à lasser cette patience qui doit tôt ou tard le conduire à la fortune. Une seule chose peut altérer cette quiétude, c'est l'achat à crédit, si l'acheteur porte l'uniforme d'officier ; la figure du pauvre Chinois prend alors une expression de douloureuse résignation, qui trouverait certainement grâce, si l'officier était mieux payé aux Philippines. Le commerce de détail est dans les mains des Chinois, non seulement à Manille mais dans l'intérieur de Luçon, où ils remplissent le rôle de revendeurs et de prêteurs à la petite semaine, exploitant le plus rudement possible cette pauvre race tagale, si facile à entraîner dans de folles dépenses, si disposée à escompter l'avenir.

L'une des industries des Chinois est l'accaparement de la petite monnaie d'argent, dont l'Espagne, dans son extrême incurie, laisse manquer ses établissements d'outre-mer ; dans l'opération de change pratiquée par les Chinois, on perd souvent jusqu'à 8 p. 0/0 sur une piastre pour obtenir de la monnaie.

Au surplus, si les Chinois réussissent à amasser une petite fortune, ce ne sont pas les obstacles qui leur manquent. Le gouvernement espagnol exige d'eux l'énorme somme de 48 piastres, pour la patente de marchand de tissus, et 24 piastres pour le droit de vendre tout autre article. Il n'est sorte d'avanie qu'on ne leur fasse subir ; les juges leur donnent rarement raison dans leurs contestations avec les tagals, et, au bon temps, on ne tolérait le séjour d'un Chinois aux Philippines, qu'autant qu'il consentait à recevoir le baptême. Ce système de conversion forcée s'est modifié : aujourd'hui, l'amour s'est fait missionnaire et c'est sous son influence que

les Chinois se font chrétiens, car c'est la première condition à remplir pour obtenir en mariage une femme
du pays ; mais, quand leur petite fortune est faite et
qu'ils retournent en Chine, ils renoncent à une religion
d'emprunt, qu'on leur a imposée sans se donner la peine
de leur en faire comprendre les vérités sublimes. J'ai
vu, dans l'arrière-boutique de plusieurs de ces soi-di-
sant chrétiens, un petit autel consacré au culte des ancêtres, où ils se livrent à toutes les pratiques superstitieuses de la religion boudhiste.

29 juillet.

C'est aujourd'hui dimanche à Manille, et lundi, dans
tout le reste de la chrétienté. Si cette confusion de jours
vous déplaît, prenez-vous en à Magellan. Lorsqu'en
1516, il découvrit le groupe des Philippines, il venait
de l'est et avait négligé de tenir compte de sa marche
vers l'ouest, dans la détermination du jour de la semaine ; il se trouva donc en retard des seize heures
qu'il avait perdues à l'est ; cette erreur, un tant soit
peu grossière, a été répétée par les premiers fondateurs
de la colonie et elle s'est perpétuée, parce que toutes
les erreurs ont un brevet de longévité sur la terre d'Espagne. Le moindre de ses inconvénients, et il n'est
pas mince, c'est que l'on fait maigre à Manille, le jeudi
au lieu du vendredi ; tel jour on jeûne au lieu de déjeûner, et tel autre, on déjeûne au lieu de jeûner. La
cour de Rome s'indigne inutilement, depuis trois siècles, d'un état de choses qui rompt l'unité catholique ;
mais comment mettre un terme au scandale ? Les es-

prits audacieux, les hommes qui devancent leur siècle, aux Philippines, ont proposé de sacrifier un jour ; mais quel jour ? Quand on n'a pas de motif pour choisir entre sept choses parfaitement égales, on fait comme cet âne bien connu dans l'histoire, qui, placé à égale distance de deux picotins d'avoine,

> De l'équilibre accomplissant les lois,
> Mourut de faim, de peur de faire un choix.

Là est toute la difficulté.

L'après-midi du dimanche est généralement consacré aux combats de coqs ; ils ont lieu sous de grands hangars construits en bambous. Chaque volatile paie trois réaux pour être admis dans l'enceinte, et l'on perçoit, à la porte, un demi-réal de plata par personne, au profit de la ferme de ces jeux, laquelle est d'un gros revenu pour le gouvernement. Moyennant cette somme, je me trouvai fort commodément placé sur une estrade qui dominait le champ-clos.

Les paris venaient de s'ouvrir sur deux coqs d'égale taille, l'un gris, l'autre rouge. Un gros Chinois, qui me fut désigné comme un amateur effréné de ces sortes de jeux, était engagé pour 40 piastres ; un tagal excitait les paris, et l'argent tombait de toute part sur l'arène, tandis que les deux coqs, retenus par leurs maîtres, semblaient se défier du regard. Le jeu déclaré clos, les coqs furent rapprochés l'un de l'autre et s'arrachèrent mutuellement quelques plumes ; le défi venait d'être lancé ; on dégaina le double ergot d'acier que chacun d'eux portait aux pattes ; ce fut le si-

gnal du combat. Le bruit des conversations avait cessé ;
on respirait à peine : le choc fut impétueux , les becs se
croisèrent, les poitrines se heurtèrent, et, à travers les
passes, les contre-passes, les écarts, les voltes et les
feintes, je vis plusieurs fois briller l'éclair des terribles
épées, dont ces deux valeureux champions étaient armés. Un instant, je me sentis transporté : ce n'étaient
plus deux coqs aux prises ; le combat avait pris, à mes
yeux, les proportions d'un duel à outrance entre deux
chevaliers qui, la dague au poing, se chargent avec
furie ; leurs cimiers en sang, leurs hauberts en débris
attestent la puissance de leurs coups ; ils s'arrêtent un
instant, se mesurent de l'œil, labourent de leurs becs le
sol poudreux de l'arène, se fixent menaçants et si leur
regard portait la foudre, ils seraient tous deux anéantis. Enfin, trompés par la même feinte, ils se rencon-
trent de front et retombent ; mais le coq gris est atteint
à l'aîne d'une épouvantable blessure , son sang noir
coule abondamment et ses forces s'échappent avec lui ;
il détourne tristement la tête, fait quelques pas de côté
et abandonne la place au vainqueur, que son maitre
vient presser triomphalement dans ses bras. On ramasse
les enjeux, au milieu du morne désespoir du perdant
et des joies folles de l'heureux joueur. Mais déjà de
nouveaux gladiateurs se sont avancés ; l'un d'eux est
un coq blanc d'une haute stature ; plusieurs coqs lui
sont successivement présentés ; il les glace tous d'effroi,
tous refusent le combat ; les paris sont alors retirés,
telle est la loi. Deux autres coqs sont mis en présence. Le jeu est fait, rien ne va plus, s'écrie le hérault-

d'armes. Le combat a commencé avec vigueur, mais l'épouvante se loge bientôt au cœur de l'un des champions ; il se sauve honteusement devant le vainqueur, et les huées de la foule qui le voue au couteau vengeur, le poursuivent jusqu'au-delà de la barrière.

Dans le troisième duel auquel j'assistai, les deux combattants, également forts, également valeureux et adroits, se ruèrent l'un sur l'autre et se saisirent pour ne plus se quitter ; puis ils roulèrent et disparurent dans un nuage de poussière ; un seul en sortit, l'autre, blessé à mort et noyé dans son sang, ne fit pas un pas de plus ; ce fut horrible à voir, son œil encore en feu semblait accuser la fortune traîtresse à son courage.

Il me restait à assister à une carambole, nom qu'on donne au combat de quatre coqs d'une même couleur contre quatre autres ; c'est ainsi que se termine d'ordinaire la séance. Quatre coqs blancs furent mis en présence de quatre coqs rouges ; les blancs faiblirent bientôt et trois d'entr'eux prirent la fuite ; le quatrième, le Bayard des coqs, soutint longtemps les attaques réunies de ses quatre adversaires ; mais, seul contre quatre, que vouliez-vous qu'il fît ?.... qu'il mourût ! Il le fit en héros. Les coqs rouges tournant alors leur rage contre eux-mêmes, se livrèrent un effroyable combat, dans lequel il finit par ne rester qu'un vainqueur qui, tout couvert de sang, lança dans les airs son glorieux *cocorico*.

Il était tard, quand je quittai les combats de coqs ; je me rendis à la Calsada, promenade qui se prolonge jusqu'à la mer, autour des remparts de la ville de guerre. C'est, à la tombée de la nuit, le rendez-vous de tout le monde élégant de Manille : on y vient respirer la brise du soir. Ma voiture, menée par un postillon tagal, avait déjà franchi la ville avec rapidité, lorsque le tintement des cloches annonça l'angelus. A ce signal, tout s'arrête à Manille, l'existence demeure comme suspendue ; mon postillon descendit de son cheval, resté comme frappé d'immobilité ; les piétons s'étaient agenouillés, le silence le plus profond régnait autour de moi ; il n'est pas jusqu'au tamarinier qui, à cette heure sainte, ne ferme ses feuilles pour se recueillir, me dit un passant, qui s'était sans doute aperçu de mon étonnement.

1er août.

J'avais destiné cette journée à diverses courses en ville ; je visitai d'abord la fabrique de cigares de Binondo ; elle occupe 6,600 ouvriers. Les cigares sont confectionnés par les femmes et les cigarillos par des hommes : on sait qu'après la Havane, c'est Manille qui fournit les meilleurs cigares du monde.

Je me rendis, en sortant, chez M. Roxas, riche négociant du pays, qui s'occupe avec succès de sciences et d'industrie ; j'examinai sa collection minéralogique, où se trouvent réunis tous les produits minéraux des Philippines ; j'y remarquai divers échantillons d'or natif en pépites de deux onces, et dans une gangue quartzeuse ; des variétés de cuivre sulfuré aurifère ; de l'or, du platine et du cuivre natifs en poudres ; des cuivres muriatés, des lignites, des empreintes fossiles de végétaux et de coquilles.

En traversant, à mon retour, le marché de Binondo,

je vois une quantité innombrable de volailles mortes ou mourantes. L'on m'apprend que le choléra sévit avec rigueur sur la volaille, et qu'il est aux portes de la ville, où il fait d'affreux ravages parmi les Indiens; le chiffre de la mortalité s'élève en ce moment à cinq ou six cents personnes par jour.

Il existe, à Manille, une fumerie d'opium affermée par le gouvernement; je la trouvai établie dans un vaste édifice, dont l'entrée est sévèrement interdite aux Indiens; les Chinois seuls y sont admis et doivent consommer l'opium sur place. Il y a dans cette mesure prohibitive, destinée à prévenir l'usage de l'opium parmi les indigènes, une sollicitude qui fait honneur au gouvernement espagnol et un désintéressement dont les autres peuples colonisateurs de l'Europe offrent malheureusement peu d'exemples.

4 août.

Je remontais, au point du jour, le Rio-Passig, accroupi dans ma banqua docile à la rame de mes bateliers Indiens. La banqua est un tronc d'arbre creusé et façonné en un bateau long et étroit, dépourvu de quille, qui roule et se remplit au moindre mouvement. Dans le but de prévenir cet inconvénient, qui, pour des Européens, sinon pour des Indiens à demi nus, a bien ses désagréments, on place de chaque bord et à 5 ou 6 pieds de ce bateau, quelques grosses tiges de bambous liées ensemble et soutenues au-dessus de l'eau par deux autres bambous posés transversalement; le chavirement devient ainsi tout-à-fait impossible, soit à

cause de la légèreté des bambous qui ne peuvent s'enfoncer lorsqu'ils touchent la surface de l'eau, soit parce
que le centre de gravité du système se rapproche, au
moindre roulis, du point d'appui ; mais tout cela ne suffit
pas pour empêcher l'eau de sauter de temps à autre par
dessus les bords du bateau ; or, la position qu'on y occupe vous soumet à un bain de siége continuel, dépouillé
de tout agrément.

La rivière offrait le coup-d'œil le plus animé. Des pirogues chargées de provisions de toute espèce se dirigeaient
vers la ville ; quelques-unes sont conduites par de jolies
filles, à la chevelure flottante, qui sourient aux passants.
Çà et là sont groupées sur les rives, des cases tagales soutenues au-dessus de l'eau par des pilotis. Plusieurs s'ouvrent sur la rivière et étalent à la vue des passants trois
ou quatre pots de terre, où cuisent la morisquéta, la
soupe au poisson, la daube de buffle ou la pimentade de
cerf, irrésistibles objets de tentation auxquels l'Indien
qui vient de traverser le lac de Bay n'échappera pas : il
n'a pas d'argent, mais on lui fera crédit jusqu'au retour
du marché. Déjà sa pirogue est amarrée ; une feuille de
bananier lui servira de nappe et d'assiette ; accroupi sur
ses talons, il engloutit avec la voracité d'un requin,
des boulettes de riz arrondies dans ses doigts et qu'il
mêle à une pimentade de poisson ou de viande.

C'est au village de la Guadeloupe que sont situées les
principales carrières de tuf volcanique, d'où sont ex-
traites les pierres de taille employées à Manille. J'y
observe du bois siliceux, des empreintes de feuilles et
des coquilles terrestres, propres à me guider dans la

détermination de l'époque géologique à laquelle appartient ce terrain.

Je poursuis ma navigation sous un dôme de verdure, que forment au-dessus de moi des touffes de bambous au vaporeux feuillage. Ici, d'énormes buffles ont disparu dans la vase des bords de la rivière; on ne distingue plus que leur large museau se promenant à la surface de l'eau. Plus loin, une jeune fille, accrochée aux branches de la rive, est mollement balancée par le courant; toute émue à ma vue, elle s'est élancée sur la rive, où elle attend, dans la ravissante posture de la Vénus pudique, que je me sois éloigné. O pudeur, vertu maladroite et gauche, c'est à toi sans doute que je dois la vue de ces ravissantes formes auxquelles s'attache presqu'autant que mes yeux, le tissu transparent d'une jupe de *piña*.

Au-delà du village de Passig, la rivière est couverte, jusqu'au lac de Bay, de pêcheries qui embarrassent son cours : ce sont de vastes radeaux de bambous présentant au courant un grand filet carré, placé horizontalement et qui se lève, tous les quarts d'heure, au moyen d'un bras de levier formant contre-poids : le pêcheur passe sa vie sur ce radeau.

Je vis, à l'entrée du lac, plusieurs îles basses appelées Pateros, du mot Pato (canard), où l'on élève une quantité considérable de canards. De petites cabanes destinées à l'éclosion des œufs couvrent ces îles; des Indiens sont chargés de diriger l'incubation, au moyen d'une chaleur artificielle à laquelle ils soumettent les œufs réunis sur des étagères et recouverts avec de la balle de riz. Quelques

voyageurs ont rapporté que les Indiens étaient eux-
mêmes chargés de la couvée de ces œufs ; je suis désolé
de renverser ce conte qui ne laissait pas que d'ajouter
à l'originalité d'une description des Philippines. [1]

5 août.

Longue causerie avec M. Santos, directeur des
Douanes à Manille, sur le commerce des Philippines
ainsi que sur le revenu des douanes de la colonie ; il a
l'obligeance de me communiquer les divers documents
qu'il possède, et il les accompagne d'explications du plus
haut intérêt.

L'importation des marchandises étrangères est frap-
pée d'un droit de 7 p. 0/0 par navires espagnols, et de
14 p. 0/0 par navires étrangers ; mais fixées par les
agents du fisc, les évaluations servant à l'application de
ce droit, sont en général tellement exagérées que le
droit de 14 p. 0/0 s'élève souvent en réalité à 35 p. 0/0 et
atteint même 50 p. 0/0 à l'égard des marchandises dont
la consommation est considérable, tels sont les cambayas,
les printanières, les verres à vitres, les vins, etc.

Il y a plusieurs années qu'on s'occupe à Manille de la
révision des évaluations du tarif. Les principaux négociants et les consuls ont été successivement consultés à
ce sujet ; mais le fisc hésite à abandonner sa proie. Le
commerce a cependant un grand intérêt à obtenir cette
réforme qui renferme les germes de son développement.
Il demande aussi depuis longtemps que les navires

[1] Voir au volume suivant d'autres détails sur les Philippines.

étrangers puissent aller charger aux lieux mêmes de production certaines marchandises d'encombrement, telles que le riz, le bois de sapan, etc., qu'on ne peut aujourd'hui prendre qu'à Manille où l'obligation de les transporter en augmente le prix de 15 à 20 p. 0/0 montant du fret et de l'assurance jusqu'à ce port d'entrepôt. Le commerce d'intercourse auquel se livrent les navires européens allant d'Europe en Chine ou revenant de Chine, y gagnerait surtout beaucoup; on sait, en effet, qu'on peut transporter avec bénéfice des Philippines à Singapore, de l'abaca, du sucre, des résines, des cafés, du tabac, etc., et qu'on expédie des Philippines en Chine, du riz, du sapan, des cigares, des holoturies, des nerfs de cerf, des nids de salangane, de l'écaille de tortue, de la nacre de perle, de la poudre d'or, des peaux, des ailerons de requin, de l'indigo liquide, du coton d'Ilo-Ilo, etc.

Le gouvernement espagnol avait bien décrété en 1840 l'ouverture en faveur du commerce étranger d'un nouveau port dans les îles Bisayas; mais sous prétexte de déterminer le choix de la localité la plus convenable, soit Zebu, soit Ilo-Ilo, l'autorité supérieure de Manille subissant l'influence de cette capitale qui aurait ainsi cessé d'être une escale pour toutes les provenances du sud, n'a pas encore mis ce décret à exécution. [1]

---

[1] On trouvera à la fin de ce volume un aperçu succinct du commerce intérieur et extérieur des îles Philippines et de ses résultats généraux en 1843 et 1844.

CHAPITRE VIII.

~∞~

LA CHINE. — MACAO. — SES ENVIRONS. — QUEN-MIN-FOO.

○

13 août.

L'ancre tombe, nous sommes devant Macao et, à quatre encâblures de nous, se balance la frégate la *Cléopâtre*,
montée par le commandant Cécille.

15 août.

Il est onze heures, la flottille des canots s'ébranle;
nous allons donc, enfin, fouler cette terre de Chine!
la population se presse sur le quai de Praja-Grande, où
l'ambassade française va prendre terre. Son chef aurait
bien pu poser sur la rive chinoise son pied gauche le

premier, mais les dieux de la Chine n'ont pas permis cette calamité, et c'est le pied droit en avant qu'il a débarqué. Plusieurs Chinois, spécialement chargés de recueillir ce présage, ont constaté le fait; le succès de notre entreprise est désormais assuré à leurs yeux. A quoi tiennent pourtant les plus grandes choses!

31 août.

Les affaires diplomatiques suivent leur cours, le grand mandarin honoraire, Paw-tsée-tchen est venu complimenter l'ambassadeur de la part du vice-roi de Canton.

5 septembre.

Course à la grande île de Lappa, à l'ouest de Macao. Deux femmes forment tout l'équipage de mon tanka; l'une, jeune et gracieuse fille, assise à l'avant de ce bateau, fait mouvoir avec une merveilleuse adresse les deux rames dont ses petites mains sont armées. Son attitude est empreinte d'une double expression de vigueur et de souplesse; de son large et court pantalon de soie s'échappe une jambe gracieuse, que termine un pied mignon d'une pureté de formes irréprochable. L'autre femme peut avoir trente ans; debout, à l'arrière, elle gouverne le bateau avec un long bambou qu'elle agite dans l'eau. Son jeune enfant, solidement attaché sur son dos, dort le plus paisiblement du monde; il semble que l'état de gestation n'ait pas discontinué pour lui, seulement la gestation est devenue extérieure et c'est désormais sur le dos de sa mère que le nouveau-né séjournéra, pendant les deux premières années de sa vie. Ce tanka, transformé pour l'instant en bateau de passage, est, d'ailleurs, la seule habitation que possède cette pauvre famille ; c'est dans ce bateau, à peine recouvert d'une natte, que sont nés, que vivent et que mourront les divers membres qui la composent ; la loi chinoise s'oppose à ce que cette classe de gens habite hors d'un bateau. La signification littérale du mot tanka, (maison en forme d'œuf), indique à la fois sa destination et sa forme ovoïde.

L'île de Lappa appartient à la formation granitique ; la roche la plus répandue est le granit à feld-spath rose et mica noir ; il est traversé par de larges filons de quartz dont la direction dominante est le nord-nord-est. Le sol de cette île est très accidenté ; quelques vallées sont remplies de gros blocs entassés les uns sur les autres et dont les formes arrondies sont évidemment dues au mode de décomposition du granit. L'un de ces blocs est célèbre dans le pays par sa grande sonorité ; un paysan chinois que j'avais rencontré à la porte d'un moulin à eau, me fit avec empressement les honneurs de cette curiosité qu'il m'expliqua dans une pantomime fort grotesque. A mon retour, je visitai les divers artifices de son moulin : la roue à eau est formée de palettes de bois placées horizontalement autour d'un axe mobile ; l'eau en les frappant fait tourner l'axe, et ce mouvement est communiqué à une meule en granit, d'un mètre environ de diamètre, roulant sur une autre meule fixe. On retrouve des dispositions identiques dans quelques moulins, situés dans les Alpes et dont la construction ne

remonte pas au-delà du commencement du xviiime siècle.
Le blé froment que je vis moudre provient des provinces septentrionales de l'empire ; la farine m'en parut
fort bonne, et je pense qu'elle compose le pain que con-
somment les Européens.

Je n'avais eu garde, en débarquant dans l'île de
Lappa, de payer mes batelières, que j'aurais couru
risque de ne plus retrouver à mon retour. En quittant l'île, je me fis conduire dans mon tanka à bord
d'une jonque de guerre, au mât de laquelle flottait l'é-
tendard impérial jaune et rouge. L'officier qui la commandait me reçut assez froidement ; mais, quand il apprit que j'étais un Folençais (un Français), il s'écria avec
effusion : Oh ! oh ! Folençais Fookein (Français ami) et il
me tendit la main. Ma visite à son bord fut courte.
Quelques mauvais canons de fonte de fer à peu près
hors d'usage, un faisceau de piques d'abordage et de
hallebardes, ainsi qu'un affreux dragon ailé, sculpté à la
poupe, composaient tous les moyens de défense de cette
citadelle flottante.

Je me fis débarquer en face de la pagode des rochers,
située près du fort de Barra et appelée Ama-Goa. La
détonnation de pétards, que j'entendis à l'intérieur, me
décida à entrer ; je gravis un large escalier en granit et,
après avoir franchi un portique décoré de sculptures, au
dessus duquel se balancent plusieurs grosses lanternes,
je me trouvai en face de l'autel de la vierge Kouan-yn[1] .

---

[1] La vierge Kouan-yn est en grande vénération auprès des Chinois, qui l'appellent aussi Tsian-yen-tsian-chen-xy-yin-pu-sa,

Un Chinois était occupé à consulter le sort sur le jour heureux où il devait entreprendre un voyage. A cet effet, les deux morceaux d'une racine de bambou

c'est-à-dire déesse aux mille yeux, aux mille bras, spectatrice de toute la terre.

La théogonie chinoise a réuni, comme la nôtre, sous les traits d'une jeune et belle femme, la chasteté, la douceur et la bonté ; mais la chasteté, cette vertu que nous considérons comme le triomphe de la morale sur les sens, les Chinois la regardent uniquement comme l'effet des dispositions physiques du corps ; ils représentent la vierge Kouan-yn sortant du sein de la fleur épanouie du nelumbium, (*lien-oua* des Chinois) qui, comme le nénuphar, passe pour jouir de propriétés calmantes très prononcées. Cette ingénieuse matérialisation de la chasteté en dit plus que de longues pages sur la philosophie métaphysique des Chinois ; pour eux évidemment les idées viennent des sens ; ajoutons que les Chinois n'admettent que figurativement cette origine de la vierge Kouan-yn, car ils ont une histoire sacrée, je veux dire merveilleuse, qui la fait naître au village de Sui-nên, dans le territoire de la ville de Tûng-ch'ueng, province de Szu-ch'ueng. Son père nommé Miao-chôang était roi de la ville ; il eut trois filles dont la cadette, nommée Miao-xeu, est devenue depuis la vierge Kouan-yn. On ajoute, mais il se pourrait bien que les gens intéressés à tourner son culte en ridicule aient propagé cette fable, que Kouan-yn avait eu une conduite fort licencieuse. Quoi qu'il en soit, l'histoire rapporte qu'à dix-huit ans, elle obtint un jour de sa mère, la permission de visiter le temple de Pe-cio-szu, pour y adorer Fo. Ce temple renfermait cinq cents bonzes qui, épris de la beauté de Miao-xeu, ne voulurent plus la laisser sortir. A cette nouvelle, Miao-chôang-wang irrité fit mettre à mort tous les bonzes et brûla le temple ainsi que sa fille qui s'y trouvait renfermée. Après sa mort, Miao-xeu, sous la forme d'un puissant génie, apparut en songe à son père et lui parla ainsi : Je suis Miao-xeu ; lorsque le temple brûlait, je suis montée sur l'arbre Lieou et, tenant un rameau à la main, j'ai été préservée du feu et changée en déesse. Je viens sous cette forme vers toi, mon

refendue avaient été rapprochés par lui et placés au-dessus de sa tête; après plusieurs génuflexions devant l'autel de la vierge, il les laissa tomber à terre; en examinant soigneusement la position que ces deux morceaux de bois prenaient l'un par rapport à l'autre. Il paraît que le sort faisait difficulté de se prononcer, car il dut répéter plusieurs fois cette opération; enfin, il obtint une corrélation de position convenable; alors il se saisit d'une boîte cylindrique, déposée sur l'autel et renfermant soixante-trois petites baguettes à l'extrémité desquelles sont des caractères numériques; il les secoua vivement de manière à faire tomber à terre l'une de ces baguettes, dont il nota soigneusement le caractère; quatre baguettes sortirent ainsi successivement de l'urne, et note en fut prise; puis il passa dans la sacristie, où un bonze lui expliqua, au moyen d'un tableau contenant les arrêts irrévocables du sort, ce qu'il avait à espérer de la clémence des dieux. Bref, il lui fut remis, contre une poignée de sapecs (monnaie de cuivre), un gros cahier de papiers dorés et argentés renfermant des prières, que le Chinois s'empressa de brûler devant l'autel de la vierge pour les expédier au ciel sur les ailes de la fumée.

Pendant que cela se passait, plusieurs dévots étaient occupés à faire consacrer par la vierge Kouan-yn des quartiers de porc, des volailles et des fruits exposés de-

---

père, pour que, comme roi de la ville, tu me fasses une réparation et que tu m'élèves à moi, restée vierge au milieu de tant de dangers, une statue. Ce que fit Miao-chang-wang.

vant sa statue et destinés à une cérémonie religieuse ;
des parfums brûlaient sur l'autel qu'éclairait une quantité considérable de cierges. Cette cérémonie eut lieu
au bruit du gong, d'une grosse caisse et d'une décharge
générale de pétards ; elle se termina par l'incendie d'un
énorme tas de papiers dorés et argentés ; quand je dis
dorés et argentés, il faut s'entendre : le cuivre joue le
rôle de l'or et l'étain celui de l'argent, c'est donc une
espèce de fausse monnaie, au moyen de laquelle les
dieux chinois croient que :

> C'est le parfum de l'*or* que leur grandeur respire.

La grande pagode d'Ama-Goa renferme plusieurs
petites chapelles distribuées de la manière la plus pitto-
resque sur le flanc d'un coteau, parmi des blocs de granit
entassés, qu'ombragent des arbres majestueux. Ces chapelles sont dédiées à Chang-ty, le dieu suprême du
ciel et de la terre ; quelques Saints tels que Quan-ti et
Hou-tchi sont aussi en grande vénération auprès des
marins du pays.

La prière en commun n'est pas en usage dans la religion de Fo ; c'est ce qui explique le nombre considérable et en même temps les petites dimensions et l'é-
parpillement de ces chapelles, dont la réunion forme
une pagode.

La recette que les bonzes firent en ma présence par
la vente des prières, me rassura pleinement sur les
moyens d'existence de ces bons religieux dont le teint
jaune et blême et l'air débile m'avaient inquiété ; s'ils vi-

vent dans le jeûne et l'abstinence, m'étais-je dit, c'est qu'ils préfèrent sans doute aux biens d'ici-bas les joies promises dans l'autre monde ; et cependant les malheureux n'ont pas , comme nous , le précieux privilége de savoir au juste à quoi s'en tenir sur ces joies ineffables.

Des voyageurs ont rapporté que les Chinois tiraient des feux d'artifices en plein jour, et l'on s'en est, avec juste raison, beaucoup étonné ; mais si ces voyageurs s'étaient donné la peine d'observer que ces feux d'artifice se rapportaient non à des réjouissances de la vie civile, comme chez nous , mais à des cérémonies religieuses, on n'en aurait pas été plus surpris que lorsque nous brûlons en plein jour des cierges à une procession. Je me persuade que la plupart des faits qui ont contribué à nous faire considérer les Chinois comme un peuple bizarre, dont les étranges pratiques heurtent le bon sens, doivent à un défaut d'observation du genre de celui que je signale ici, les conséquences défavorables qu'on s'est pressé d'en tirer, contre une nation recommandable à tant de titres.

6 septembre

La péninsule de Macao est située à l'extrémité de la grande île de Heang-shan. C'est une colline de granit qui , en s'avançant dans la mer, forme, d'un côté, le port dit intérieur et, de l'autre, la baie de Praja-Grande.

En 1557, les Portugais furent autorisés par le gouvernement chinois à s'y établir , moyennant un tribut annuel de 500 taëls , qu'ils ont continué à acquitter.

Le quartier européen s'étend au sud de la péninsule, tandis que les maisons du quartier chinois sont groupées au nord-ouest, autour du port intérieur. Chaque construction, d'ailleurs, a parfaitement conservé le type auquel elle appartient. Les maisons européennes, percées de larges fenêtres garnies de jalousies, sont vastes, élevées d'un à deux étages; à l'extérieur comme dans leur distribution intérieure, il n'a été fait aucune concession au goût chinois. Les maisons chinoises sont étroites, basses, précédées, autant que la disposition des lieux l'a permis, d'une petite cour intérieure; tout y est resté chinois. Il semble que dans leur mutuel dédain, les deux peuples n'aient pas encore pu admettre, depuis 300 ans qu'ils sont en contact, la possibilité de se faire un emprunt quelconque; aussi, le quartier chinois de Macao ne diffère-t-il en rien des autres villes de l'Empire Céleste : ce sont des rues étroites et tortueuses, où le jour pénètre avec peine et que garnissent des boutiques dont les enseignes verticales produisent un effet de perspective analogue à celui d'une longue colonnade.

Je parcours en ce moment ce quartier avec MM. Guillet et Combel, pères lazaristes. Ici est un restaurant abrité sous une large ombrelle; on y détaille des portions d'une foule de préparations qui semblent fort appréciées des consommateurs. Là, est une boutique de changeur; des masses de sapecs sont amoncelées sur une petite table; on en donne 1200 pour une piastre forte; si le détenteur de la piastre est un Européen, nouveau débarqué, il risque fort de n'en obtenir que 8 à 900; pas n'est besoin de venir en Chine pour voir de pareilles choses ! Plus loin je m'arrête devant une maison de jeu ; leur nombre est considérable à Macao ; elles sont une source de revenus pour les mandarins de la localité, qui les ont imposées à 16 taëls (128 fr.) par année, pour faire face aux dépenses de la police. Un groupe de misérables penchés autour d'une table haute, exposait au jeu de pair et impair quelques poignées de sapecs : l'acharnement des joueurs avait quelque chose de satanique, chaque phase du jeu se reflétait sur leurs ignobles figures. A quelques pas de là, des hommes jouaient le jeu de la mora [1] avec toute l'animation qu'il comporte ; c'étaient des gestes, des exclamations que des lazaroni ne désavoueraient pas. Comment ce jeu chinois se retrouve-t-il en Italie ? Je pose cette question à mes lecteurs.

Les boutiques chinoises sont tenues avec une propreté et un ordre parfaits. Nous sommes reçus partout avec une politesse qui va quelquefois jusqu'à l'offre d'une tasse de thé. Je donne quelques instants à l'examen de l'atelier d'un orfèvre, fort occupé à affiner des matières d'argent dans un creuset de terre réfractaire, analogue pour la forme à ceux de Hesse. Un des ouvriers essaie de l'or, au moyen d'une pierre de touche, d'acide nitrique et de petites aiguilles à divers titres, servant de terme de comparaison ; un troisième fait usage du chalumeau à bouche, pour souder diver-

---

[1] On l'appelle en Chine Tsoui-maï ; il était connu des Romains, qui le désignaient ainsi : *Micare digitis.*

.ses pièces à l'aide du borax, et, dans un coin, sont deux graveurs qui manient avec une étonnante prestesse leurs burins. Tous paraissent fort entendus ; je ne vois rien cependant dans leur procédé qui mérite d'être recueilli ; nous fesons mieux et à meilleur marché.

La boutique voisine est celle d'un forgeron. Sa forge est dans un panier de rotin garni d'argile ; il y brûle un mélange de charbon de bois et de mauvaise houille sèche, très sulfureuse, extraite des houillières existantes à une centaine de lieues au nord de Canton ; son soufflet, formé d'une espèce de caisse carrée dans laquelle se meut un piston, est à double effet. J'assiste quelques instants à la fabrication des cloux, dont la qualité laisse d'ailleurs beaucoup à désirer ; nous vendrons longtemps des cloux aux Chinois, s'ils n'améliorent pas leur mode de fabrication.

Tout à côté se trouve un fabricant de couvertures ouatées et piquées. Le coton est cardé par la vibration d'une corde tendue sur un long archet élastique ; cette corde, placée en contact du coton, sépare et démêle ses filaments qui se trouvent ainsi former des flocons légers, sans avoir été brisés et étirés par la carde à carder ; le coton conserve par ce procédé beaucoup plus d'élasticité ; aussi ces couvertures ouatées sont-elles à la fois plus chaudes et plus légères que les nôtres. La manœuvre de l'archet à carder est d'ailleurs assez fatigante.

4 septembre.

Excursion aux alentours de Macao avec M. de Païva,

riche négociant portugais. L'embarcation dans laquelle
nous nous trouvons réunis, n'a pas moins de 15 mètres
de long sur 2 de large [1] ; vingt rameurs y ont pris
place, tant à l'avant qu'à l'arrière ; nous occupons le
centre, que recouvre une tente élégante. Notre barque
glisse rapidement en longeant l'île Verte ; nous saluons
de loin les murailles grises de Quen-min-foo, la ville
capitale du district, et le lever du soleil nous trouve
déjà à quatre lieues de Macao. Le fond de la vaste baie
intérieure que nous venons de traverser diminue graduellement ; les joncs commencent à montrer leurs
feuilles vertes au dessus de l'eau. J'aperçois un peu plus
loin des digues en pierres s'étendant à perte de vue à
travers la plaine marécageuse convertie en rizières.
Ce terrain salé, conquis sur la mer, convient parfaitement au riz, dont la culture est aussi soignée que
celle de nos jardins potagers ; chaque tige a été, en
effet, repiquée au plançon avec ce soin patient dont le
cultivateur chinois est seul capable ; la digue qui s'oppose à l'invasion des eaux salées, sert en même temps à
retenir les eaux douces nécessaires au riz.

Il est sept heures, nous saluons en passant l'île du Cheval (Ma-chaw), ainsi appelée à cause de la forme ensellée
qu'affectent les deux mamelons granitiques qui la constituent ; et sans tenir compte des signaux que nous fait
une petite jonque de guerre ancrée sur ce point, et qui

---

[1] Le prix de ce bateau n'est que de 300 fr., bien qu'il soit très
solidement construit ; une pareille embarcation coûterait en
France 1200 fr.

aurait grande envie de nous persuader de ne pas pousser plus loin notre excursion, nous donnons dans le canal qui doit nous conduire aux sources d'eau bouillante de Youg-mak. Ces sources jaillissent çà et là, à la surface du sol, au milieu d'une immense plaine entourée de hautes montagnes, dont la forme circulaire est évidemment due à un cratère de soulèvement qui a rejeté dans tous les sens les terrains cristallins et de transitions, caractérisés, les uns par des granits et des pegmatites, les autres par des grauwakes, des poudingues et des schistes.

Le sol de la plaine est une alluvion quaternaire formée par la double action de la mer et de l'eau douce : on y remarque, en effet, un mélange de coquilles marines du littoral et de coquilles fluviatiles.

Aucun gaz ne se dégage de ces sources, mais des bulles de vapeur viennent incessamment crever à la surface de l'eau ; le thermomètre accuse une température de 97° ; elles sont fortement salées ; j'y constate la présence de chlorures [1] ; aidé d'un paysan chinois dont la hutte est voisine, j'en remplis un baril.

Cette immense plaine est couverte de rizières, dont la belle apparence révèle la fécondité d'un sol auquel on demande deux récoltes de riz par année. Dans peu de jours, le grain qui commence à se former deviendra laiteux ; c'est alors qu'a lieu un changement impor-

[1] L'examen chimique que j'en ai fait, à Macao, m'a fait reconnaître la présence des chlorures de sodium et de magnésium ; elles accusent aussi des traces d'iode et de brôme.

tant dans le régime de la plante ; elle a été, depuis sa naissance, noyée dans l'eau qu'on a retenue à divers niveaux, au moyen de bourrelets de terre qui sillonnent la plaine en tout sens ; on va cesser d'alimenter l'arrosage, le terrain se desséchera ; c'est dans ces nouvelles conditions que le grain durcit et se complète.

Cette rizière, qui s'étend à perte de vue, ne forme qu'un seul et même champ, que rien ne semble diviser ; cependant elle appartient à un grand nombre d'habitants du village de Chi-long, où nous nous rendons ; c'est à peine si la propriété de chacun est tracée par un imperceptible sillon, dont on respectera religieusement la marque, lors de la récolte. L'agriculture en commun est indispensable, lorsqu'il s'agit d'une plante qui, comme le riz, a besoin d'être constamment arrosée. Nous trouverions en France d'heureuses applications à faire de ce système qui est général en Chine.

Le sentier qui nous conduit au village de Chi-long est tracé sur l'un de ces bourrelets de terre, espèce de petite chaussée fort étroite, qui serpente dans la plaine. Nous atteignions les premiers arbres du bouquet de bois qui décèle au loin et couvre de son ombre le village chinois, lorsque nous nous trouvâmes en face d'une noce, dont le nombreux cortége défila devant nous. La nouvelle mariée s'avançait à pied au milieu de ses compagnes ; elle hésita, craintive à notre vue, et s'arrêta les yeux baissés ; nous nous empressâmes de la rassurer par ces mots : *m'pa* (ne craignez rien) qui lui firent presser le pas ; nous eûmes, toutefois, le temps d'examiner son élégant costume, composé d'une tunique bleue en crêpe de soie et d'un large pantalon de satin blanc, sa gracieuse tête ornée avec un goût exquis de fleurs naturelles, et son pied mignon, échappé à la mode barbare qui brise impitoyablement les pieds des jeunes filles de la classe aisée, et transforme, en une espèce de moignon repoussant pour l'œil comme pour l'odorat, le délicieux pied dont la nature a doté la femme chinoise.[1]

Nous nous arrêtâmes quelques instants à l'ombre d'un banian, arbre immense consacré au culte de Boudha et qu'on retrouve toujours auprès des pagodes; nous y attendîmes le maire du village, petit mandarin de la connaissance de M. de Païva, qui l'avait fait avertir de notre arrivée. Des myriades d'oiseaux voltigeaient autour de nous, avec cette entière sécurité que leur donnent les habitudes pacifiques du peuple chinois, chez lequel la chasse n'est considérée, en raison de la

---

[1] L'usage de mutiler le pied pour en réduire les dimensions à celles de l'orteil, provient-il de l'exagération du sentiment du beau, courant après la perfection idéale? On serait tenté de le croire, quand l'on considère combien les femmes chinoises attachent de coquetterie à cette mode; mais une raison non moins puissante de cette mutilation, c'est qu'elle ne peut se pratiquer que dans la première enfance; dès lors elle prévient à toujours la confusion des rangs; or, de pareils priviléges s'achètent par tout pays au prix des plus rudes sacrifices. En Chine la femme renonce à l'usage de ses pieds, elle ne marche plus que sur le talon; les hanches, en participant au mouvement, acquièrent par suite un grand développement. Quant aux hommes, ils ont sans doute vu sans déplaisir s'établir une coutume qui fixait forcément la femme chez elle; aussi la définissent-ils *l'ornement de l'appartement intérieur*.

défectuosité des armes à feu , ni comme un moyen d'existence ni comme un délassement, si ce n'est parmi les grands seigneurs de la cour impériale.

Nos compagnons ne purent résister à la tentation d'entrer en chasse , et, au risque d'effrayer les habitants du village, une fusillade des plus vives s'était engagée dans les arbres, lorsque le mandarin [1], maire du village, arriva. Il distribua à chacun de nous force poignées de main, accompagnées de *tchinn*, *tchinn* mille fois répétés et de salutations ; puis, nous fûmes engagés à venir chez lui prendre le *tcha* (thé) ; toutefois comme il nous vit fort en train de chasser, il dépêcha au village ses gens qui ne tardèrent pas à rapporter du thé, des tasses et des assiettes de sucreries, qu'il nous fit servir sur l'herbe. De jeunes garçons furent affectés au service de chacun de nous comme guides , et nous nous dispersâmes aux alentours. Nos chasseurs les eurent promptement dressés à s'élancer dans le fourré pour y chercher le gibier abattu ; mais le leur faire rapporter était chose plus difficile ; ils saisissaient toutes les occasions d'en escamoter quelques pièces. Les discussions qui s'élevaient à ce sujet donnaient lieu à des scènes des plus plaisantes, où l'esprit souple et rusé des Chinois s'exerçait de toutes les manières et si bien que, dépouillés et contents,

---

[1] Est-il nécessaire de répéter ici que le mot *Mandarin* dérivé du mot portugais *Mandar* commander, n'est nullement une expression chinoise. C'est la désignation donnée par les Portugais à tous les *officiers , civils et militaires* de l'empire chinois , en d'autres termes, à tous les dépositaires de l'autorité, désignés en Chine sous la dénomination de *Quâm*.

nous ne rapportâmes que 45 oiseaux sur plus de 100 qui furent tués.

Pour moi qui n'apprécie de la chasse que la promenade à laquelle elle oblige, j'avais chargé mon guide de mon fusil et de ma veste, que la chaleur du jour rendait par trop pesants, et j'interrogeais avec mon marteau le sol des collines au pied desquelles est situé le village de Chi-long. La grauwacke y repose sur le granit, et des schistes argileux se montrent plus loin en couches puissantes au-dessus de la grauwacke.

Le chemin que je suivis à mon retour, me conduisit au milieu du village où mes compagnons m'avaient précédé. La population, ardente à nous voir, remplissait les rues ; les femmes elles-mêmes avaient quitté le seuil de leurs portes et s'étaient avancées pour mieux satisfaire une curiosité qui ne le cédait en rien à la nôtre : tout le monde y trouva son compte, mais je crus avoir fait un marché d'or, quand en échange de ma propre exhibition, je pus contempler à mon aise plusieurs femmes d'une haute distinction de figure et de formes, et qui semblaient avoir repris devant nous toute l'aisance de leurs habitudes.

Le maire du village nous ayant de nouveau engagés à prendre le thé chez lui, nous pénétrâmes dans sa maison. Une petite cour intérieure sert de vestibule au salon, où nous prîmes place ; des chaises carrées, séparées par de petites tables destinées à offrir le thé, en garnissaient les murs ; au fond était un petit autel consacré au culte des ancêtres et où brûlait perpétuellement une lampe devant l'image des dieux lares.

Tout en prenant le thé, notre hôte, qui s'exprimait assez intelligiblement dans la langue chino-anglo-portugaise en usage dans les rapports des Chinois avec les Européens [1], avait entrepris de nous prouver que le village de Chi-long était pauvre et sans importance politique, que son occupation ne pouvait offrir aucun avantage aux Européens et qu'il ne nous conseillait pas de nous en emparer. Nous eûmes quelque peine à lui faire comprendre que nous n'étions nullement venus dans cette intention ; que le désir de chasser et de nous promener nous avait seul attirés à Chi-long. Cette assurance rendit la tranquillité à ce malheureux qui, se croyant déjà conquis, ne protestait plus que dans notre propre intérêt.

En nous retirant, nous traversâmes les jardins potagers attenant au village. J'y vis des plates-bandes de raves, d'oignons et d'ail, des plants de piments et de melongène, des carrés de patates douces, de gingembre, de choux à huile, de haricots-soya, de fèves et de gombo (*ibiscus esculentus*). Quelques ouvriers étaient occupés à retourner la terre avec des pioches de bois longuement emmanchées, et dont le bec seul est garni de fer ; deux fosses à fumier établies non loin de là exhalaient une forte odeur ammoniacale ; des meules de paille de riz s'élevaient çà et là dans le voisinage ; les volailles

---

[1] Fille des mêmes nécessités et enfantée dans les mêmes conditions, cette langue chino-anglo-portugaise, paraît destinée à jouer dans les ports de commerce de la Chine, le même rôle que la langue franque dans le Levant.

et les cochons erraient aux alentours cherchant leur vie, et pour compléter le tableau, quelques bestiaux paissaient en liberté dans les terrains de vaine pâture que l'élévation de leur niveau ne permet pas d'arroser et de transformer en rizières : n'est-ce pas là l'aspect de tous les villages dans tous les pays du monde ?

A notre retour, nous prenons terre dans l'île de Machaw, formée, comme je l'ai dit plus haut, de deux collines granitiques s'élevant au milieu d'une plaine immense, conquise sur des marécages et couverte de moissons. Du sommet de la plus élevée de ces deux collines, je compte jusqu'à trente-deux villages qui se partagent ces richesses agricoles.

Quen-min-foo, ville principale du district qui comprend Macao, est située à cinq à six milles de cet établissement ; les Portugais la connaissent sous le nom de *Casa-Branca*. MM. Guillet et Combel, pères lazaristes de Macao, ayant bien voulu tenter avec nous d'y pénétrer et courir tous les hasards de cette entreprise, nous nous fîmes déposer, de grand matin, par notre tanka sur la rive la plus rapprochée de la ville et, traversant quelques rizières, nous gagnâmes la chaussée de pierre qui conduit à la porte principale de la ville.

Quen-min-foo est entouré d'un mur en terre, élevé d'environ 18 pieds et terminé par une ligne de créneaux simulant de loin une fortification. La porte s'ouvre dans une espèce de tour épaisse, que nous traversâmes sans rencontrer une seule sentinelle ; sa garde était, pour le moment , sans doute , confiée à deux petits canons de fonte se pavanant sur leurs affûts et qui , bien que rongés par la rouille et hors d'état de servir, avaient été jugés suffisants pour veiller seuls à la défense de la cité.

A peine entrés dans la ville, nous fûmes entourés de la populace en émoi, qui voyait pour la première fois des étrangers dans ses murs. On nous regardait avec une vive curiosité , mêlée toutefois d'une expression de bienveillante gaîté ; les femmes et les enfants s'étaient mis sur leurs portes ou aux fenêtres , pour contempler ces hommes de l'Occident dont elles avaient tant entendu parler. Cependant un groupe d'habitants s'était porté à notre rencontre et témoignait quelqu'inquiétude de notre présence ; nous leur expliquâmes que nous étions des *Folençais foo-ki* (des Français amis), et cette déclaration nous fit accueillir avec des démonstrations emphatiques de joie et force poignées de mains, accompagnées de bruyants *tchinn, tchinn*. Mais, quand nous eûmes manifesté l'intention de rendre visite au préfet de la ville, toutes les mines s'allongèrent autour de nous; il était évident qu'une consigne contraire à nos vœux venait à l'instant d'être transmise à la population. Cependant nos missionnaires multiplient les questions , et bien qu'ils les adressent en langue des lettrés qui diffère du dialecte de Canton, on peut juger à l'air embarrassé de chacun qu'ils sont compris, mais qu'un ordre formel ne permet pas de répondre. Dans notre embarras nous ne savions plus quelle direction prendre, lorsque nous apercevons un homme débouchant par une petite rue latérale ; l'un de nos missionnaires l'apostrophant vivement, lui demande la demeure du mandarin et obtient un geste qui, bien qu'interrompu à la vue des signes d'intelligence qu'on faisait de toute part, dissipa toutes nos indécisions. Nous suivons donc la direction indiquée sans tenir aucun compte des gestes de dénégation de la foule qui cherchait à tout prix à nous conduire ailleurs. Après avoir tourné à gauche et suivi une rue rapprochée du rempart, nous débouchons sur la place où s'élève l'hôtel du mandarin. Attributs distinctifs et bien connus de son autorité, de grands mâts se dressent devant sa porte, et des monstres fantastiques sont peints en face sur un mur blanc disposé à cet effet. Il était temps d'arriver, car la foule, devenue compacte dans les rues étroites et sinueuses de la ville, allait nous opposer une masse inerte, impossible à percer.

Deux chevaux sellés paissent sur la place, c'est un indice que le mandarin est chez lui. Nous nous pressons donc pour éviter les objections, mais l'ordre formel de ne pas nous recevoir vient d'être répété à l'instant par le mandarin lui-même, que nous avons aperçu de loin et qui disparait à notre approche. A notre insistance pour entrer on ne cherche pas à opposer la force, mais on supplie, on conjure, et il aurait fallu être sans entrailles pour ne pas prendre en pitié l'espèce de désespoir empreint sur toutes les figures qui nous entourent. Je tire donc gravement de ma poche une carte de visite et après y avoir fait ajouter mon nom en chinois, je charge d'un geste impérieux et digne l'un des gens du mandarin de la porter.

Notre retraite à travers la ville n'éprouve, d'ailleurs,

aucune entrave; ici nous marchandons, en passant, des fruits, des images, des livres et des magots; là, un groupe de femmes s'ouvre pour nous laisser passer, et je remarque l'exquise propreté des vêtements ainsi que le soin extrême qu'elles prennent de leurs beaux cheveux noirs de jais, toujours parfaitement tressés et retenus par des ornements d'argent ou de jade du plus gracieux effet. Plus loin, nous nous arrêtons pour prendre une tasse de thé, que nous vend pour quelques sapecs un cuisinier en plein vent. Las enfin de flâner dans toutes ces rues étroites et sales, flanquées de petites maisons à un étage, nous franchissons, accompagnés d'un homme qui paraît exercer une certaine autorité, les portes de la ville, non sans sourire encore aux deux innocentes bouches à feu, chargées de porter l'épouvante au cœur de tous les ennemis présents et futurs de la ville de Quen-min-foo.

A peine étions-nous hors de la ville que pressé par nos questions, notre guide nous avoua que le mandarin était chez lui, mais que, faute d'avoir été prévenu à l'avance de notre visite, il n'avait pu venir nous recevoir à l'entrée de la ville avec tous les honneurs qui nous étaient dûs. Nous savions, du reste, à quoi nous en tenir sur le genre de réception qui nous eût attendus, si les Chinois avaient pu être informés à l'avance de notre arrivée; le moindre désagrément aurait été de trouver la porte de la ville fermée, mais le pire..... je n'ose l'envisager sans songer aux épaules meurtries de tous ces pauvres Européens, qui ont eu la maladresse de laisser percer à l'avance leurs projets d'excursion sur le territoire chinois. Il est de règle invariable, dans ce cas, de rencontrer des populations hostiles qui repoussent les étrangers et les maltraitent; mais, que l'on pénètre à l'improviste, et la population apparaîtra toujours douce, accueillante, empressée, ce qu'elle est en réalité pour les étrangers.

Ce qui m'étonne, c'est que depuis que les choses se passent ainsi, on n'ait pas vu dans cette prétendue haine des populations contre les Européens, un de ces moyens détournés, une de ces manœuvres de basse police, à laquelle ne craignent pas de descendre les mandarins pour préserver du contact de l'Europe les populations soumises à l'influence précaire du gouvernement chinois. Toute la politique de ce dernier repose sur ce principe : s'interposer entre les étrangers et le peuple chinois, pour empêcher à tout prix un rapprochement tôt ou tard funeste à l'autorité morale des gouvernants actuels. En conséquence il joue avec plus ou moins de bonheur et d'habileté un jeu double, qui consiste vis-à-vis de l'Européen à déplorer l'aversion profonde, l'antipathie du peuple chinois pour l'étranger, et vis-à-vis du peuple chinois à représenter l'Européen sous les plus sombres couleurs, les calomniant ainsi les uns aux yeux des autres. Cette observation renferme l'explication claire et précise de l'étrange embarras du préfet de Quen-min-foo, se cachant pour échapper à la compromettante contradiction ou de nous faire bon accueil devant le peuple auquel il nous a cent fois signalés comme des fau-koï (diables étrangers), ou d'avouer ouvertement ses mauvais sentiments pour les

Européens, ce qui est essentiellement contraire au mot d'ordre du gouvernement; aussi, à peine le peuple s'est-il éloigné, que pour calmer nos susceptibilités, il nous fait savoir en secret que s'il ne nous a pas reçus, c'est qu'il n'avait pas fait de préparatifs dignes de nous.

Nous donnâmes libéralement un quart de piastre à notre guide qui se confondit en to-sié (remerciements) et nous nous dirigeâmes, pour explorer le pays, vers un monticule granitique d'où l'on jouit d'un admirable panorama. Au nord, s'étendent les immenses rizières que nous avions traversées quelques jours avant, dans notre course à Youg-mak, à Chi-long et à Ma-chaw. Au midi, nous apercevons Macao, les nombreux forts qui défendent la ville, et ses maisons si coquettes, pittoresquement groupées sur le sol accidenté de la presqu'île. A nos pieds, vers l'ouest, se dessine la forme elliptique de la ville de Quen-min-foo, et, plus loin, trois bourgs considérables dont les maisons se cachent sous des bosquets d'arbres des pagodes. A l'est, s'élève une montagne de granit traversée de part en part par la pegmatite stéatiteuse accompagnée de filons puissants de quartz blanc; l'un de ces derniers qui n'a pas moins de 7 à 8 mètres d'épaisseur, s'étend sur le flanc de la montagne dans une direction anormale, formant là plutôt un amas qu'un filon; sa blancheur éblouissante rend, à s'y méprendre, l'effet d'un étendage de linge à sécher.

• Après avoir prélevé quelques échantillons de ce cristal de roche colossal, nous regagnons notre tanka qui nous dépose à l'île Verte, où les pères lazaristes portugais ont une jolie maison de retraite, dont ils nous font gracieusement les honneurs. La roche qui domine à l'île Verte est une leptinite criblée de petits grenats et traversée par des filons de pegmatite ; j'y retrouve les principaux caractères de la formation géologique des environs de Rio-Janeiro.

15 septembre.

Course à la Tay-pa. C'est le nom d'un port situé à 4 milles environ de Macao et considéré comme une des dépendances de cet établissement : il est formé d'un groupe d'îles stériles habitées par de pauvres familles de pêcheurs, et offre un excellent mouillage pour des bâtiments de 6 à 800 tonneaux. Le vapeur français l'*Archimède* s'y trouve en ce moment au milieu des bâtiments européens employés au commerce de l'opium; car la Tay-pa est un des points de station de ce commerce de contrebande. Nous montons à bord de l'un de ces navires, qui sert d'entrepôt (*receiving-ship*) pour cette drogue, apportée de l'Inde par les clippers.

A qui destinez-vous cet appareil formidable de canons braqués aux sabords, dis-je au capitaine, en sautant sur le pont ; comptez-vous opposer la force aux recherches qu'a le droit de faire faire à votre bord le gouvernement chinois, pour saisir la drogue prohibée ? —Si je n'avais à craindre que le gouvernement chinois, me répondit-il, je tiendrais mes canons à fond de cale; car, depuis la dernière guerre, la loi prohibitive de l'opium est une lettre morte. Aujourd'hui, des stations d'opium sont échelonnées sur la côte, à l'entrée de chaque port ouvert au commerce européen ; celle de Cum-sing-moun située dans la rivière même du Tigre, approvisionne Canton ; des entrepôts flottants sont en vue du port d'Amoy ; Tchusan fournit Ning-po, et les navires stationnés à l'embouchure du Woosung, dans le Yang-tsé-kiang, alimentent ouvertement la consommation de Shang-haï et de Nankin. Les autorités chinoises ferment partout les yeux sur cette contrebande, qu'elles n'ont ni le pouvoir ni la volonté d'empêcher, car l'opium est devenu, dans les parties les plus méridionales de la Chine et notamment sur le littoral, un objet de consommation habituelle ; on ne le fume plus à la dérobée et sous la menace incessante des châtiments les plus sévères ; c'est au vu et au su des autorités que les choses se passent. Ce goût, cette passion s'est répandue dans toutes les classes de la société ; les mandarins de bas grade en donnent l'exemple, et le commerce de l'opium est à jamais impatronisé en Chine. —Mais alors, repris-je, pourquoi ces canons ? — C'est, me dit-il, que les pirates chinois qui infestent ces parages sont très friands de nos cargaisons, et qu'il faut se tenir sur ses gardes avec de pareilles gens. Ils se réunissent en grand nombre dans des barques, entourent pendant la nuit un navire à l'ancre et qui n'a pas d'artillerie à leur opposer, montent résolument à l'abordage, égorgent l'équipage et pillent la cargaison ; de pareils faits sont fréquents. Les personnes présentes confirmèrent les dires du capitaine ; elles citèrent plusieurs traits récents d'une audace sans égale, dont la rade même de Macao a été le théâtre.

Je profitai de cette visite pour examiner les diverses qualités d'opium fournies aux Chinois. Le patna et le bénarès se vendent en boules de la grosseur d'un boulet de trente et du poids d'environ 2 catties 1/2 (1 kilog. 545 grammes). Chaque caisse contient 400 boules et pèse un picul (62 1/2 kil.) L'opium de Malwa se présente en morceaux arrondis de formes irrégulières assez semblables à de la fiente de chameau ; ces morceaux sont saupoudrés, dans la caisse qui les contient et qui pèse aussi un picul, de graines de pavot destinées à leur conserver une odeur convenable.

La troisième qualité est représentée par l'opium de Turquie. Il a contre lui, à ce qu'il paraît, de s'altérer promptement, car il est plus riche en principe gommeux et conséquemment en morphine que les opiums de l'Inde ; aussi avec quelques soins de conservation il obtiendra nécessairement un jour la préférence [1].

Les Chinois ont ouvert des carrières au milieu des granits des îles voisines du port de la Tay-pa. La plus grande exploitation est située dans l'île de Toï-kock-

---

[1] Les districts indiens de Patna et de Bénarès appartiennent à la compagnie anglaise des Indes, qui s'y réserve le monopole de la préparation de l'opium et fait vendre cette drogue pour son compte, à des époques périodiques, aux enchères publiques, à Calcutta. Quant au district de Malwa qui n'est que tributaire de la Compagnie, l'opium y est cultivé librement, mais il ne peut s'exporter que par Bombay, où il acquitte un droit de 125 roupies secca par picul, afin de favoriser les opiums de Patna et de Bénarès.

On sait, d'ailleurs, que la France a renoncé par son traité avec l'Angleterre au droit de préparer l'opium, dans ses possessions de l'Inde.

tow; ils détachent des pierres régulières de toute forme et de fort grande dimension, au moyen d'entailles pratiquées de distance en distance et dans lesquelles ils font agir simultanément des coins. C'est exactement par les mêmes procédés que les anciens Egyptiens ont extrait des carrières de Syène ces immenses monolythes [1] qui font l'étonnement des temps modernes.

Dans l'île de Toï-kock-tow, comme sur tous les autres points situés aux alentours de Macao, que j'ai pu observer, le granit varie de qualité ; il est ici gris à grains fins, là rosâtre à gros grains ; la variété porphyroïde forme des veines et des amas dans tous les deux, et semblerait s'être répandue à leur surface. Toutefois la masse totale est traversée, tantôt dans la direction E. O., tantôt dans celle N. E., par des filons de pegmatite, lesquels sont accompagnés de veines de stéatite verte et jaune ; la variété de pegmatite connue sous le nom de granit hébraïque est fort abondante et renferme des grenats roses identiques à ceux que j'ai observés au Brésil, dans les mêmes roches : cette circonstance n'est

---

[1] Il existe encore à Assouan (cataracte du Nil) des carrières de granit qui, bien qu'abandonnées depuis plus de 2,000 ans, semblent encore en exploitation, tant les traces des travaux y sont vives, tant les cassures paraissent fraîches ; on y peut aisément suivre le mode d'exploitation alors en usage et reconnaître sur une foule de points le système de coins dont on se sert en Chine. J'ai vu là un monolythe détaché de la roche, mais non dégrossi, il a la forme d'un obélisque et mesure 36 mètres en longueur sur 3 mètres de largeur ; son extraction ayant été interrompue, on peut saisir le procédé sur le fait, sous un ciel où le temps n'exerce aucune action appréciable sur les surfaces exposées à l'air.

pas sans importance, au point de vue de la généralisation des phénomènes géologiques se rapportant aux mêmes époques. Par sa décomposition la pegmatite donne naissance à des veines de beau kaolin blanc, qu'on n'exploite pas, mais qui m'a fourni des pâtes à porcelaine irréprochables.

Sur plusieurs points et notamment à Toï-kock-tow, on observe des filons de porphyre euritique croisant ceux de pegmatite et conséquemment plus récents que ces derniers. Les cristaux de feld-spath ayant mieux résisté aux agents de décomposition que la pâte euritique qui les entoure, il en résulte qu'on les retrouve avec leurs formes, au milieu du kaolin produit par les altérations du feld-spath. L'île Ko-ho, située à l'extrémité est du petit archipel de la Tay-pa, m'a offert les mêmes phénomènes géologiques.

19 septembre.

Excursion dans la rivière de Canton. Notre petite goëlette, montée par un bon équipage et armée de trois canons, nous offre toute espèce de sécurité contre les pirates chinois qui croisent d'ordinaire à l'embouchure du fleuve Chou-kiang (Tigre). D'ailleurs, à notre départ de Macao, nous n'avions à bord ni argent, ni marchandises précieuses; la police secrète de ces écumeurs du fleuve n'a donc point dû nous signaler, et un pirate chinois ne donne rien au hasard; il sait, quand il attaque, ce qu'il a à craindre et ce qu'il a à gagner; impossible de lui cacher un sac, il établit votre compte à un quart de piastre près.

Laissant à tribord la grande île, désignée sous le nom de Lantao par les Européens, et de Ty-ho par les Chinois, dont les hautes montagnes granitiques nous cachent l'île de Hong-kong, où les Anglais aux prises avec la fièvre typhoïde et la dyssenterie, ennemis bien autrement dangereux que les Chinois, s'obstinent à substituer une ville à un rocher; nous remontons rapidement le Tigre avec vent et marée. Voici les îles de Lentin, à tribord, et de Cum-sing-moun à babord. Le pic de Lentin élance au-dessus des eaux jaunes du fleuve sa cime effilée; et, comme la pile d'un pont gigantesque, il donne lieu en aval à un vaste dépôt alluvionnaire terminé par une longue pointe. A l'époque de la guerre, l'île de Lentin était le principal lieu de station des navires chargés d'opium, mais Cum-sing-moun dont le mouillage est plus sûr, a obtenu, depuis la paix, la préférence.

Nous sommes avant la nuit à la hauteur de l'île de Chuen-pée et non loin de la citadelle qui la défend; l'île de Ty-kock-tow et sa ligne blanche de fortifications nous reste à babord; en face s'ouvre le formidable passage de Bocca-Tigris [1], où les Chinois ont accumulé tous les moyens sinon de défense, du moins d'intimidation. Ici, la ligne des batteries de Wang-tong du sud et de Wang-tong du nord, dont les feux se croisent; là, les forts d'Ahun-hoy; plus loin, l'île du Tigre et sa montagne cunéiforme.

L'escadre française a jeté l'ancre au milieu de ces

[1] Le Bogue.

quatre à cinq cents bouches à feu; je reconnais successivement les frégates la *Syrène* et la *Cléopâtre* ainsi que les corvettes l'*Alcmène* et la *Sabine*; quant à la *Victorieuse*, chargée de travaux hydrographiques, elle se tient à l'écart. Je n'ai que le temps de visiter avant la nuit l'île de Ty-kock-tow, dont le porphyre euritique constitue tout le sol.

20 septembre.

Nous prenons terre dans l'île de Chuen-pée, non loin du fort, dans lequel nous pénétrons sans la moindre opposition de la part de la petite garnison qui l'habite. Ah! messieurs les Anglais, c'est assurément pour le plaisir de faire du mal, que vous avez démonté ces innocentes batteries et encloué ces informes canons de 80 à moitié rongés par la rouille et dont les lumières logeraient aisément l'extrémité de ma main! De grâce, de quelle gêne, je vous prie, pouvaient-ils être pour vos vaisseaux? il faudrait venir exprès jeter l'ancre devant et chercher même le point de mire, car ces lourds canons sont impossibles à remuer, fixés qu'ils sont invariablement sur leurs cadres de bois, et quand on pourrait les mouvoir, comment le faire dans les étroites embrâsures qui donnent à peine passage à leur bouche? Allons, messieurs, avouez donc qu'ils ont été encloués pour les besoins de vos bulletins de victoire!

Le fort de Chuen-pée est construit au ras de l'eau, au pied d'une colline qui le domine et du sommet de laquelle les Anglais ont délogé à coups de fusil les canonniers chinois, protégés seulement par quelques mauvaises poutrelles formant sur leurs têtes un impuissant abri.

Guidés par un des soldats chinois de la garnison qui s'est offert de bonne volonté, et escortés de trois matelots du *Sylphe*, dont l'un nous sert d'interprète, nous nous dirigeons, M. Durran et moi, vers le village de Nin-tschao, situé à 10 milles dans l'intérieur et qu'habite un mandarin nommé Kum-tum, de la connaissance de mon compagnon. Le sentier suit le bord d'une vaste plaine couverte de rizières et de cultures d'ignames et de patates douces qui prospèrent dans ce sol sablonneux. Nous traversons plusieurs hameaux, dont les habitants nous regardent passer avec quelque surprise, mais sans manifester la moindre intention hostile ; toutefois, à la sortie de l'un de ces hameaux, nous sommes chargés par un buffle qui nous paraît avoir été lâché à dessein, mais quelques pierres rudement lancées nous en ont bientôt débarrassés. Chemin faisant, je recueille divers échantillons de grauwacke grenue alternant avec des conglomérats et traversée par des veines de kaolin blanc.

Il faisait déjà chaud, quand nous entrâmes dans le village de Nin-tschao. Kum-tum s'empressa d'accourir à notre rencontre, et nous prenant par la main, nous fit entrer chez lui pour nous rafraîchir. Son costume se composait d'une longue robe flottante en soie vert-clair, se boutonnant sur le côté et désignée par les Chinois sous le nom de *po*; on apercevait en dessous une culotte étroite en soie bleue, attachée comme un caleçon à la cheville du pied. Il quitta en entrant, son *ma-qua*, espèce de pélerine bleue en camelot, en usage dans la classe moyenne quand on sort de chez soi.

En attendant le dîner qu'il venait de commander, Kum-tum nous proposa une promenade sur la colline qui domine le village. Nous pûmes, de ce point, juger de l'étendue comme de la situation de l'île de Chuen-pée, où il serait facile aux Français, selon Kum-tum, de former un établissement commercial de la plus haute importance, en raison de sa position qui commande la rivière de Canton, de sa proximité de cette ville, de l'excellence du mouillage, de la salubrité du climat, et enfin de la facilité de la défense. L'île de Chuen-pée est, en effet, protégée sur trois côtés par des hauts-fonds et un canal, où les fash-boats (bateaux légers) peuvent seuls passer; le quatrième côté, que baigne la rivière de Canton, est formé de hautes collines, au pied desquelles les navires au mouillage seraient sous la protection des batteries de la côte. Cette île qui compte 5,000 habitants, est d'ailleurs fort bien cultivée; de jolis bosquets de pins (*pinus maritima*) couvrent les collines, et les terres basses converties en rizières ou en champs de cannes à sucre, paraissent doués de fertilité.

J'observai là un détail de la culture de la canne à sucre qui mérite d'être recueilli, parce qu'il n'est pas connu; il a été introduit, me dit Kum-tum, à Chuen-pée par des cultivateurs de Formose : aussitôt qu'on a récolté un champ de cannes à sucre, on convertit en plançons de 9 pouces de longueur les têtes de cannes qui, comme on sait, ne fournissent pas de sucre. Ces plançons sont taillés *net et rond* à leurs deux bouts; puis, placés ver-

ticalement dans une fosse d'un pied de profondeur et de
200 pieds carrés, on les recouvre d'une couche épaisse
de paille de canne et on les arrose abondamment deux
fois par jour ; en 8 à 10 jours, ces espèces de boutures
germent et sont en état d'être replantées dans les sil-
lons, où elles sont placées horizontalement et recouver-
tes de peu de terre. C'est à peine si sur 100 plants ainsi
préparés, il en manque 5 ; mais le plus grand avantage
est dans la maturité hâtive des cannes, qui sont bonnes
à couper à 12 mois de pousse, au lieu de ne l'être qu'à
18. Ce procédé de plantage doit inspirer d'autant plus
de confiance, qu'on sait que la culture de la canne à
sucre est originaire de la Chine.

La nouvelle de l'arrivée à Nin-tschao de deux Européens avait attiré la foule des curieux ; les femmes surtout se montraient fort empressées à nous voir, mais
leur curiosité était gaie, rieuse et enjouée ; elles nous
rendaient à l'envi nos salutations.

La chaleur devenue forte nous fit rentrer chez Kum-
tum, où nous rappelait, d'ailleurs, l'approche du dîner. En l'attendant, je passai, sur l'invitation de notre
hôte, dans une petite alcôve attenante au salon et là,
étendu sur une natte, je fumai deux pipes d'opium ;
la première ne me fit aucun effet, mais la seconde me
causa à l'épigastre une sensation qui se repercuta vivement au cerveau ; toutefois, ma tête un instant alourdie
se dégagea promptement, mais l'estomac resta douloureux ; je m'en tins, comme bien l'on pense, à cet essai,
malgré les instances de Kum-tum qui m'engageait à
surmonter ces premiers symptômes pour arriver au

délicieux bien-être que l'opium réserve à ses fumeurs.

Ce disant, Kum-tum prit ma place et fuma, coup sur coup, trois pipes avec une expression de jouissance que je ne puis comparer qu'à celle de l'ivrogne absorbant un verre d'eau-de-vie. Kum - tum venait de puiser dans ces trois pipes une activité physique et morale toute nouvelle ; son regard était plus assuré, sa démarche plus vive, son intelligence plus éveillée, il portait, pour me servir de son expression, la vie avec plus de légèreté. J'ai cinquante ans, ajouta Kum-tum ; il y a vingt-cinq ans que je fume la drogue ; elle est devenue pour moi un besoin impérieux ; je suis incapable de penser et d'agir surtout en sortant du lit, quand je ne fume pas ma dose habituelle, qui est du volume d'un dé à coudre , pesant un mace et demi à deux maces (deux gros à deux gros et demi) et de la valeur d'environ six à sept candarins (quarante-huit à cinquante-six centimes) : cette quantité me fournit de trente à trente-cinq pipes , que je consomme dans le cours de la journée.

J'examinais attentivement Kum-tum, pendant qu'il me parlait ; l'opium n'avait réellement pas altéré profondément sa constitution ; il ne me parut nullement cassé, son embonpoint était ordinaire, bien que son appétit fût languissant ; mais son regard vague et incertain me rappelait parfaitement celui de l'ivrogne de nos pays. Il est à remarquer que Kum-tum abuse bien moins qu'il n'use de l'opium et qu'il lui demande une certaine excitation plutôt que cet état d'ivresse qui anéantit les facultés.

Cette observation jointe à toutes celles que j'ai déjà eu occasion de faire sur les effets de l'opium, m'autorise à rapprocher, quant à leur gravité, les désordres causés dans l'économie animale, soit par l'usage, soit par l'abus de cette substance, des désordres produits soit par l'usage soit par l'abus de l'eau-de-vie. Comme l'opium, l'eau-de-vie, prise à petite dose, exalte momentanément les forces ; comme l'opium, elle impose son habitude à celui qui s'est laissé aller à en user. Ainsi l'Européen adonné aux liqueurs alcooliques n'est propre à rien, si, le matin, il n'a bu sa ration d'eau-de-vie, s'il n'a *tué le ver*, pour me servir d'une expression triviale qui rend bien la satisfaction passagère que le buveur d'eau-de-vie est obligé de donner à son estomac souffreteux. Comme l'opium, l'eau-de-vie détruit l'appétit et tend à se substituer aux aliments ; un fumeur d'opium, comme un buveur d'eau-de-vie, mange fort peu et, enfin, l'opium ou l'eau-de-vie pris avec excès conduisent rapidement l'un et l'autre par l'abrutissement, à l'anéantissement des forces vitales. Ajoutons que l'eau-de-vie, cet antagoniste acharné de la vaccine, fait certainement beaucoup plus de victimes dans les pays chauds, que l'opium en Chine. [1]

[1] Nous venons de voir par le compte de la consommation journalière de Kum-tum que cet homme, sans altérer bien profondément sa santé, fume annuellement pour environ 200 fr. d'opium, et, comme il ne s'en vend dans toute la Chine que pour 150 millions de francs par année, il en résulte qu'en prenant pour moyenne de la consommation d'un fumeur la quantité fumée

J'en étais à ces réflexions, lorsqu'on servit le dîner.

Une foule de bols contenant des mets couvraient la table, et devant chaque convive était placée une soucoupe pleine de sauce de soya, à côté d'une assiette de riz à peine cuit, et jouant le rôle de pain ; je distinguai

par Kum-tum, il n'y aurait en Chine que 750 mille fumeurs d'opium sur 360 millions d'habitants ; portons ce nombre à 1,500 mille, nous ne risquerons pas de rester au-dessous de la vérité, et convenons d'après ce calcul et en raison de la cherté de cette substance, que le nombre des consommateurs qui font abus de l'opium doit être, proportionnellement à la population, bien inférieur à celui des buveurs qui font chez nous abus de l'alcool. Il y a donc eu beaucoup d'exagération dans cette accusation d'empoisonnement des Chinois par les Anglais. Ces derniers empoisonnent les Chinois, en leur vendant de l'opium, comme tous les autres peuples commerçants de l'Europe empoisonnent les Nègres de la côte du Gabon et les Indiens, en leur vendant de l'eau-de-vie, du rhum, du tafia et du genièvre ; en mesurant la moralité de ces divers commerces au mal qu'ils font à l'espèce humaine, on peut les confondre dans la même catégorie.

Il est très probable que la prohibition de l'opium à l'entrée en Chine a été avant tout, de la part du gouvernement chinois, une mesure d'économie politique destinée à prévenir l'exportation des métaux précieux. Si la salubrité publique avait été le seul motif pris en considération par le gouvernement, il se fût d'abord attaché à détruire la culture du pavot (*papaver somniferum*) qui produit l'opium, culture en usage de temps immémorial en Chine.

Plusieurs hauts fonctionnaires, convaincus de l'impossibilité d'empêcher la consommation de l'opium, ont proposé au gouvernement chinois de s'en réserver le monopole à son profit. Si cette mesure était un jour adoptée et que l'on encourageât le développement de la production de l'opium en Chine, où la main-d'œuvre est à meilleur marché que dans l'Inde, la compagnie anglaise des Indes ne tarderait pas à être ruinée.

dans ces bols deux poulets découpés et cuits à l'eau , des œufs frits à l'huile, des *bicho di mar*, espèce de limace de mer desséchée que les Chinois tirent des îles de l'Océanie, et désignent sous le nom de *hog-shum ;* accommodé en sauce, ce mets me parut infiniment plus délicat que des pieds de veau, dont il se rapproche d'ailleurs ; puis, des ailerons de requin découpés en longs filaments, plat auquel notre convive attribuait des vertus aphrodisiaques fort précieuses. Je fis usage, en Chinois consommé, des deux ba guettes qui tiennent lieu de fourchette.

Durant le repas, le thé seul servit de boisson , mais vers la fin , on apporta du *sam-chou* tiède, que notre hôte nous dit venir de Tien-tsin , ville considérable située sur le golfe du Pécheli entre le grand canal et la capitale de l'empire dont elle est le port [1] ; ce sam-chou n'est autre chose que de l'eau-de-vie de grain qui peut avoir 15 à 16 degrés. Kum-tum m'expliqua que c'était le produit de la distillation d'une graine mise en fermentation et appelée *kao-lien*, dans laquelle je reconnus le mil que l'on cultive en Sénégambie et avec lequel on prépare le couscous ; la liqueur s'appelle *kao-lien-tsiou*, elle a ce goût d'huile empyreumatique de nos eaux-de-vie de grains et coûte 75 centimes le litre ; on l'expédie dans des pots de terre de la contenance d'un litre, bouchés au moyen d'un papier épais

---

[1] C'est le lieu de dépôt d'énormes monticules de sel destinés à l'approvisionnement de l'intérieur et qu'on récolte dans les marais salans des bords de la mer.

et collé imitant le parchemin. A ce premier pot succéda un second pot de *chou-hun-hong-tsiou*, infusion
rougeâtre de rhubarbe dans le sam-chou.

L'habitation de Kum-tum avait toute l'élégance de
celle d'un homme à son aise; des fauteuils et une table
en bois dur ornés de belles sculptures meublaient son
salon, quelques miroirs de verre à vitre très mince,
étaient suspendus au mur blanchi à la chaux. Le portrait fort ressemblant du maître de la maison était placé
en face de la porte d'entrée. Au nombre des objets qui
décoraient les murs du salon, j'avais remarqué un tableau peint en rouge et couvert de caractères chinois.
Kum-tum m'expliqua que c'était une *tablette d'honneur*
obtenue par lui en témoignage des services qu'il avait
rendus à l'état comme interprète, pendant la guerre
avec les Anglais; cette tablette porte l'année du règne
de l'empereur Tàú-kwan, et les noms du vice-roi, com-
missaire impérial, et du foo-yueu, lieutenant-gou-
verneur.

Kum-tum nous fit ensuite l'exhibition d'antiqui-
tés et de curiosités qui indiquent chez les Chinois
des goûts analogues aux nôtres : un flacon-tabatière
en quartz améthyste, avec son bouchon en ambre jaune,
renfermant une mouche fossile; des statues en bronze
d'un beau travail, des vases antiques en porcelaine, de
vieux manuscrits, un élégant chapelet en bois odorant
du Hainan. [1]

---

[1] Le bois odorant du Hainan, le même que celui du Tonquin,
répand en brûlant un délicieux parfum; il vaut 12 francs la livre;

Kum-tum nous remit deux croquis de l'île de Chuen-pée qu'il avait dressés lui-même et qui pouvaient, disait-il, nous servir à baser notre demande touchant la cession de cette île à la France. Son insistance à ce sujet m'a laissé convaincu qu'il n'agissait pas *proprio motu*, et qu'il avait été chargé par le vice-roi de Canton de suggérer indirectement aux Français l'idée de demander la cession de Chuen-pée.

Nous trouvâmes parmi les livres de Kum-tum une histoire récente de l'Amérique, écrite en chinois et qui a été répandue à profusion par les Américains, dans le but de se faire connaître au peuple; les succès obtenus sur les Anglais par les Américains, dans la dernière guerre, y sont mis nécessairement en relief. Ce livre, qui s'adresse par le choix de ses caractères à la classe des demi-lettrés, a déjà produit en Chine un effet très favorable aux Américains; et je considère ce moyen comme supérieur à tout autre pour ouvrir la Chine aux étrangers. Nous devrions, nous autres Français, entrer dans cette voie par des ouvrages très élémentaires, donnant un aperçu de la puissance et de l'histoire de la France; la vie de Napoléon, surtout, regardé en Chine comme le grand génie de la guerre, impressionnerait vivement des populations disposées au merveilleux.

Au moment de nous séparer, Kum-tum voulut nous présenter ses cinq enfants; ce sont cinq garçons fort gentils, à l'air très éveillé, qui eurent bien vite fait

les médecins chinois lui attribuent la propriété d'arrêter les coliques et les tranchées.

connaissance avec nous ; les trois premiers appartiennent à sa femme légitime à petits pieds ; quant aux deux autres, ils sont de sa concubine qui venait, nous dit-il, de le rendre père, ces jours derniers, d'un sixième garçon, ce dont il semblait très content. [1] Il nous montra avec une certaine satisfaction de l'écriture de ses aînés, dont l'éducation paraît fort l'occuper.

Il était déjà tard, lorsque nous songeâmes à notre retour ; Kum-tum insista pour nous accompagner jusqu'au hameau voisin.

L'attention que je donnais, chemin faisant, aux diverses natures de roches qui s'offraient à moi, avait été un grand sujet de préoccupation pour Kum-tum, qui entreprit alors de m'expliquer le système géologique qu'il disait tenir d'un savant chinois. Les plus hautes montagnes, me dit-il, ont engendré les moindres qui grandiront avec le temps, de sorte qu'en passant des petites aux grandes on remonte l'ordre généalogique et géogénique des montagnes. Celle que vous voyez au loin dominer toutes les autres est le *great-father* de toutes celles qui l'entourent. — Je l'assurai que les barbares de l'Occident n'avaient pas des idées si avancées sur la formation de la terre, et nous nous quittâmes.

Ne voulant pas au retour suivre le même chemin, nous nous dirigeâmes vers la côte sud de l'île de Chuenpée et, malgré les difficultés du terrain, nous suivîmes

---

[1] On sait que d'après la loi chinoise tous ces enfants sont considérés comme issus de la femme légitime à qui ils donnent le nom de mère ; ils ont d'ailleurs des droits égaux à l'héritage paternel.

le bord de la mer en multipliant nos observations géologiques, que favorisait l'escarpement de la côte. J'eus
l'occasion de reconnaître en maint endroit des traces de
l'action métamorphique exercée par les filons de quartz
et de pegmatite sur la grauwake qu'ils ont traversée, et
qui est relevée de 45° dans la direction E.-O. La coupe
d'une partie de cette côte offre un système de couches
de quartz stéatiteux d'une grande épaisseur, accompagnées de veines de pegmatite chloriteuse pénétrée de
beaux cristaux d'amphibole. La grauwake paraît recouverte par des talcites dont on rencontre des fragments
épars sur le sol de l'île de Chuen-pée; cette circonstance confirmerait l'identité de composition de ce terrain
avec ceux du même âge observés au Brésil.

La surface de l'île de Chuen-pée est formée des débris
de la roche sous-jacente, auxquels se mêlent les fragments de limonite appartenant, sans doute, au même
étage tertiaire que les vastes dépôts d'huîtres à talon,
qui reposent horizontalement au pied des collines de
grauwake de l'île, et qui indiquent un retrait de la mer
sur les côtes de la Chine, ou plus vraisemblablement
un exhaussement général et récent du sol, auquel aurait
participé tout l'ancien continent, d'après mes observations en Sénégambie, au Cap de Bonne-Espérance, à
Malacca et à Singapore.

Nous marchions depuis deux heures, lorsque nous
aperçûmes près de la côte un canot portant le pavillon
français; c'était celui de nos ingénieurs hydrographes
qui nous proposèrent de nous joindre à eux pour chercher à tourner le passage de Bocca-Tigris. Nous rejoi-

gnîmes, à cet effet, notre petite goëlette pour pénétrer dans la baie d'Anson ; puis, laissant à bâbord l'île d'Aming-hoy, nous nous trouvâmes engagés dans un étroit canal où plusieurs jonques de guerre étaient à l'ancre. On avait cherché dans la construction européenne de l'une d'elles, à imiter une corvette à batterie couverte et, pour ce qui concerne la coque, l'imitation était parfaite ; trente bouches à feu se montraient par les sabords : mais le gréement en était encore tout entier chinois, c'est-à-dire, sans mâts de hune ni manœuvre haute.

Nous fûmes bientôt par le travers d'un petit fort présentant à bâbord vingt-cinq bouches à feu en batterie ; un peu plus loin, nous apercevions un fort correspondant à tribord. Au développement donné à la défense de ce passage, il était facile de reconnaître que nous venions de découvrir une nouvelle voie de communication importante avec l'intérieur. Ce succès nous encourageant, nous mîmes toutes voiles dehors pour gagner un bourg considérable, où, à en juger par l'agitation de la foule, il devait se tenir un grand marché ; malheureusement nous avions manqué le chenal et nous ne tardâmes pas à échouer sur un banc de vase ; la nuit nous surprit dans cette position embarrassante. Cependant une espèce d'agent de la police chinoise avait fait force de rames vers nous ; il fit éloigner les bateaux des curieux qui nous entouraient déjà et parmi lesquels se trouvaient quelques dames chinoises d'une physionomie fort éveillée ; grâces à ses indications, nous pûmes retrouver la passe et continuer notre voyage de découvertes.

Toutefois, cet événement et l'arrivée de la nuit avaient refroidi notre zèle explorateur ; nous fûmes enchantés, en achevant le tour de l'île d'Aming-hoy, de nous retrouver dans la grande passe des navires qui remontent à Canton.

21 septembre.

Après avoir longé l'île du Tigre, à tribord, nous vînmes passer entre le fort de Wang-tong et celui d'Aming-hoy. Je comptai sur cette rive plus de cent embrâsures de canon, mais tous les vices de construction et d'armement que j'avais remarqués au fort de Chuen-pée, se répétaient ici ; incapables de faire obstacle au passage de la rivière, ces forts ne pourraient résister par terre à l'attaque de vingt-cinq hommes parvenus au sommet du rocher qui les domine, et qu'aucun travail ne protège.

1er octobre.

Le haut-commissaire impérial Ky-ing est arrivé avant hier soir à Macao, avec une suite nombreuse et sa garde, pour ouvrir des conférences sur le traité à conclure entre la France et la Chine. L'étiquette chinoise lui commandait de mettre un jour d'intervalle entre son arrivée et la présentation ; aussi, n'a-t-il annoncé sa visite que pour aujourd'hui, à une heure. Nous sommes convoqués, à cet effet, en grande tenue à l'ambassade pour le recevoir.

Il n'est encore que sept heures du matin et déjà le père Guillet m'attend pour aller visiter le bivouac des troupes chinoises et tartares de la garde de Ky-ing.

Celui-ci a pris pour hôtellerie une pagode située à l'extrémité nord-ouest du territoire de Macao, et dont les bonzes ont été congédiés sans façon, eux et leurs dieux, jusqu'à nouvel ordre; c'est ainsi qu'en agissent les autorités chinoises en voyage.

Ce bivouac offre un curieux spectacle ici s'élève une muraille de boucliers d'osier, imbriqués comme des écailles de poisson, et laissant voir la tête de dragon qui orne chacun d'eux; à côté, sont des faisceaux de piques, de hallebardes et de tridents qui rappellent les instruments de destruction dont sont armés nos suisses de cathédrale; des fusils à mèches et sans crosse sont accrochés par leurs bretelles à ces faisceaux, où pendent aussi les fourniments des fantassins chinois, c'est-à-dire des poires à poudre, des sacs à balles et des baguettes à charger. La troupe est tout entière au détail du ménage; ici, le riz cuit dans une grande chaudière; plus loin, les cavaliers mantchoux pansent leur chevaux, pauvres bidets mal faits, de la taille d'environ 4 pieds 2 pouces et dont la tête, lourde et grosse, semble devoir appartenir à un cheval de 5 pieds; non moins disgracieux, leur harnachement se compose d'une lourde bride, d'un licol et d'une selle rase en forme de bât, à laquelle sont suspendus, à l'arrière, un étui pour l'arc et le carquois.

Voici la distribution du fourrage : chaque cavalier, balance en main, pèse la quantité d'herbe verte allouée pour son cheval.

L'uniforme du fantassin consiste en une ample casaque rouge en laine, qui s'arrête au-dessus du genou;

elle est garnie de revers et de parements étroits de couleur blanche; une espèce de bonnet conique en bambou peint de plusieurs couleurs met sa tête à l'abri d'un coup de sabre; sa large culotte s'attache au-dessous du genou, sa jambe est nue, mais son pied est chaussé d'un fort soulier. Quant au cavalier, aussi pesamment vêtu que pesamment armé, il serait difficile de comprendre le parti qu'on pourrait tirer à la guerre d'un pareil homme d'armes [1].

Le vice-roi Ky-ing s'était fait précéder, la veille, chez l'ambassadeur par son portrait à l'aquarelle, en pied et de grandeur naturelle.

Nous étions à peine réunis dans la salle de réception, que les sons des hautbois et du gong nous annoncèrent l'approche du haut-commissaire en personne.

En tête du cortége s'avance la troupe des exécuteurs des hautes-œuvres, vêtus de longues robes rouges et la tête ornée de diadèmes dorés; ils sont armés de hallebardes et de couperets de diverses formes; d'autres,

---

[1] Il existe une grande différence entre la solde des Tartares et celle des Chinois; le fantassin tartare reçoit par mois 16 francs et une ration de riz, tandis que le fantassin chinois ne touche que 12 fr. 80 cent. sans riz. Cela tient à la fois à ce que les Tartares forment une troupe d'élite, et à ce qu'ils sont moins sobres que les Chinois, dont les facultés digestives sont, comme chez tous les peuples méridionaux, fort restreintes. Tel est après tout, en Chine comme ailleurs, le secret de la sobriété dont nous faisons bien gratuitement un mérite à certains peuples, comme si dans les pays chauds, l'estomac n'était pas condamné à l'inaction, tandis que, dans le Nord, il a des besoins proportionnés à son énergique activité.

semblables à des licteurs, portent des espèces de haches destinées aux exécutions. Cet appareil, plus hideux que terrible, est la marque distinctive de la puissance du vice-roi, qui exerce, extraordinairement et par délégation de l'empereur, le droit de vie et de mort, dans la province des deux Kwang. A la vue de cette troupe, les Chinois rentrent dans leurs boutiques ou baissent les yeux vers la terre, et laissent tomber leurs bras le long de leur corps en témoignage de respect.

Le haut-commissaire vient ensuite porté dans un palanquin. Les soldats dont j'ai vu, ce matin, le bivouac forment la haie des deux côtés de la rue et une douzaine de cavaliers mantchoux entourent le vice-roi. Quatre grands mandarins de la suite de Ky-ing suivent en palanquin.

Ky-ing est reçu à la porte du salon par l'ambassadeur qui lui donne la main et le conduit sur un canapé préparé pour le recevoir. Nous nous groupons autour d'eux, et les longs compliments d'usage s'échangent par l'entremise de notre interprète, qui s'exprime sans hésiter et avec une étonnante facilité; il semble cependant que le sens de quelques-unes de ses paroles échappe à Ky-ing, dont la figure et les gestes de complaisance expriment un embarras poli.

Les divers mandarins de la suite de Ky-ing sont successivement présentés. Aucun d'eux n'a jugé à propos de revêtir son grand costume de cérémonie; leurs vêtements sont d'une simplicité affectée qui contraste avec le luxe de nos broderies. Ce sans-façon officiel est certainement l'effet d'un calcul de la part de ces hommes, qui éprouvent sans cesse le besoin de présenter au peuple chinois leurs relations diplomatiques avec les Européens, comme des actes de condescendance auxquels ils veulent bien s'abaisser, mais qui ne leur permettent de nous rendre aucun honneur.

Ky-ing — 英 耆 —est un homme de cinquante-huit à soixante ans; sa taille est ordinaire; il est doué d'une forte constitution; sa figure grave et sévère ne manque pas d'une certaine expression de noblesse et d'énergie; sa tête est rasée, sauf à la partie supérieure où ses cheveux gris et rares sont tressés en une pauvre et maigre petite queue. Ses pommettes proéminentes, ainsi que ses yeux bridés et fortement relevés vers leurs coins externes, forment le trait le plus accentué de la race mantchoux, dont Ky-ing, oncle de l'empereur Tàu-kwan, offre, ainsi que les autres membres de la famille impériale, le type complet. Il porte à son bonnet conique la plume de paon et le bouton rouge uni, de premier ordre, marques distinctives de son haut rang.

Hoùan-n'gan-toun, — 彤 恩 黄 — son conseiller intime, paraît avoir de trente-huit à quarante ans. Sa physionomie agréable rayonne d'intelligence; son front haut et développé semble devoir être le siége de pensées nobles et grandes; son œil est à la fois spirituel et caressant; l'ovale de sa figure est régulier; les pommettes de ses joues n'ont rien d'exagéré ; ses lèvres bien dessinées laissent entrevoir une belle rangée de dents ; son nez seul, vu de profil, dépare un peu, par son exiguité et surtout par la ligne concave qu'il décrit en partant du front, cette belle tête, dont l'ensemble constitue le type le plus distingué de la race chinoise. Né dans le Sham-tong, patrie de Confutzé, de parents obscurs, Hoùan est parvenu par ses talents à la haute position qu'il occupe. Après avoir successivement obtenu aux examens publics les grades de sieou-tsaï (bachelier), kin-jin (licencié), tsin-ssé (docteur), il a été élu membre du collége impérial des Han-lin (Académie de Pékin) qui fournit d'ordinaire ses ministres à l'empire. Il exerce dans la province des deux Kwang les fonctions de trésorier, place qui ne vaut pas moins de 300,000 taëls, 2,700,000 fr. par année. Il porte à son bonnet la plume de paon et le bouton rouge de deuxième ordre.

Tchao-tchun-lin — 趙 長 跨 — secrétaire du vice-roi Ky-ing, passerait par tout pays pour un homme fort laid. Ses traits, profondément altérés par la petite vérole, ont quelque chose d'ignoble. Cela ne l'empêche pas de savoir lire et écrire 16,000 mots chinois, ce qui lui a ouvert les portes du collége impérial des Han-lin ; il est bouton bleu de quatrième classe et a le titre de Tao-taï (inspecteur de l'administration civile et financière) de la province.

Tung-hing accompagne le vice-roi en qualité d'officier de la garde tartare ; c'est un homme de quarante-six ans, né à Pékin ; sa taille élevée, ses larges épaules, ses membres épais semblent l'avoir prédestiné au métier des armes ; son embonpoint et les traits de sa figure accusent des instincts grossiers, que corrige une certaine expression de bonhomie ; c'est le grognard chinois. Le sommet de son bonnet conique est surmonté d'un bouton de cristal, signe distinctif des officiers militaires de la sixième classe.

Le vice-roi s'est adjoint pour traiter avec les étrangers, le grand mandarin honoraire Paw-ssé-tchen —

成仕潴.— C'est un homme qui paraît fort satisfait de lui et du rôle qu'il joue. Bien que l'intelligence ne fasse point défaut à cette figure, elle manque de distinction. C'est du reste un homme instruit et l'un des plus riches de Canton. Fils de Pon-tin-qua, ancien marchand hong, il a acheté moyennant 100,000 piastres comptant le titre de mandarin honoraire de première classe, et le droit de substituer au nom par trop bourgois de son père, celui beaucoup plus distingué, dit-on, de Paw-ssé-tchen.

Il y a bien des gens en France qui ne saisiront pas l'avantage de s'appeler Paw-ssé-tchen plutôt que Pon-tin-qua ; ce n'est pas pour ces esprits forts que ces notes sont écrites. Vous tous, messieurs, qui, en abandonnant vos noms de famille, avez voulu masquer une bourgeoisie douteuse sous une noblesse crépusculaire, que vous semble de ce nom de Paw-ssé-tchen ? ne répand-il pas autour de lui un parfum enivrant pour l'homme qui le porte ? ne résonne-t-il pas glorieusement à l'oreille ?

Aucune prérogative, aucune autorité n'est, d'ailleurs, attachée aux titres de Paw-ssé-tchen, qui a obtenu depuis le bouton rouge et la plume de paon, pour avoir fait cadeau à l'empereur de deux corvettes de guerre construites à l'européenne.

On avait disposé, dans la salle voisine, quelques précieux produits de nos manufactures. Nos Chinois furent invités à les examiner, et Ky-ing s'arrêta longtemps devant un délicieux cabaret en porcelaine de Sèvres; puis, il donna une attention particulière au portrait de Jacquart, tissé en soie avec une perfection dont les Chinois sont décidément fort loin; toutefois il fit observer qu'il existait en Chine des ouvrages analogues. Je remarquai que les nécessaires d'armes qu'on avait étalés, le touchèrent peu.

Cependant, le salon avait été envahi par les bas officiers et la domesticité du vice-roi, et nous étions devenus l'objet de la curiosité de chacun; l'un examinait nos sabres, l'autre nos broderies, puis nos chapeaux; toutefois, ils apportaient généralement dans leurs manières une réserve de bonne compagnie. L'annonce du goûter mit fin à cette inspection.

On passa dans la salle à manger et nous prîmes place autour d'une vaste table, richement parée de candelabres, de vases de fleurs et d'un magnifique surtout doré, autour desquels se groupaient des assiettes de gâteaux, des sucreries, des confitures et des fruits. L'ambassadeur, qui, pas plus que nous, ne connaissait encore les usages chinois, avait placé Ky-ing à sa droite, et Hoùan à sa gauche.

Le Champagne, le Constance, le Madère et le Fron-
tignan circulent et obtiennent tour-à-tour faveur ; toutefois, Hoùan, à qui l'on demande s'il ne préfère pas
les vins d'Europe à ceux de Chine, répond qu'il les
trouve bons, mais qu'il faut y être habitué. Quant
au Bourgogne et au Bordeaux, ils ne peuvent se
faire goûter sans provoquer de la part de nos Chinois d'affreuses grimaces, que toute leur politesse ne
parvient pas à dissimuler. Cependant la scène s'était
peu à peu animée ; de tout côté l'on entendait le cli-
quetis des verres ; l'ambassadeur et Ky-ing avaient
donné l'exemple, et ce dernier épuisant toutes les formes possibles de porter une santé à la chinoise, saluait,
vidait son verre, puis le renversait, indiquant ainsi qu'il
avait bu jusqu'à la dernière goutte ; ou bien ayant approché son verre plein de celui de l'ambassadeur, il y versait
quelques gouttes du sien : on ne saurait pousser plus
loin la politesse en Chine, car c'est ainsi qu'on fraternise.

Parmi les mille friandises qui couvraient la table,
Ky-ing paraissait n'avoir d'yeux que pour les assiettes
de bonbons imitant des fruits , des légumes, des animaux et des fleurs ; il ne pouvait se lasser d'admirer
ces productions de nos meilleurs confiseurs de Paris ;
il riait avec la simplicité d'un enfant , en les brisant
sous sa dent ; ne pouvant plus enfin résister à l'attrait
tout puissant qu'elles avaient pour lui, il accepta
avec une véritable expression de bonheur l'invitation
de l'ambassadeur d'emporter ce qui restait ; il en fit
donc, séance tenante, une petite provision qu'on porta
dans son palanquin.

Hoùan, près de qui je me trouvais placé, m'avait aussi provoqué à plusieurs reprises, et j'avais toujours fait raison à ses toasts, en buvant, selon l'usage, rubis sur l'ongle ; aussi, me tardait-il de voir la fin de cette espèce de tournoi, où je courais risque d'être désarçonné.

Ky-ing prit, en sortant de table, congé de l'ambassadeur qui l'accompagna jusqu'à son palanquin. Pendant ce trajet, ces deux diplomates s'étaient jetés, à plusieurs reprises, dans les bras l'un de l'autre, avec une effusion de tendresse parfaitement rendue des deux côtés, et qui présageait les meilleures dispositions.

3 octobre.

Ce jour a été fixé pour rendre au vice-roi sa visite. Tous les palanquins de Macao ont été mis en réquisition. Un corps nombreux d'officiers de marine s'est joint aux membres de la légation. Les soldats chinois et tartares forment la haie aux approches de la pagode où le haut-commissaire impérial a établi son domicile, et qui a été magnifiquement disposée pour la cérémonie de ce jour.

Ky-ing s'est avancé jusqu'au péristyle de la pagode ; il presse les mains de l'ambassadeur et le conduit dans la salle principale, où deux siéges élevés sur une estrade et séparés par une petite table, attendent les deux plénipotentiaires. Ky-ing fait asseoir son hôte à sa gauche, ce qui est en Chine la place d'honneur ; près d'eux mais plus bas, est un siége qu'occupe l'interprète. Quant à nous, nous prenons place de chaque côté de l'estrade.

Après avoir épuisé toutes les formules de politesse et de compliments en usage, l'ambassadeur, qui n'ignore pas que l'amour de la famille est un sentiment en grand honneur chez les Chinois, raconte à Ky-ing qu'il est venu à travers l'immensité des mers, avec sa famille dont il n'a pu se détacher; et à cette occasion, il présente au vice-roi le commandant de la frégate la *Syrène*, aux soins paternels duquel sa famille doit, dit-il, d'être arrivée saine et sauve au terme de ce grand voyage : c'est, ajoute-t-il, que le commandant est lui-même un excellent père de famille. Ky-ing accueille ce témoignage par un gracieux salut qu'il adresse à ce dernier. Le consul de France, aiguillonné par le besoin de se recommander aussi par ses vertus domestiques à l'estime du vice-roi, prend la parole pour dire que lui aussi est venu à travers les mers sur un grand bâtiment, avec sa femme et ses quatre enfants, et il présente le commandant de la *Sabine*, qui s'est montré aussi fort paternel pour eux. Les autres pères de famille présents jugèrent sans doute que cette homélie patriarchale suffisait à l'édification des Chinois, et nous firent grâce de leur profession de foi. La conversation venait d'ailleurs de prendre une tournure plus intéressante, il était question de chasse. Ky-ing entreprit le récit de ses chasses au-delà de la grande muraille, avec l'empereur; c'est à cette époque de l'année, nous dit-il, qu'elles ont lieu. Il s'y trouvait, l'an dernier; la battue avait été exécutée par un corps de troupes tartares de plus de 3,000 hommes ; plusieurs tigres , des ours et une grande quantité de cerfs et de daims avaient été tués. Dans ces divertissements destinés à entretenir les habitudes belliqueuses des grands de la cour de Pékin, la flèche, le javelot et la pique sont, à ce qu'il paraît, les seules armes dont il soit fait usage ; on se sert aussi contre les oiseaux, de faucons parfaitement dressés ; l'empereur entretient, à cet effet, une troupe nombreuse de fauconniers. En évoquant les souvenirs de ces jeux guerriers, Ky-ing s'était animé graduellement ; son œil brillait d'une ardeur toute juvénile ; il semblait prêt à livrer bataille, prêt à se jeter au milieu du carnage.

Cependant les petites tables, placées entre chacun de nous, s'étaient couvertes de tasses où s'infusait [1] la feuille d'un thé réservé pour la consommation de la cour. Ce thé précieux est récolté dans les montagnes des provinces du centre de la Chine ; il est doué d'une saveur aromatique à nulle autre pareille et que le sucre ne masque pas, car en Chine on boit le thé sans sucre. [2]

[1] Dans les maisons riches, on ne prépare jamais le thé dans une théière ; l'infusion se fait dans chaque tasse.

[2] Le thé le meilleur est produit dans les montagnes des provinces centrales, où le climat est tempéré. On s'est donc considérablement trompé, quand on a cru qu'un climat tropical était nécessaire à cet arbrisseau. Dans les pays chauds, on n'obtient généralement que des thés durs, amers et sans saveur ; tels sont ceux de Java, où la feuille, à peine formée, se développe rapidement sous l'influence d'une température élevée, tandis que la pousse, plus lente dans les pays tempérés, permet de cueillir la feuille encore tendre dans tous ses degrés de développement ; de sorte que par le triage on obtient dix à douze qualités de thé. L'Algérie conviendrait parfaitement, sous le rapport du climat, à la culture du thé, et il y serait de première qualité ; mais la diffi-

Le thé pris, Ky-ing se leva et nous le suivîmes dans la salle à manger, où une vaste table était dressée; des gâteaux et des sucreries ornées de fleurs la surchargeaient. Parmi les objets destinés au service, on en reconnaissait plusieurs empruntés aux habitudes européennes; ainsi les assiettes et les plats étaient de porcelaine anglaise, l'argenterie avait une origine portugaise. Ce mélange, cet emprunt contient-il l'indice d'une tendance de la part des Chinois à modifier leurs us? Les dieux protecteurs du Céleste-Empire auraient-ils réservé à la table l'honneur de commencer le rapprochement des deux civilisations qui se partagent le monde? les voies de la sociabilité entre l'Europe et la Chine sont cachées, et toute puissante est l'influence du dîner. Si aux services déjà rendus par lui à l'humanité, l'avenir devait ajouter ce prodigieux résultat, quel homme hésiterait plus longtemps à y voir enfin les effets d'un principe d'union universelle? quel philosophe se refuserait à proclamer la gastronomie, la plus aimable des transformations de la philanthropie? quoi qu'il en soit, les mêmes vues philosophiques avaient présidé à la distribution des ustensiles destinés à l'usage particulier des convives; ainsi chacun de nous était armé à la fois d'une fourchette d'argent et des deux baguettes d'ivoire qui en tiennent lieu en Chine.

---

culté, et elle est insurmontable à mes yeux, est dans la cherté de la main-d'œuvre; pour donner du thé à 4 fr. la livre, il faudrait que la journée de l'ouvrier fût à 50 cent., attendu que le thé exige des manipulations dont peu de personnes se font une idée exacte. Il y aurait donc *folie* à entreprendre, dans l'Algérie, la culture du thé.

Les deux plénipotentiaires, placés sur des sièges plus élevés que ceux des autres convives, dominent la table; l'ambassadeur occupe la gauche de Ky-ing, entre ce dernier et Hoùan; notre interprète est en face; les autres mandarins se placent au hasard. Le lettré Tchao s'est assis entre deux attachés d'ambassade au bout de la table, tandis que Tung-hing et Paw-ssé-tchen ont choisi leurs sièges à l'autre bout, près de moi. Des soucoupes garnies de quatre gâteaux de formes bizarres sont d'abord servies à tous les convives; Ky-ing les recommande à notre attention, et l'interprète fait remarquer que chacun de ces gâteaux a la forme d'un mot chinois, dont la réunion signifie: Amitié de dix mille ans de la part de la Chine. Ce vœu exprimé avec tant d'originalité, est accueilli par un toast général mêlé de bruyants applaudissements.

Le premier service, uniquement composé de sucreries, de confitures, de gâteaux et de fruits, durait depuis une heure, que l'on avait d'ailleurs beaucoup plus employée à boire qu'à manger; les vins de Madère, de Porto, de Roussillon et de Champagne coulaient à flots. Les Chinois nous provoquaient les uns après les autres, pressant les coups et buvant rasade rubis sur l'ongle; il semblait, au train dont ils y allaient, que nous assistions à une expérience sur le contenant d'un Chinois. Déjà le lettré Tchao, vacillant sur sa chaise, menaçait de couler sous la table; on avait fait signe plusieurs fois aux attachés d'ambassade de ne plus répondre à ses toasts, lorsque sur un ordre de Ky-ing, deux officiers subalternes le prirent sous les bras et l'amenèrent à l'officier mantchoux , qui le fit asseoir auprès de lui; ce mouvement ayant mis le comble à son ivresse, Tung-hing essaya de le raisonner pour le décider à sortir, mais Tchao se débattit, donna des soufflets et persista à vouloir rester à table ; ce qu'il obtint, mais pour peu de temps ; car, s'étant retourné vers un jeune attaché , son voisin, il se livra à des gestes si extraordinaires , si indécents , que je vis le moment où le décorum en péril allait changer cette scène grotesque en un drame de cabaret. Ky-ing, tout en riant, avait vainement tenté par ses gestes impératifs et ses interpellations d'imposer à Tchao, dont une sueur froide inondait le visage ; enfin il lui lança par dessus la table son mouchoir à la face, et à ce signal deux bas officiers du palais le firent disparaître.

Cet incident n'avait en rien suspendu la marche du dîner, qui s'avançait dans des voies toutes nouvelles pour nous. Aux friandises du premier service avait succédé cette foule de plats, de soupières, de bols et de soucoupes remplis de mets appartenant dans toute leur pureté à l'art chinois. O mes collègues de la société gastronomique, quel riche sujet d'étude et de méditations s'est offert dans cet instant suprême à votre délégué ! puisse-t-il ne pas être resté au-dessous de sa tâche ! Procéder avec méthode au milieu de ce pêle-mêle de compositions nouvelles , était sans doute chose impossible , mais les soumettre toutes à l'analyse sévère d'un goût formé à votre école, et signaler celles qui méritent les honneurs de l'importation , tel a été le but de mes efforts.

On servit d'abord deux soupes aux nids d'hirondelle ,

l'une au bouillon de tortue, l'autre au bouillon de poulet. Sans oser me prononcer entr'elles sur la question de supériorité, dont j'ajourne l'examen, je les proclame l'une et l'autre excellentes. Comme nos soupes, elles consolent l'estomac; elles font bien plus, elles restaurent toute l'économie, réparent les brèches faites à l'organisme par certains excès, et prédisposent à les recommencer. Mais, quelle est donc la substance de ce nid merveilleux ? — La substance de ce nid, Monsieur, c'est du suc gastrique pur et concret, [1] m'a dit un médecin chinois ; et j'ai compris alors son concours à l'acte de la digestion, ainsi que l'influence réparatrice qu'il exerce; car l'homme vit non de ce qu'il mange, mais de ce qu'il

[1] Cette opinion sur la composition du nid d'hirondelle réunit beaucoup de probabilités. On a déjà pu lire, page 220 du premier volume de cet ouvrage, la description de ce nid et de la soupe qu'on en prépare. J'ai eu occasion d'observer dans les montagnes de l'intérieur de Java, l'hirondelle qui construit ce nid; la matière en est secrétée par l'estomac de cet oiseau, qui la façonne avec son bec au moment même où il l'expectore ; elle a la propriété de durcir à l'air, comme une foule de substances animales. Au surplus, le nid de l'hirondelle de nos pays ne diffère de celui de l'hirondelle *esculenta* que par la terre qu'il contient et qui est mêlée au suc gastrique de l'animal; car ce serait une erreur de croire que nos hirondelles bâtissent leurs nids avec de la boue naturelle; elles avalent de la terre qui se combine dans leur estomac avec le suc gastrique, lequel à la propriété de se durcir à l'air et de devenir insoluble: telle est la cause de la grande solidité des nids d'hirondelle. Eh! bien, les hirondelles de l'Océanie ne mêlent pas de terre au suc produit par leur estomac, c'est là qu'est toute la différence; ce suc, resté pur, se durcit et prend une consistance cartilagineuse.

digère. Les soupes aux nids d'oiseaux sont destinées à combler, en France, une immense lacune.

Je dégustai ensuite un plat d'holothuries (*bicho di mar*) à la sauce rousse, que j'oserai également recommander à mes collègues. Je me suis déjà, je crois, expliqué ailleurs sur le mérite de ce ragoût, d'un goût plus fin que les pieds de veau et d'une digestion facile et profitable.

Je soumis successivement à un examen attentif des ailerons de requins découpés en bandelettes étroites et nageant dans une sauce fade, des estomacs cartilagineux de poissons également découpés. Ces mets de pénible digestion craquent sous la dent comme les arêtes de la raie et n'offrent aucune saveur relevée. Sous le rapport du goût, je n'hésite donc pas à prononcer leur condamnation ; ils en appellent, dit-on, au point de vue génésique qu'envisage uniquement le Chinois dans le choix de ses aliments.

Près de là était un plat de viande découpée en morceaux carrés, nageant dans une sauce claire aux fines herbes ; consulté par moi, mon voisin Paw-ssé-tchen, me fit comprendre par des signes non équivoques que c'était du chien, et je me hâtai d'en goûter : c'est une chair blanche, très-grasse et d'un goût fin analogue à celui de la graisse d'oie [1]; je ne proposerai pas, toute-

---

[1] L'idée de manger du chien a quelque chose de répugnant pour nous; mais, les Chinois ne mangent qu'une espèce de petit chien d'un jaune clair à poil rude sur le dos et au museau, dont les oreilles sont droites et qui tient le milieu entre le griffon et le caniche; si l'on considère que ces chiens sont engraissés

fois, l'introduction du chien sur nos tables, sa chair n'offrant pas de particularités assez tranchées pour constituer un mets nouveau et tel qu'il doive faire passer par dessus l'inconvénient de semer la défiance entre l'homme et son meilleur ami.

Les champignons que mangent les Chinois ressemblent aux nôtres ; je ne dirai donc rien de ceux dont je goûtai, non plus que d'une espèce de pâtée de nouilles ou taillerins combinés avec du moûton bouilli, tant j'ai hâte d'arriver aux œufs couvés s'offrant à moi sous la forme de séduisantes rissoles. J'avais avancé la main pour m'en servir.... Pourquoi mentir, pourquoi ne pas avouer que le préjugé tout puissant qui les rejette comme une affreuse pourriture, avait paralysé mon zèle investigateur ; Paw-ssé-tchen insista pour m'en faire accepter.... Prête-moi ta plume, ô Brillat-Savarin, pour redire les merveilles de ce mets, que tu placerais à coup sûr à côté de la caille en caisse.

Le premier œuf m'avait servi d'objet d'étude, le second devint un sujet de méditation ; je fermai les yeux pour m'absorber ; quand je les rouvris, le domaine du goût s'était agrandi pour moi ; un plat nouveau venait de se révéler à mon palais, que dis-je un plat nouveau, une série de plats ; car le goût de l'œuf couvé varie avec la durée de l'incubation. C'est alors que je compris la distance immense qui sépare l'œuf abandonné

---

soigneusement dans des cages, au moyen d'une pâtée de riz cuit à l'eau, on reconnaîtra que cette viande n'a rien qui doive en définitive répugner.

de l'œuf soumis à une incubation volontairement et instantanément suspendue ; le premier, le seul que nous connaissions est, en effet, un corps dans lequel la fermentation putride a succédé depuis plus ou moins de temps à la vie ; l'autre est un être que vous avez mis à mort et apprêté, sans lui donner le temps de subir aucune altération ; l'un est une chose infecte, repoussante et mal saine ; l'autre un mets de la plus haute distinction, indépendamment des qualités éminemment restauratrices que lui attribuent les Chinois.

Parlerai-je, après un tel sujet, des poissons à l'étuvée de toute espèce qui couvraient la table, des rôtis de volaille et de porcs entiers qui arrivèrent à la fin de cette si laborieuse séance, portés en triomphe par les chefs de cuisine !

Le Chinois est habile rôtisseur ; c'est assez vous dire que ses viandes, quoique bien cuites, restent juteuses ; mais ce don précieux, que quelques-uns de nos cuisiniers ont seuls reçu du ciel, n'est point en Chine, dans ce pays de haute sapience, abandonné au hasard d'une vocation. En Chine, messieurs, on a des fourneaux à rôtir, où j'ai compté jusqu'à 15 et 20 pièces suspendues à la fois. Ces fourneaux sont cylindriques ; ils ont 1 m. 50 c. dans leur axe vertical et 1 m. de diamètre ; une plaque mobile en tôle les recouvre ; ils sont chauffés avec des fagots ; puis lorsque la braise est formée, on lève le couvercle au moyen d'une poulie et l'on suspend dans l'intérieur de ces fourneaux les pièces à rôtir ; le couvercle est ensuite abaissé et l'opération marche ; c'est ainsi qu'on rôtit dans la perfection les pièces les plus volumineuses.

La sauce de soy, est, en Chine, l'accompagnement obligé des viandes ; on dirait un extrait d'osmazôme, ce principe savoureux du jus de rôti. Une ligne de soucoupes remplies de ce condiment régnait tout autour de la table pour la plus grande commodité des convives.

J'avais déjà eu occasion d'apprécier le haut mérite de cette savante composition, dans laquelle le génie culinaire des Chinois s'est élevé à une hauteur sans exemple. Qu'on réfléchisse que le soy est une infusion aqueuse d'un végétal cryptogamique dont le développement a été provoqué facticement sur un haricot, (*dolichos soya*) et qu'on essaie de me dire par quelle secrète voie les Chinois ont été conduits à la découverte de ce trésor, que la Franee connaît à peine, alors que l'Inde, l'Angleterre et l'Amérique sont depuis si longtemps initiés à ses bienfaits [1].

---

[1] Voici la préparation du soy ou soya, telle que je l'ai suivie à Canton ; elle m'a offert un double intérêt, soit au point de vue culinaire, soit sous le rapport scientifique, en raison de l'analogie que semble présenter le soy avec le principe médicamenteux que M. Bonjean, pharmacien à Chambéry, a retiré du seigle ergoté, en le séparant du principe toxique qui s'y trouve uni. On sait que l'ergot du seigle est attribué à l'existence d'une espèce de cryptogame vénéneux qui se développe dans le seigle placé dans certaines conditions d'humidité et de chaleur.

Un catty (1 livre 1⁄4) de haricots rouges (*dolichos*) a été mis à cuire dans de l'eau pendant une heure ; le tout a été jeté sur un tamis et égoutté. Les haricots passés encore humides à la farine de froment se sont revêtus d'une couche légère de farine ; dans cet état, ils ont été étendus sur un plateau de bois et recou-

Le temps que je consacrais à ces observations de
gastronomie transcendante, Ky-ing l'avait employé à
multiplier autour de lui les témoignages de la plus exquise politesse; ainsi il avait fort gracieusement introduit, à l'aide de sa propre baguette, une bouchée de
ragoût dans la bouche des principaux convives; l'ambassadeur, l'amiral Cécille, le premier secrétaire d'ambassade, le consul de France et l'interprète avaient été
chacun à leur tour gratifiés de cette becquée courtoise;
pour moi, c'est de la cuiller même de l'officier mantchoux que j'avais reçu cette marque de haute considération sous la forme d'une quenelle de poisson.

verts, puis placés dans un lieu chaud et humide qui a favorisé
le développement d'une moisissure considérable. Après quatre à
cinq jours, selon la marche plus ou moins rapide de la moisissure, on a enlevé cette moisissure en la raclant avec un couteau
de bois et en lavant à l'eau froide les haricots qu'on a ensuite
étalés au soleil pendant vingt-quatre ou quarante-huit heures
pour les bien sécher; puis, ayant fait dissoudre 1 catty de sel
dans 3 litres d'eau, on a fait bouillir cette eau pour la purger
d'air, et, lorsqu'elle a été refroidie, on y a jeté les haricots.

Cette préparation a été abandonnée à elle même pendant quinze
jours au soleil; enfin on l'a fait bouillir pendant une demi-heure
en y ajoutant, pour l'aromatiser, une demi poignée d'anis étoilé,
autant d'anis simple et deux écorces d'orange; passée ensuite à
travers un panier qui retient les débris de haricots et refroidie,
elle a été mise en bouteilles.

Cette préparation, au point de vue chimique, me semble mé-
riter l'attention, parce que le soy ne paraît être, après tout, que
l'extrait aqueux d'un champignon qui s'est développé dans le haricot; il existerait dès-lors entre cet extrait et le principe médicamenteux du seigle la plus grande analogie; ce que confirme,
d'ailleurs, l'identité de saveur de ces deux produits.

L'abandon et la gaîté avaient banni tout cérémonial; une pantomime animée et le langage des yeux suppléaient à notre ignorance de la langue chinoise et, d'ailleurs, pour se provoquer à boire, ne s'entend-on pas par tout pays? Ky-ing donnant l'exemple, semblait vouloir, avant la fin du repas, prendre sur l'ambassadeur lui-même une revanche de la défaite de Tchao ; il renversait avec une expression de défi son verre, aussitôt vidé que rempli, et dont les dernières gouttes tombaient comme un éclatant témoignage d'amitié dans le verre de l'ambassadeur, qui cherchait de son mieux à tenir tête à ce rude buveur. Toutefois, reconnaissons que la France aurait pu, sous ce rapport, être représentée par une plus grande capacité.

Le *tsiou* (eau-de-vie de grains) avait tenté une apparition ; mais conspué avec indignation par tous les convives, il ne reparut pas sur la table.

Un dernier toast porté par l'amiral rappela que, depuis des siècles, la France et la Chine étaient en paix. Nos amis les Chinois, dit-il en terminant, n'auront jamais qu'à se louer de l'amitié généreuse et désintéressée des Français. Ky-ing et Hoùan parurent profondément touchés de cette assurance; le premier se leva pour répondre et dit que quoique fort éloignés l'un de l'autre, les deux pays n'en feraient plus qu'un dans son cœur; qu'il y avait entr'eux communauté de vœux, d'intérêts et de sentiments, qu'en un mot, ils se fondaient l'un dans l'autre; et le thé étant arrivé, Ky-ing, après en avoir bu une gorgée, approcha sa tasse de celle de l'amiral et versa dedans quelques gouttes, pour consacrer le mélange et l'union des deux peuples.

Il était temps d'en finir, pour Tung-hing surtout qui n'avait manqué aucune occasion de vider son verre; son teint, de jaune qu'il est naturellement, s'était empourpré d'une teinte chaude; il menaçait d'éclater dans sa peau tuméfiée; vers la fin du repas, il avait ajouté aux vapeurs du vin la fumée de la pipe; et sa méthode a quelque chose d'original qui mérite d'être rapporté. Un joli petit garçon d'une douzaine d'années lui apportait d'une main une pipe à eau et de l'autre un papier enflammé; Tung-hing consommait, en trois ou quatre bouffées aspirées coup sur coup, le tabac renfermé dans l'étroit fourneau, et, toutes les cinq minutes, cette manœuvre recommençait.

En sortant de table, Ky-ing nous fait parcourir les diverses salles de la pagode. On s'arrête dans l'une d'elles servant au vice-roi de cabinet de travail, et où tous les ustensiles destinés à écrire, c'est-à-dire des pinceaux, un bâton d'encre de Chine, et une ardoise pour délayer cette encre, sont étalés sur une table. Hoüan s'empresse de nous dire que Ky-ing est un des premiers calligraphes de l'empire; c'est le plus grand éloge qu'on puisse faire de quelqu'un. Aussi, un sourire de haute satisfaction apparaît-il sur les lèvres du vice-roi qui, à l'appui de ce témoignage flatteur, s'empresse de nous exhiber des tableaux et des éventails couverts de sentences et de poésies écrites de sa main, avec une rare perfection. Ces prétentions, ce mérite de calligraphe paraîtront sans doute, au premier aperçu, quelque peu puérils chez un vice-roi; c'est,

en effet, parmi nous un mince mérite que de former
plus ou moins correctement les vingt-cinq lettres de notre alphabet, soit qu'il y ait peu de difficulté à y parvenir, soit qu'on n'y trouve pas un bien grand avantage
dans la pratique ; car pourvu qu'une lettre soit à peu
près indiquée, on la devine rapidement, à l'aide de
celles qui concourent avec elle à former un mot ; mais il
n'en est pas de même en chinois, langue hiéroglyphique,
dont les 30 à 40 mille mots qui la composent, sont repré-
sentés par autant de signes ; on comprend que la moindre
altération dans la forme peut rendre le mot inintelligible
et que pour en retrouver le sens, c'est tout un mot
qu'il faut deviner. D'un autre côté, l'une des conséquences de l'étude d'une langue hiéroglyphique est de
faire de la perfection dans la forme des caractères,
la question principale de tout progrès ; et si la vie
d'un savant chinois se consume à loger dans sa mémoire le plus de formes possibles, il doit en même
temps attacher la plus haute importance à la correction
des caractères, condition indispensable pour ne pas les
confondre. On comprend, dès lors, combien le titre de
calligraphe, qui entraîne celui de savant, doit être entouré de considération en Chine.

Ky-ing entra dans de longues explications sur la
différence existant entre les langues chinoise et mantchoux ; cette dernière, nous dit-il, a, comme les langues
de l'Occident, des lettres pour composer les mots ; et il
nous en figura quelques-unes avec son pinceau.

On vint ensuite à parler de divers jeux en usage en
Chine, et celui de la *mora*, si répandu en Italie,

fut un instant sur le tapis; Ky-ing et l'ambassadeur essaièrent de le jouer ensemble; ce fut une nouvelle occasion de plaisanteries pleines d'abandon.

Le moment de nous retirer étant arrivé, Ky-ing nous reconduisit jusqu'à la porte extérieure de la pagode et nous fit ses adieux les plus affectueux.

Promenade dans la ville chinoise. J'assiste, chez un marchand, à la préparation du Tao-foo (fromage de légumine), dont le bas peuple se nourrit et qu'on vend dans les rues sous forme de petits pains carrés portant la marque du fabricant; ce fromage se fait avec des haricots blancs et jaunes [1]; frais, il offre un ali-

---

[1] On met tremper, dans l'eau froide, des haricots blancs ou jaunes, pendant douze heures environ, de manière à les ramollir au point de céder sous la pression du doigt; on les place avec de l'eau sous la meule de granit d'un moulin à bras, et l'on obtient ainsi une bouillie blanche claire qu'on reçoit dans un vase placé sous l'égouttoir de la meule à broyer; soumise ensuite à l'ébullition, elle est jetée sur une toile claire qui retient les tuniques séminales et le parenchyme, ainsi que l'albumine ou matière animalisée, coagulée par la chaleur; le liquide est ensuite traité par une dissolution concentrée de sulfate de chaux qu'on a préalablement fait cuire. Le précipité abondant obtenu est reçu sur une toile fine et claire, c'est le tao-foo; on le sale et il est débité ainsi dans les rues de Canton; les Chinois le mangent frais; il offre une nourriture saine et rafraîchissante; il remplace notre fromage blanc.

On verse aussi le précipité obtenu dans un moule en bois à fond mobile, garni d'une toile claire que l'on replie de manière à l'enfermer; on charge le tout d'un poids pour faire égoutter le tao-foo, puis on substitue au moule deux baguettes retenues à

ment sain et rafraîchissant ; soumis à la fermentation, il acquiert la saveur piquante et chaude de nos fromages forts ; dans ce dernier état, il offre, mangé sur du pain, un assaisonnement sain et à très bon marché. Plus de pain sec ! telle sera la devise de cette précieuse préparation, le jour où je serai assez heureux pour la produire en public et l'offrir à la consommation de mes concitoyens.

10 octobre.

Le haut-commissaire et sa suite sont attendus aujourd'hui chez l'ambassadeur, qui répond par un dîner français au dîner chinois qu'il a reçu, il y a quelques jours.

leurs extrémités par deux chevalets ; le tao-foo achève ainsi de se refroidir et de se durcir. Au bout de vingt-quatre heures, on le coupe en petits carrés qu'on place pendant trois jours dans du sel préalablement bien séché au feu ; enfin, mis dans un vase, il est arrosé avec du vin sucré : c'est alors qu'il se produit une espèce de fermentation qui contribue à donner au tao-foo les qualités d'un bon fromage.

On voit que le tao-foo contient l'amidon et la légumine que renferment les farineux. Cette dernière substance est précipitée de sa dissolution dans un acide végétal par l'acide sulfurique du sulfate de chaux ; la chaux s'unit en même temps au précipité et contribue à lui donner plus de consistance.

Les Chinois attribuent, comme nous, la cause de la difficulté qu'on éprouve à faire cuire les légumes secs, dans certaines eaux, à la présence dans ces eaux, de sels à base de chaux ; ils y remédient en jetant des cendres dans le vase où s'opère la cuisson, et l'on retrouve encore là, dans cette pratique, nos découvertes sur la propriété des alcalis de dissoudre la légumine.

En se mettant à table, les invités Chinois avaient paru en quelque sorte éblouis du luxe fastueux du service, où l'éclat de l'or le disputait à celui des cristaux. Mais la cuisine française n'obtint pas le même succès ; l'éloge qu'ils en faisaient, formait un contraste piquant avec le sort réservé aux mets qui leur étaient offerts ; goûtés du bout des lèvres, ils restaient sur les assiettes, ou bien disparaissaient sous la table ; vainement la maîtresse de la maison, placée à la gauche de Ky-ing et se conformant à la mode chinoise, avait gracieusement offert à son voisin, du bout de son couteau, un blanc de perdrix à la purée de sarcelle ; ce morceau délicat n'avait même pas trouvé grâce et, tout en se confondant en politesses, Ky-ing, après l'avoir porté à la bouche, s'en était débarrassé par dessous la table.

Dans sa sollicitude pour ses hôtes, l'ambassadeur avait heureusement prévu cet affront à la première cuisine du monde, et la soupe aux nids d'hirondelle, les ailerons de requin, ainsi que la série des ragoûts chinois, tenus en réserve comme un *en cas*, couvrirent bientôt la table à la satisfaction de nos invités.

Au milieu des protestations d'amitié qui s'échangeaint entre les convives, j'ai retenu ces paroles remarquables prononcées par Ky-ing : tous les hommes, s'écria-t-il, en élevant un regard inspiré, qui adorent le Dieu du ciel, sont frères sur la terre. J'accueillis cette noble pensée par un signe de tête approbatif ; Hoùan l'ayant remarqué, me montra de nouveau le ciel, du doigt et du regard, puis, baissant la tête avec humilité et les mains croisées sur la poitrine, il resta un instant plongé dans la méditation ; j'avais imité involontairement ses gestes, mon âme se sentit comme entraînée par l'éloquence de sa pose et la même pensée chrétienne nous confondit un instant ; deux créatures de Dieu venaient de se mettre en communication ; Paris et Pékin avaient fraternisé !

La rigidité de mœurs de Hoùan et les principes de morale qu'il professe, n'ont pas peu contribué à la haute considération dont il jouit dans tout l'Empire ; il est du nombre assez considérable des lettrés qui blâment l'usage de la pluralité des femmes, comme une offense aux bonnes mœurs, et qui réservent tout leur amour pour leur épouse légitime, pour la mère de leurs enfants ; la morale de Confutzé sert de base à ses croyances religieuses, comme la philosophie de ce législateur de règle à sa conduite.

Quant à Ky-ing qui n'a également qu'une femme, il est fortement suspecté, en Chine, de christianisme, et affecte en toute occasion un profond mépris pour le culte de Boudha et ses pratiques superstitieuses.

17 octobre.

Les compradors [1] de quelques maisons européennes

[1] Le comprador d'une maison en est le premier domestique et comme l'intendant ; ses fonctions sont d'acheter (*comprare*) tout ce qui se consomme ; il va le matin au marché ; il est aussi chargé d'assister à la réception des piastres dont il examine la qualité. Le comprador exploite rudement l'Européen ; il n'est pas rare de payer une chose 50 p. 0/0 de plus qu'elle n'a été achetée. Il est, toutefois, difficile de se passer de compradors parce qu'ils forment entre eux une espèce de corporation qui s'entend avec les

établies à Macao, se sont cotisés pour faire les frais d'un grand divertissement dramatique, et le comprador de M. Durran, négociant français chez lequel j'ai trouvé le plus aimable accueil, est venu m'inviter à prendre ma part de ce plaisir, dont raffolent les Chinois.

Bien que la troupe des comédiens vienne de Canton, elle passe pour n'être que de deuxième ou troisième ordre; aussi quoique nombreuse, elle ne coûte aux entrepreneurs de ce spectacle gratuit que cent piastres par jour (600 fr.) y compris les frais de construction de l'immense salle, élevée en quatre jours en face de Macao, dans l'île de Lappa; il est vrai que cette salle est toute entière en bambou, charpente et cloisons. C'est, d'ailleurs, un modèle d'élégance et de légèreté; des nattes et des paillassons imperméables forment le toit et sauvegardent les spectateurs contre les changements de temps fréquents en cette saison.

A notre arrivée, les abords du théâtre sont déjà encombrés par une foule compacte d'hommes, de femmes et d'enfants; chacun se dirige vers les diverses parties de la salle qui lui sont destinées; les femmes et les enfants occupent des sièges sur les estrades latérales les plus rapprochées de la scène, tandis que le parterre, composé uniquement d'hommes debout et pressés, imite dans ses mouvements onduleux la vague d'une mer agitée.

marchands, pour qu'eux seuls puissent suivre le marché. Plusieurs Européens, et j'ai fait comme eux pendant mon séjour à Macao, s'abonnent à tant par jour pour toutes les dépenses de la maison; c'est le seul moyen de s'en tirer avec économie.

Un palanquin avait réussi à percer la foule, il en sortit une jeune dame chinoise richement habillée, qu'entourèrent à l'instant plusieurs femmes de sa suite; j'eus cependant le temps d'apercevoir sa figure dont la beauté était rehaussée par du blanc, du rouge et du noir disposés avec un art infini.

La scène est vaste, flanquée de coulisses, et adossée au vestiaire où les acteurs sont réunis; il n'y a pas de rideau d'avant-scène.

On nous avait gardé les meilleures places et notre comprador vint nous y installer avec l'empressement d'un maître de maison qui fait les honneurs de chez lui. La salle était comble et, en estimant à 5,000 le nombre des spectateurs, je ne crois pas exagérer.

Au moment où nous entrions, on venait d'appendre aux colonnes de l'avant-scène les tableaux explicatifs de la pièce qu'on allait représenter. Les acteurs entrent bientôt, au bruit d'une musique assourdissante, où les sons du hautbois, de la cornemuse, d'une espèce de flûte à l'oignon, et d'un violon à deux cordes raclé à tour de bras, se marient de la manière la plus désagréable au retentissement des cymbales, d'un tambourin et d'un gong.

Un récitatif criard succède à ce tapage. La pantomime des acteurs vient heureusement en aide à notre intelligence, et je comprends, à leurs gestes et au jeu de leurs physionomies, qu'il s'agit d'une jeune princesse, dont deux hauts et puissants seigneurs se disputent la main; le père et la mère l'accordent au plus riche qui précisément est le moins aimé; la jeune princesse déplore son sort dans une romance fort aiguë, et les deux rivaux se menacent en des termes que la langue mono-syllabique des Chinois rend terribles. La guerre est déclarée ; deux troupes de guerriers magnifiquement habillés et armés de pied en cap, se rangent de chaque côté du théâtre, puis se chargent avec furie ; la mêlée devient générale ; les gambades les plus extravagantes, les sauts les plus étonnants tiennent lieu de passes, de contre-passes et de voltes. Cependant l'une des troupes est en fuite, le général seul résiste encore et fait mordre la poussière à tous les soldats vainqueurs qui osent l'approcher ; ils tombent, les malheureux, d'abord sur le ventre, puis se retrouvent sur le dos ; renversés sur le dos, ils se retournent prestement sur le ventre, en sautant comme des carpes passées vivantes à la poële ; d'autres leur succèdent qui n'évitent le coup mortel qu'à la faveur d'une culbute impossible ; le théâtre se couvre ensuite d'un pêle-mêle de têtes, de bras, de jambes faisant la roue dans tous les sens avec une telle rapidité, que l'œil ne peut plus les suivre ; des sauts périlleux qui feraient le désespoir d'Auriol, terminent le premier acte, au milieu d'un grognement flatteur sorti du sein du parterre, et que couvre à peine un final de trompette et de gong.

Au second acte, la jeune princesse a quitté le domicile conjugal, pour se réfugier à la cour du roi, son père. L'époux vient en personne la réclamer ; elle se cache, mais il la saisit et l'emporte dans ses bras. Cependant une espèce de bonze a reçu une forte somme d'argent que le roi se propose d'offrir à l'époux pour lui reprendre sa fille ; mais cet argent le bonze cherche à se l'approprier ; pour cela il épuise tous les moyens de persuasion afin de décider, sans bourse délier, l'époux à renvoyer la princesse à son père ; ici, un long éclat de rire parcourut la foule qui venait sans doute de saisir un trait perdu pour nous autres Européens, réduits à juger de l'acteur par sa pantomime ; les cris *hao ! hao ! koung-hao !* (bravo, bravissimo) partirent de plusieurs points de la salle, et je dois convenir que cette scène fut fort bien rendue ; assurément le jeu de l'acteur qui remplit le rôle du bonze serait applaudi partout.

Bref, il naît de l'intervention du bonze un nouvel imbroglio qui se termine par une déclaration de guerre entre le beau-père et le gendre. Ce dernier monte à cheval sur la scène pour aller retrouver son armée ; il fait en conséquence le simulacre d'enfourcher un cheval, en faisant claquer un fouet ; dans son voyage, il doit traverser une forêt épaisse, mais comme on ne connaît pas en Chine les changements de décoration, cette forêt est indiquée sur la scène par l'apparition d'une branche d'arbre qu'on plante en terre. Le beau-père s'enferme dans sa forteresse, laquelle est représentée par deux piquets supportant une espèce de rideau ; un parlementaire est expédié pour sommer la forteresse de se rendre, et, afin d'indiquer qu'il arrive à cheval, il exécute le mouvement de pied à terre sur le théâtre. Tout cela est, comme on voit, de convention entre le spectateur et l'acteur, comme sur nos théâtres, certains jeux de scène et les *à parte*.

L'assaut de la forteresse est une nouvelle occasion de combats grotesques, où les sauts, les culbutes, les cabrioles recommencent de plus belle.

Les vêtements des acteurs sont d'une grande richesse et se rapprochent par leurs formes des costumes de l'antique monarchie chinoise.

Au surplus, les sujets des pièces appartiennent généralement aux temps anciens, ils remontent souvent même aux temps héroïques, où le merveilleux se mêle à tous les grands événements. Les guerriers s'étaient efforcés, à l'aide de pommades colorées par du rouge vif, du bleu, du vert et du noir, appliquées sur la peau de se donner l'air martial, mais ils n'avaient guère réussi qu'à se rendre ridiculement horribles. Les rôles de femmes étaient remplis par des jeunes gens qui s'en sont acquittés à faire illusion.

Il y avait déjà trois heures que la représentation durait et j'en attendais la fin avec une certaine impatience, lorsque notre comprador qui s'était approché pour nous donner quelques explications, me dit que la pièce ne faisait que de commencer et que, quant au spectacle, il durerait cinq jours et cinq nuits presque sans interruption ; cet avis charitable me décida à lever la séance.

Une scène non moins curieuse que celle que je quitte m'attend, d'ailleurs, au sortir de la salle de spectacle. Des marchands de comestibles en garnissent les abords, les uns ont dressé sous de larges parasols, leurs fourneaux ambulants et des tables à manger, où les consommateurs se pressent en foule ; d'autres offrent, dans de vastes baraques en bambous, un confortable moins douteux et qui finit par nous tenter.

La baraque où nous pénétrons est garnie à l'intérieur de petites tables fort propres, entourées de siéges qui attendent les convives. A peine sommes-nous assis que le garçon nous présente la carte des nombreux plats du jour. Notre choix se fixe aux seuls mets à nous connus ; car, ici, il ne faudrait pas trop s'en rapporter aux inspirations d'une cuisine populaire omnivore : passe encore pour manger du chat [1] puisque, comme le chien, on l'engraisse dans des cages avec du riz ; mais, du rat, de gros vers salés, et ces affreux ragoûts accommodés à l'huile de ricin ou à celle d'arachide, de grâce, qu'on nous les épargne ! Le dîner fut, d'ailleurs, très médiocre ; le seul mets qui attira mon attention se composait de jeunes pousses de bambou sautées à la poële... Quelle admirable plante que ce bambou ! sans lui, point de constructions à bon marché, point de meubles pour le pauvre, point de ces délicieuses sculptures, point de ces admirables treillis qui décorent la demeure du riche ; il fournit depuis le tuyau de conduite de la fontaine jusqu'à la barre du portefaix ; au point de vue moral, sa juridiction s'étend à tous les plus petits méfaits dont peut avoir à souffrir la société ; c'est l'agent le plus actif de l'ordre public, et voici qu'on le mange !!! Hâtons-nous donc d'introduire sa culture parmi nous, dussions nous ne lui donner que la moitié de ses applications [2].

---

[1] Il n'y a que le chat sauvage qui soit recherché des gens riches.

[2] Les plants de bambou que j'ai essayé de rapporter en France

Le restaurateur nous fit payer par tête demi-piastre (3 fr.) ce dîner, qu'un Chinois eût payé 15 sous.

En sortant de table, nous nous promenâmes aux alentours, examinant, ici, un tireur de bonne aventure, qu'entoure une foule attentive aux décrets du sort, proclamés par sa bouche ; là , des joueurs de dés agenouillés sur une natte, et armés de grands cornets de bambou. Je m'approchai d'une vaste boîte d'optique dressée sur un trépied , et offrant au choix des curieux huit grands verres grossissant, recouverts de rideaux; le Chinois m'ayant fait comprendre que la vue n'en coûtait qu'un sapec , je payai et avançai la tête pour regarder ; mais c'est à peine si j'en pus croire mes yeux, à la vue des dégoûtantes obscénités retracées par ces tableaux ; et cependant ce spectacle est offert au public, sans la moindre opposition de la police, qui ne paraît pas se douter qu'il y ait là matière à répression !

Un pareil oubli de toute pudeur publique contribue assurément aux mœurs dissolues de la classe moyenne des villes, classe qui est en Chine adonnée aux plus ignobles débauches. Ce n'est pas que l'opinion des hommes de bien ne flétrisse, comme partout, ceux qui s'y livrent; mais la vie privée étant en Chine bien plus murée qu'en Europe, ce contrôle ne peut s'étendre fort loin, ni restreindre efficacement la part exagérée que le Chinois est porté à faire à la satisfaction des sens.

sont tous morts , dans la traversée , malgré mes soins ; mais je ne doute pas qu'on ne puisse parvenir à en faire venir. Ils réussiraient merveilleusement dans l'Algérie, qui se trouverait ainsi dotée de la plante la plus utile que l'homme ait jamais cultivée.

Ne nous hâtons pas cependant sur cette donnée, de juger trop sévèrement une société où les habitudes patriarchales, la douceur des mœurs, le sentiment du devoir envers ses semblables, l'oubli de son droit dans ce qu'il a de trop absolu, se font remarquer jusques dans les derniers rangs du peuple. Ainsi, au milieu de ce concours immense de gens se pressant autour du théâtre, pas la plus légère contestation, pas la moindre dispute; chacun s'empressait de se ranger; c'était un échange continuel de procédés qu'on chercherait vainement en Europe, dans la classe inférieure où l'on n'a encore que le sentiment de son droit ; je le dis avec conviction, sous le rapport de la douceur des mœurs et du savoir-vivre, la civilisation chinoise est évidemment fort en avant de la nôtre.

18 et 19 octobre.

J'ai consacré ces deux journées à prendre au daguerréotype les points de vue les plus remarquables de Macao ; les passans se sont prêtés de la meilleure grâce du monde à toutes mes exigences et plusieurs Chinois ont consenti à poser; mais il fallait leur montrer l'intérieur de l'instrument, ainsi que l'objet reflété sur le verre dépoli; c'étaient alors des exclamations de surprise, et des rires qui n'avaient point de terme.

24 octobre.

Le jour qui doit couronner l'œuvre à laquelle nous travaillons depuis deux mois, luit enfin. La France et la Chine vont aujourd'hui se lier, pour dix mille ans , par un traité solennel ; et Wampoa, situé sur le Tigre, à huit milles en aval de Canton, est le lieu choisi pour la signature de cet acte mémorable.

Ky-ing a accepté pour lui et sa suite, passage sur la corvette à vapeur l'*Archimède* et, dès six heures du matin, il s'embarque à Praja-Grande pour se rendre à bord ; nous l'y avons précédé.

Décorée de lustres, de faisceaux d'armes et de pavillons, la corvette a un air de fête qui convient à la circonstance. Le haut-commissaire impérial est reçu à l'escalier par l'ambassadeur, qui le conduit sous une tente élégante dressée sur le pont, et où des fauteuils attendent les deux plénipotentiaires et leur suite. Le thé est servi, et une causerie affectueuse s'établit. Cependant les choses nouvelles que Ky-ing a sous les yeux, ont vivement excité son attention ; il promène ses regards de droite et de gauche ; bientôt, ne se possédant plus de curiosité, il manifeste l'intention de visiter le bâtiment. Le premier objet de son examen est une grosse pièce de canon à la Paixhans ; il se fait apporter un des projectiles creux, en regarde attentivement les dispositions, demande des explications sur la charge, sur l'amorce fulminante, et accepte avec joie l'offre qu'on lui fait de manœuvrer et de charger cette pièce sous ses yeux ; puis, il indique l'intention de la tirer lui-même, et prenant avec résolution la position du chef de pièce au pointage, il donne une vive secousse au cordeau ; le coup est parti ! Ky-ing sourit avec satisfaction aux ricochets du boulet qu'il vient d'envoyer. Les deux obusiers de montagne en batterie sur le pont de la corvette sont aussi l'objet de l'examen de Ky-ing ; il admire la forme dégagée des affûts et s'enquiert si on pourrait trouver à en acheter de semblables.

Pendant que le belliqueux Ky-ing donne toute son attention aux machines de guerre, le beau et pacifique Hoùan s'est tenu à l'écart ; à ses yeux tous ces instruments de destruction ne sont que d'horribles représentants de la force brutale, des inventions devant lesquelles recule épouvantée la vraie civilisation [1].

Ky-ing et Hoùan, que l'œuvre du traité a réunis ici, représentent les deux principes extrêmes dont le choc a fixé au jour de la conquête, les destinées actuelles du peuple chinois. Ky-ing a encore en lui les instincts de la violence, les goûts belliqueux du conquérant; le canon a conservé ses sympathies ; c'est l'*ultima ratio* de sa politique; il l'opposera énergiquement, si non efficacement, aux envahissemens de l'Europe. Pour Hoùan,

---

[1] Ce mépris dans lequel est tombé l'art de la guerre , renferme sans contredit l'explication de la facilité avec laquelle la nation chinoise a été conquise par une poignée de Tartares. On est donc étonné que cet événement n'ait pas mieux fait comprendre aux Chinois que tout en adoptant la loi d'amour comme base de la civilisation, il était nécessaire de ne pas négliger les moyens de protéger cette civilisation, contre le mauvais principe qui conspire éternellement la ruine des sociétés; mais le culte des intérêts matériels en Chine a énervé les instincts de l'homme qui a fait peu à peu abandon de toute pensée de résistance, à la condition qu'on le laisserait vivre dans la quiétude et le bien-être; il a substitué l'astuce au courage, et se trompant lui-même sur la nature des sentiments auxquels il obéit, il a érigé cette absence d'énergie, cette énervation de l'existence en principes de philosophie.

au contraire, c'est toujours un hideux et brutal démenti donné à l'intelligence humaine. Hoüan sera l'homme des protocoles ; plus habile, plus fort dans ce genre, il saura gagner du temps et préparer providentiellement et sans secousse la fusion des civilisations européenne et asiatique.

N'étaient ses fonctions qui, dans cette circonstance, l'obligent à accompagner partout le vice-roi, il n'aurait eu garde de quitter le fauteuil où, tout à l'heure, il se balançait avec abandon, caressant sa barbe noire d'une main coquette, dont une femme avouerait les dimensions, les formes, les contours et jusqu'aux soins dont elle est l'objet. Par la grâce et la distinction de ses manières, Hoüan n'aurait pas été déplacé à la cour de Louis XIV.

Ky-ing est revenu prendre sa place sur le canapé ; il reste absorbé dans une profonde rêverie et l'on pourrait croire qu'il réfléchit sur l'effrayante infériorité des moyens de défense des Chinois ; mais non, son âme, inondée de poésie, exhale sa pensée dans des vers en l'honneur de l'ambassadeur ; voici la traduction que nous en donne l'interprète :

« Comme des lions ardents, vous êtes venus jusqu'ici
« à travers les périls : et moi, agneau timide, je me
« sens troublé, rien qu'en mettant le pied sur vos
« puissantes machines. »

Un déjeûner somptueux, servi dans le carré des officiers de l'*Archimède*, vient à son tour offrir son contingent aux plaisirs de la journée ; nos hôtes font honneur, comme d'habitude, aux vins de liqueur et au Champagne, qui aurait décidément toutes les sympathies des Chinois s'il n'était pas aussi cher. Le lettré Tchao-tchun-lin a renoncé, depuis sa mésaventure, aux vins et aux liqueurs ; il prend un air sérieux et digne pour refuser les toasts qui lui sont portés, et s'en tient exclusivement au thé.

On remonte sur le pont pour fumer ; Ky-ing, infatigable dans ses investigations, descend dans la machine ; il ne lui est plus possible, cette fois, de maîtriser l'effet que produit sur lui la vue de ces énormes pièces de fer en mouvement et des bouches béantes de ces fourneaux incandescents, et lorsque au commandement de *stoper*, la machine s'arrête brusquement, sa stupéfaction est à son comble ; sa figure contractée en offre l'expression la plus haute. « Je comprends, s'écrie-t-il, que la nation française est de premier ordre, et que les Anglais nous trompaient, en nous assurant que vous n'étiez qu'un peuple inférieur, incapable de construire de pareilles machines ! »

De retour sur le pont, on se réunit de nouveau à l'arrière, et j'en profitai pour prendre au daguerréotype un groupe formé par Ky-ing, l'ambassadeur, l'amiral, le premier secrétaire d'ambassade et l'interprète ; je pris ensuite séparément deux portraits de Ky-ing et de Hoùan, que je comptais conserver ; mais j'eus la maladresse de les leur montrer et, de ce moment, il ne me fut plus possible de résister à leurs instances. Le vice-roi souriait complaisamment à son image, puis me regardait en agitant les mains, et s'écriait : *to-sié*, *to-sié* (merci, merci); quant à Hoùan qui avait fait venir les

ustensiles nécessaires pour écrire, il traça de sa main
des sentences sur un éventail qu'il me donna, après y
avoir ajouté son nom.

Le dîner n'offrit aucun incident ; on y causa de l'Empire du Milieu. Ky-ing entra dans quelques détails sta-
tistiques ; il nous apprit entr'autres choses que le district du Kwang-tung compte six millions d'âmes, que la
province des deux Kwang , qu'il gouverne , en a vingt-
sept millions ; que le district de Nankin, où il a
commandé autrefois, compte dix millions d'habitants,
et enfin , que la ville de Canton est la troisième de
l'empire.

Cependant , malgré un vent du nord furieux qui a
beaucoup retardé la marche de la corvette, nous atteignons, à la tombée de la nuit, le Bogue. Au moment
où nous nous engageons dans la passe de Bocca-Tigris,
les forts s'illuminent sur les deux rives et nous offrent
un magnifique spectacle ; les gros canons qui arment ces
forts restent muets, sans doute par économie, ou peut-
être de crainte d'accidents ; mais des détonations de
boîtes et une musique bruyante saluent notre passage ;
les jonques de guerre ancrées dans le voisinage, font retentir les échos des montagnes des décharges de leur
artillerie ; nous lançons du bord quelques fusées , et à
ce signal , les forts se couvrent de feux d'artifice.

Ky-ing était resté pensif devant ce spectacle ; ses yeux,
tournés vers le ciel qui s'étoilait, semblaient y chercher
de poétiques inspirations ; tout-à-coup , se retournant
et comme pénétré d'une influence secrète, il prononça
d'une voix émue quelques vers chinois , dont voici le

sens : « Le ciel et la terre se réjouissent de l'amitié qui va être scellée entre deux grands peuples ! »

Il était neuf heures du soir, lorsque nous arrivâmes à la hauteur de Wampoa. Une table avait été dressée dans les appartements du commandant de la corvette ; les deux plénipotentiaires et leur suite y avaient pris place. Quatre expéditions du traité avec double texte chinois et français, sont déposés sur cette table. On les collationne et Ky-ing ainsi que ses conseillers y apposent leur signature ; l'ambassadeur de France signe ensuite et fait mettre son cachet à la cire rouge, pendant que l'on extrait d'une boîte fermée soigneusement, le sceau impérial : c'est une plaque de cuivre lourde et massive de 4 pouces de long sur 2 de large, qu'un officier chinois empreint d'une couleur rouge à l'huile, et applique avec une gravité toute solennelle, au pied de chacune des expéditions du traité. Ces formalités remplies, les deux plénipotentiaires se jettent dans les bras l'un de l'autre, et se pressent longtemps avec effusion, pendant que nous échangeons des poignées de mains et des *hao*, *hao*, de félicitations avec Hoùan, Pawsse-tchen et Tchao-tchun-lin.

Le Champagne nous attendait sur le pont, pour sceller cette amitié naissante ; armés de verres et debout autour d'une table ronde, nous buvons à l'alliance des deux peuples.

Après avoir exprimé le vœu de voir bientôt les vaisseaux chinois remplir les ports de la France, l'amiral porte la santé du vice-roi. Ky-ing demande à répondre et, d'une voix ferme, il convie les Français à venir s'enrichir dans les ports de la Chine : le meilleur accueil les y attend, dit-il , soit qu'ils viennent pour y faire le commerce , soit qu'un sentiment de curiosité les y attire ; puis levant son verre, il porte à l'ambassadeur un toast , auquel tout l'équipage, à qui l'on avait distribué une ration de vin, répond par des hourras dont retentissent les échos des deux rives.

L'ancre tombe devant le village de Wampoa , et bientôt la corvette est entourée des jonques qui attendent le vice-roi ; quelques minutes après, il voguait vers Canton.

25 octobre.

A notre retour à Macao, nous apprenons que la grande chaloupe de la frégate la *Cléopâtre*, assaillie du haut des rochers qui bordent l'entrée du port de la Tay-pa par une rafale, a chaviré ; vingt-trois hommes étaient à bord ; ils se sont accrochés comme ils ont pu à l'embarcation , ainsi qu'aux objets qui surnageaient. Attirés par leurs cris de détresse, plusieurs bateaux chinois ont fait voile vers eux ; le premier s'est borné à faire le tour de la chaloupe, considérant avec une froide indifférence l'affreuse position de ce groupe d'hommes, devenus le jouet des vagues et sur le point d'être engloutis ; puis il a poursuivi sa route ; un autre s'étant arrêté à distance , a commencé à faire ses conditions ; il a demandé 200 piastres pour porter du secours ; la position critique ne permettait pas de marchander, déjà trois de nos malheureux matelots avaient disparu. On a accepté la condition imposée et les Chinois s'étant mis à l'œuvre ont bientôt recueilli les naufragés à bord de leur *lorcha* ; puis, ils ont procédé au sauvetage de la grande chaloupe, qu'ils ont ramenée dans la Tay-pa et, leurs engagements remplis, ils se sont rendus à bord de la *Cléopâtre* pour toucher le prix de cet étrange marché. Que ceux qui se presseraient trop de conclure de ce fait que les Chinois sont un peuple sans humanité, veuillent bien se rappeler comment les populations des côtes de l'Océan en agissaient naguère avec les naufragés, et tous les efforts que le gouvernement a dû faire pour détruire de prétendus droits de naufrage, consacrés par la religion, et dont ses ministres recevaient leur part sur l'autel de la Sainte-Vierge.

27 octobre.

Il est onze heures du matin, le tay-fong qui règne depuis minuit est dans toute sa violence ; la mer est monstrueuse, le vent tourbillonne sans direction ; il s'est levé au nord, a sauté à l'est, tourne au sud et revient par rafales à l'est. Des dépressions atmosphériques aussi fortes que subites, sont indiquées par mon baromètre dont je suis attentivement tous les mouvements ; il est descendu lentement mais d'une manière continue depuis hier soir ; dans ce moment il vient d'éprouver de vives oscillations qui se résument à une baisse subite d'un centimètre et demi ; il est une heure, il s'arrête à 0 mètre 708. [1] Quel énorme déplacement d'air il

---

[1] Voici la note des oscillations éprouvées par le baromètre, pendant ce tay-fong :

a fallu pour réduire en quelques heures d'un douzième environ le poids de l'atmosphère ! Si, comme on me l'assure, nous n'avons pas cessé d'être à la périphérie de l'ouragan, il y a de quoi frémir en pensant au sort d'un navire compris dans la sphère d'action de cette masse tourbillonnante, douée de deux mouvements, l'un de rotation autour d'un axe, l'autre de translation; quelque solide qu'il soit et quelque habile qu'on suppose son équipage, sa destruction est inévitable, s'il ne parvient à s'éloigner promptement de cet axe de rotation, où semblent s'être réunies toutes les puissances infernales des tempêtes. Les Chinois n'ont pas eu besoin du baromètre, qu'ils ne connaissent pas d'ailleurs, pour prédire l'arrivée de ce tay-fong; toutes les barques, tous les tankas qui couvrent d'ordinaire l'anse de Praja-Grande ont cherché depuis hier un refuge dans le port intérieur; plusieurs familles ont tiré à terre les bateaux qui leur servent de demeures; les jonques ont doublé leurs amarres; personne ne s'est laissé surprendre.

Il est quatre heures, les vents ont gagné l'ouest, quelques éclairs brillent à l'horizon; l'ouragan diminue d'intensité, le baromètre commence à se relever, les gonflements de la mer sont moins forts; nous touchons à la fin de ce terrible phénomène, dont l'aiguille aimantée n'a point d'ailleurs été affectée.

A minuit	0,742	A 4 heure du soir	0,708
3 heures	0,732	3 heures »	0,720
6 heures	0,730	4 heures »	0,732
midi. . .	0,724	6 heures »	0,744

28 octobre.

J'ai employé ma journée à prendre au daguerréotype les divers points de vue qu'offrent Macao et ses environs ; les quais de Praja-Grande, la grande pagode, le port intérieur, les rues du Bazar m'ont offert d'intéressants sujets. Aujourd'hui encore j'ai trouvé des Chinois complaisants qui consentaient à former des groupes immobiles, à la condition de voir d'abord l'image reflétée sur le verre dépoli ; leur étonnement n'avait, d'ailleurs, rien de bien profond, c'était plutôt cette vague curiosité qu'éprouvent les enfants à la vue d'un objet nouveau ; c'est qu'il est bien des sujets qui n'étonnent que les savants, que les esprits méditatifs, et les phénomènes du daguerréotype sont dans cette catégorie.

GÉOLOGIE.

NOTICE

SUR LA CONSTITUTION GÉOLOGIQUE DU CAP DE BONNE-ESPÉRANCE [1].

On n'a pas eu jusqu'ici d'idées bien arrêtées sur la constitution géologique de l'extrémité méridionale du continent africain. L'étude que je viens de faire de la

[1] Ce mémoire a été présenté à l'Académie des Sciences dans sa séance du 11 novembre 1844, imprimé dans le compte-rendu et renvoyé à une commission composée de MM. Elie de Beaumont et Dufrenoy.

La Société royale de Londres l'a aussi reproduit dans ses comptes-rendus.

montagne de la Table (cap de Bonne-Espérance) et de ses environs, en fixant l'âge de ce terrain, servira peut-être de point de départ aux travaux de recherche que réclame ce pays, si peu étudié jusqu'ici au point de vue géologique, et pourtant si plein d'intérêt.

La montagne de la Table et ses annexes, dont le prolongement forme le promontoire désigné sous le nom de cap de Bonne-Espérance, présente une composition de terrain assez simple.

La base de la montagne de la Table, dans la partie qui regarde la ville du Cap, est un granite porphyroïde très bien caractérisé, qui s'est fait jour violemment au milieu des psamites schisteux, dont il a disloqué les couches en pénétrant à travers, par voie d'injection, et en modifiant plus ou moins profondément la texture de cette roche de sédiment.

Au-dessus de ces psamites schisteux métamorphiques et jusqu'à la hauteur d'environ 550 mètres, s'étend, en couches inclinées de près de 10 degrés au sud-ouest, présentant leurs tranches à l'escarpement, un grès argilo-siliceux où abonde le mica en petites paillettes et qui alterne avec des schistes argileux très ferrugineux d'un rouge sanguin. Ce grès paraît n'avoir pas complètement échappé à l'effet du voisinage des injections granitiques. Vient ensuite un puissant dépôt d'un grès quartzeux blanc, en couches de 1 mètre au moins d'épaisseur, également inclinées d'environ 10 degrés au sud-ouest, entremêlées à divers niveaux par de petites couches de cailloux arrondis de quartz blanc, dont la grosseur varie entre celles d'un pois et d'un œuf de pigeon. Cette roche constitue le plateau de la montagne de la Table, élevé de 1163 mètres au-dessus du niveau de la mer, et les sommets des Pics-du-Diable (1076 mètres), et de la Tête-du-Lion (966 mètres), ainsi que de la chaîne de montagne qui se termine à la mer, au cap de Bonne-Espérance, dont le pic a 320 mètres d'élévation.

La protubérance granitique de la base de la montagne de la Table s'allonge dans la direction de l'ouest, 42 degrés nord, et vient faire saillie sur le col qui sépare ce massif du pic de la Tête-du-Lion, pour s'enfoncer ensuite sous le psamite argilo-schisteux et le grès, et reparaître de l'autre côté du pic, au bord de la mer, depuis Camp's-Bay jusqu'au phare de Cape-Town.

Sur cette partie de la côte, comme au pied de la montagne de la Table, ce granite offre à l'observation une foule de points en contact avec la partie inférieure du psamite argilo-schisteux qu'il a modifié plus ou moins profondément : tantôt il a poussé des filons sinueux de plusieurs mètres d'épaisseur à travers les feuillets disloqués de cette roche de sédiment; tantôt il en empâte les fragments; partout l'effet du métamorphisme est en raison de la puissance des masses injectées. Les parties du psamite les plus voisines du granite sont transformées en une espèce de schiste maclifère à grains fins, et dont les reflets cristallins complètent son identité avec les schistes modifiés par les granites porphyroïdes que nous avons observés sur plusieurs points des Pyrénées-Orientales, notamment dans la vallée de Carol et à Railleu. D'autres parties sont devenues des schistes coticules ou des lydiennes du grain le plus fin.

Là où les feuillets de la roche modifiée ont été relevés verticalement, elle se prolonge dans la mer en une multitude d'aiguilles qui ont résisté aux vagues, tandis que le granite qui les entourait a disparu sous l'action destructive du flot.

On observe une dégradation sensible dans les effets du métamorphisme à mesure que les psamites s'éloignent de la masse granitique, et le terrain de la Croupe-du-Lion, qui en est séparé par une épaisseur d'environ 250 mètres, offre déjà, à sa partie supérieure, des schistes argileux gris, jaunâtres, exempts d'altération; enfin, en s'éloignant davantage du centre d'action, le schiste argileux micacé qui forme la petite île Robben, située au milieu de la baie de la Table, conserve tous ses caractères sédimentaires. Il se débite à la manière du schiste et est employé, dans les constructions, comme pierre à daller.

La même protubérance granitique, dont nous avons signalé l'existence au nord-ouest de la base de la montagne de la Table, se poursuit au-dessous des psamites argilo-schisteux, dans la direction de l'est 42 degrés sud et se montre à découvert entre Constantia et Hout-Bay. Ainsi le granite porphyroïde sert, comme on voit, de base à la formation sédimentaire qu'il a soulevée sur une vaste étendue, et sans trop déranger l'horizontalité des masses qui, à la Table, ne s'en écartent, comme nous l'avons déjà dit, que d'environ 10 degrés vers le sud-ouest.

Le granite porphyroïde n'a pas été le seul agent des dislocations que le sol a subies sur ce point. En effet, sans parler, 1° des filons siliceux garnis intérieurement de druses, de cristaux de quartz, mêlés d'amphibole noire prismatique ; 2° d'un granite particulier où le mica vert abonde, et qui a aussi jeté d'épais filons dans le granite porphyroïde, postérieurement à sa solidification, dans la direction du nord-ouest au sud-est, nous avons à signaler, sur ce point, l'existence de plusieurs dikes d'une roche noire-grisâtre, composée de pyroxène, de feldspath et de fer oxydulé unis intimement, et que nous rapporterons au trapp : ces dikes sillonnent non seulement le granite, mais encore toutes les roches sédimentaires qui s'y montrent superposées. L'un de ces filons, d'environ 1 mètre d'épaisseur, courant dans la direction de l'ouest 40 degrés nord, croise transversalement, au milieu du granite porphyroïde, le col qui sépare la montagne de la Table du pic de la Tête-du-Lion ; puis il se prolonge, de part et d'autre du col, dans le psamite et le grès quartzeux qui le flanquent. En s'avançant vers l'ouest, dans le sentier qui côtoie la base du pic de la Tête-du-Lion, on rencontre bientôt sur le flanc de cette montagne, plusieurs dikes qui la traversent dans la direction ouest 35 degrés nord, c'est-à-dire à peu près parallèlement au premier, et qui ont jusqu'à 8 mètres de puissance. L'un de ces dikes, dérangé de sa position normale par un glissement du sol postérieur à l'injection, présente une disposition analogue à celle qu'on observe parfois dans les couches de combustible des bassins houillers.

Le trapp se décompose à l'air, à la manière des roches plutoniques auxquelles le feldspath sert de base :

ainsi il se convertit en sphéroïdes concentriques, dont les zones sont dans un état de décomposition d'autant plus avancé qu'elles s'éloignent davantage du centre. La suroxydation de fer et la décomposition du feldspath se réunissent pour hâter la désagrégation des parties constitutives de cette roche. Dans son contact avec le grès quartzeux, le trapp n'a subi ou causé aucune modification : nous avons recueilli des échantillons où les deux roches, soudées ensemble, n'indiquent aucune action mutuelle.

Il résulte des faits qui précèdent qu'à plusieurs époques, sans doute fort éloignées les unes des autres, des matières en fusion de nature très-différente se sont fait jour à travers les fissures de la première dislocation occasionnée par le granite. Nous avons recueilli, vers le sommet de la Table, des fragments de grès quartzeux blanc, traversés par des filets de manganèse peroxydé, qui ont accompagné sans doute l'une des injections plutoniques dont il s'agit.

Avant de chercher à établir l'âge relatif des diverses formations dont nous venons de parler, nous devons, pour compléter la description géologique des environs de la ville du Cap, dire un mot des terrains de plaine qui l'entourent.

Le pourtour et le fond des divers bassins du voisinage sont occupés par un dépôt de cailloux incomplétement roulés, dont la grosseur varie entre celle du poing et d'un grain de mil, et qui sont reliés par un ciment argilo-ferrugineux passant, sur certains points, à la limonite la mieux caractérisée. Les matériaux de cc dépôt ont été évidemment fournis par la roche en place : ainsi ce sont des fragments anguleux de psamite métamorphique et de quartz, ou bien des cailloux arrondis de grès quartzeux, circonstances qui tendent à établir qu'ils ne viennent pas de loin.

Le fond de ces bassins est principalement occupé par diverses couches d'argile plastique et de sable blanc quartzeux renfermant des bois charbonneux de la nature du lignite. On en peut observer une couche sur la berge du ravin creusé par un fort ruisseau venant de Tiger-Berg, colline terminant à l'est l'isthme qui réunit la montagne de la Table au continent : l'endroit où la couche de la lignite est à découvert, est à 14 kilomètres de la ville du Cap dans la direction est 16° 30' sud; son épaisseur varie entre 30 et 65 centimètres ; elle est horizontale et comprise entre deux couches d'argile plus ou moins sableuse ; elle présente, sur quelques points, des masses ligneuses conservant des traces évidentes d'écorces, de veines et de nœuds de bois, et renfermant vers leur centre des couches contournées et irrégulières de fer sulfuré. Sur d'autres points, la couche consiste en plaques de charbon de la nature de la tourbe, et brûlant avec une flamme claire : le charbon le plus compacte est luisant comme du jayet; il donne à la distillation les produits du bois. Tout annonce un enfouissement d'une époque géologique fort récente.

Cette même couche de lignite a été retrouvée à Wynberg, langue de terre partant du pied de la montagne de la Table. Voici quelle est sur ce point la composition du dépôt, d'après les travaux de sonde qui ont été faits :

Couche de lignite . . . . m. 0,61
Terre bleue oncteuse 1,52
Terre blanche onctueuse 6,70
Grès gris avec argile 6,40
Grès brun chocolat 4,25
Argile bleuâtre onctueuse 9,40
Sable rayé rouge et blanc avec argile 10,00
————————
38,88

La série des couches de ce terrain est surmontée par une formation de calcaire qui constitue plusieurs collines élevées de 8 à 10 mètres au-dessus de la plaine, et qu'on observe surtout dans l'isthme qui sépare False-Bay de Table-Bay, ainsi que sur la côte près des batteries qui défendent au nord-ouest les approches de la ville du Cap. Cette roche est un calcaire travertin blanc subcrayeux mélangé de sable blanc quartzeux. On y observe des concrétions calcaires qui ont les formes les plus bizarres. Les parties de la roche où le sable est peu abondant servent à la fabrication de la chaux : on n'y rencontre, en fait d'êtres organiques, que des hélices de deux espèces qui ont encore leurs identiques, vivant dans la contrée. La base de ce dépôt calcaire est mélangée des débris roulés de limonite.

On observe enfin, disséminés çà et là, au pied de la montagne de la Table et de ses contreforts, un grand nombre de blocs de granite que des observations superficielles ont fait regarder comme erratiques ; l'examen attentif que nous avons fait de leur nature nous a prouvé, avec la dernière évidence, qu'ils provenaient tous de la protubérance de granite porphyroïde dont nous avons signalé l'existence à la base du groupe des montagnes qui forment le cap de Bonne-Espérance.

Si ces blocs ne sont pas précisément en place, c'est uniquement aux éboulements naturels du sol qu'il convient de l'attribuer : il faut donc renoncer à voir là, comme on l'a prétendu, l'effet d'un phénomène analogue au diluvium.

Après avoir décrit la nature et la situation du sol des environs de la ville du Cap, il nous reste à discuter l'âge et le mode de formation des terrains qui le constituent ; nous nous aiderons dans ce travail de nos propres observations comme des renseignements positifs que nous avons pu nous procurer dans le pays.

Si nous n'avions, pour décider à quelle formation appartiennent les masses stratifiées dont est formé le groupe des montagnes du cap de Bonne-Espérance, que leur composition minéralogique, nous serions sans doute embarrassés pour déterminer leur position dans la série des terrains de transition dont ils font incontestablement partie ; mais les fossiles que nous possédons et qui ont été recueillis par M. Wentzel, géomètre du cadastre, au sommet de la montagne de Cédarberg, à la hauteur d'environ 1,200 mètres au-dessus du niveau de la mer, dans un psamite argilo-schisteux superposé au même grès quartzeux qui forme le plateau de la montagne de la Table, nous permettent de rapporter ce dernier à la partie supérieure de la formation cambrienne. Nous avons reconnu, en effet, parmi ces nombreux fossiles, le *Calymène Blummenbachii* et l'*homalonotus herschelii* et *homalonotus Kni-*

ghtii [1], qui caractérisent dans l'hémisphère boréal l'étage inférieur silurien. Ce ne sont pas là, d'ailleurs, les seuls fossiles que renferment ces schistes; on y remarque des producta et des bivalves se rapprochant, pour la forme, du genre *Donax*.

L'identité des terrains de transition de l'extrémité méridionale de l'Afrique et du nord de l'Europe et de l'Amérique, soit sous le rapport de la composition minéralogique, soit sous celui de la paléontologie, doit donc être considérée comme un fait acquis à la science et qui vient donner une nouvelle sanction à l'opinion depuis longtemps émise sur l'étendue et la généralité des phénomènes géologiques aux premiers âges de la terre. Les travaux de MM. Murchison, de Verneuil, de Castelnau, d'Orbigny, etc., ont fait connaître l'existence en Angleterre, en Russie, aux Etats-Unis et dans la Bolivie, des terrains de transition depuis le 60e degré de latitude nord, jusqu'au 20e de latitude sud. La même formation se prolonge, ainsi que nous venons de le constater, sur le continent africain jusqu'au 34e degré de latitude sud; ainsi ils occupent sur la sphère terrestre une étendue de 94 degrés en latitude, et de plus de 600 myriamètres en longitude. De nouvelles recherches, en reculant sans doute encore les limites que nous assignons provisoirement à cette formation, démontreront l'universalité des conditions d'existence

---

[1] L'examen que M. de Koninck a fait de ces fossiles a confirmé mes déterminations; ce savant paléontologiste a bien voulu également déterminer deux espèces de brachiopodes que j'ai rapportés de la Chine et qui caractérisent le système dévonien.

des êtres organisés qui furent les premiers habitants de notre globe.

Le granite porphyroïde, qui a modifié et soulevé dans une vaste étendue le terrain de transition de l'Afrique méridionale, est analogue aux mêmes variétés de granite déjà observées dans les Pyrénées-Orientales et à la côte de Laber, près Brest, où il a aussi métamorphosé des schistes et des psamites de transition. Il contient çà et là des cristaux d'amphibole noire, et à Kannes-Berg, les Hottentots y exploitent une veine considérable de stéatite (pierre olaire) identique à celle de Molitch, près Prades (Pyrénées-Orientales), et qu'ils façonnent en forme de pipes et de vases.

La direction générale imprimée au soulèvement de l'extrémité sud-ouest de l'Afrique est, comme nous l'avons déjà dit, ouest 42 degrés nord ; c'est celle, du moins, qu'indique la boussole d'après l'orientation des couches, bien que la chaîne qui se termine au cap de Bonne-Espérance semble se diriger à peu près du nord au sud. Les faits nous manquent pour fonder sur cette donnée un rapprochement d'époque avec les soulèvements observés en Europe.

Aucun des nombreux membres de la série des terrains de sédiment compris entre la formation de la transition et les alluvions anciennes n'existe aux environs de la montagne de la Table, pour aider dans ce genre de recherches auquel les travaux de M. Élie de Beaumont ont donné tant de valeur. Le sol de la plaine située aux environs de la ville du Cap, et que nous avons décrite plus haut, ne peut, en effet, être rapporté qu'aux

terrains d'alluvion postérieurs au diluvium ; l'existence
du lignite à l'état de bois carbonisé dans les sables argileux de la vallée de Tiger-Berg, les hélices ensevelies
dans le tuf calcaire et les couches de cailloux plus ou
moins arrondis que la limonite a reliés, ne laissent à nos
yeux aucun doute sur l'origine comme sur l'âge de ce
dépôt. A défaut de coquilles d'eau douce pour démontrer directement qu'il s'agit ici d'un dépôt lacustre,
nous dirons que la nature et la forme des cailloux reliés
par la limonite indiquent, d'une part, qu'ils ont été empruntés aux pentes voisines, et, d'un autre côté, qu'ils
ont été réunis dans les eaux peu agitées d'un lac. L'existence, au milieu du tuf calcaire qui forme dans la plaine
plusieurs éminences, de deux espèces d'hélices dont
les analogues existent encore actuellement, prouve, non
moins que les couches de bois carbonisé dont nous
avons déjà parlé, qu'il s'agit d'un dépôt littoral récent,
et l'absence de tout vestige d'être marin et de toute action de la mer vient confirmer l'opinion que ce dépôt
s'est formé dans un lac d'eau douce où sourdaient des
sources chargées de carbonate de chaux.

Ainsi, à une époque rapprochée de celle où nous vivons,
et probablement contemporaine de l'homme, un lac bai-
gnait le pied de la montagne de la Table. Le phénomène
qui y a mis fin n'a dépassé nullement la puissance des
causes actuellement agissantes ; un léger changement
dans le niveau du continent africain, et les courants
que le déplacement momentané des eaux a dû produire,
ont suffi pour déterminer son desséchement et la forme
actuelle de son fond.

Au surplus, ce phénomène, que nous circonscrivons ici dans la plaine avoisinant la montagne de la Table, est, à ce qu'il paraît, infiniment plus général qu'on ne le supposerait au premier abord, et d'après les observations que nous avons eu occasion de faire précédemment dans la partie du Sahara qui longe le fleuve du Sénégal, ainsi que dans la portion de la Sénégambie qui comprend le Wallo, le Cayor, le Fouta et la presqu'île du cap Vert, nous sommes fondés à admettre que ces immenses plaines intérieures, que traversent le Sénégal et la Gambie, sont aussi des fonds de lacs peu profonds dans lesquels étaient entraînés les sables et les cailloux que la limonite reliait ensuite sur place. Les lacs de Panié-Foul et de Cayor, qui subsistent encore, peuvent nous donner une idée de ce qu'était alors la surface inondée de ces contrées, tandis que les parties avoisinant la mer et envahies par ses eaux nourrissaient des huîtres et une foule d'autres coquilles actuellement vivantes sur la côte ou à l'embouchure du fleuve, et dont on retrouve des bancs épais à Diondoun, à Lampsar, etc., villages nègres situés aujourd'hui à plusieurs lieues dans l'intérieur des terres. Un léger exhaussement du sol a suffi, là comme à l'extrémité du continent africain, pour faire sortir ces plaines du sein des eaux. L'identité des formations, mise à découvert, assigne une date commune à ces phénomènes, dont l'action se serait ainsi exercée, de nos jours, sur une étendue de plus de 480 myriamètres de côte.

Nous eussions vivement désiré d'étendre nos propres observations aux chaînes des montagnes qui se dirigent au nord et à l'est dans le pays des Hottentots et des

Cafres ; mais le temps nous a manqué pour le faire, et nous avons dû nous borner à compléter l'étude de ce pays par l'examen des collections existant au Cap, ainsi que dans les relations pleines d'intérêt que nous ont offertes M. le colonel Mitchell, ingénieur en chef de la colonie, et M. Hertzog, chef du cadastre. Nous exposerons ce que nous avons eu occasion d'apprendre ainsi, dans l'espoir d'attirer l'attention des géologues sur ce point, et de provoquer leurs explorations à travers un pays aussi intéressant qu'il est facile à parcourir sous tous les rapports.

A l'exception d'une chaîne de montagnes commençant à Table-Bay et longeant la côte occidentale dans la direction du nord-nord-ouest, l'Afrique méridionale est généralement composée de plusieurs chaînes parallèles de hautes montagnes s'étendant de l'est à l'ouest, et que séparent des vallées et des plaines hautes d'une grande étendue.

La première chaîne est séparée de la mer par une bande de terres ondulées dont la largeur varie entre 15 et 50 kilomètres. Elle est échancrée par plusieurs baies et traversée par de nombreux ruisseaux. Le sol en est fertile et couvert de bois.

Vient ensuite, en s'avançant vers l'intérieur, la chaîne de Swaart-Berg ou des montagnes Noires. Plus haute et plus escarpée que la première, elle est formée sur plusieurs points d'une double ou triple ligne de rameaux ; un espace de 16 à 18 kilomètres de terrain accidenté, stérile et sec, connu dans le pays sous le nom de *Karroo*, sépare la première chaîne de la deuxième.

La troisième chaîne est appelée Nieuweldt-Bergen. La plus haute de ces cîmes, connue sous le nom de Konsberg, a 1,547 mètres d'élévation au-dessus du niveau de la mer. Entre la troisième et la deuxième chaîne se trouve le grand Karroo ou désert. C'est un plateau élevé d'environ 350 mètres au-dessus du niveau de la mer, mesurant de l'ouest à l'est 450 kilomètres, et du nord au sud 125 kilomètres, dont la surface argileuse est recouverte çà et là de sable clair-semé, et sur laquelle s'élèvent, de distance en distance, de petits arbres rabougris.

A l'ouest et le long de la côte, le sol s'élève aussi en gradins jusqu'à la chaîne du Roggeweldt qui se confond avec la chaîne du Nieuweldt. On peut même considérer la chaîne du Roggeweldt-Bergen comme commençant vers le 30° degré de latitude. Après avoir couru dans l'espace de 2° 30' au sud-sud-est, elle se coude vers l'est, puis, avant de se diriger au nord-est vers la baie Delagoa, elle forme comme un renflement qui donne naissance à la montagne de Spitz-Kop, haute de 2,100 mètres.

La formation de grès quartzeux de la montagne de la Table couronne la plupart des montagnes de la Cafrerie, et forme comme des plateaux escarpés, d'un côté, et inclinés en pente plus au moins prononcée, de l'autre : les couches de schiste et de psamites s'y montrent dans le même ordre de superposition qu'à la Table. Le terrain silurien occupe les points les plus élevés.

A Caledon-Kloof, gorge située à 240 kilomètres à l'est de la ville du Cap, le soulèvement a produit, au milieu des terrains de transition, une voûte arquée comme on en observe dans le Jura.

Il existe dans ces montagnes plusieurs gîtes métallifères qui offrent certainement autant d'intérêt au point de vue industriel que sous le rapport scientifique. Nous citerons en première ligne les mines de cuivre carbonaté et sulfuré de Coper-Berg, montagne située à 480 kilomètres au nord de la ville du Cap, et en dehors des limites de la colonie anglaise. Cette montagne est traversée, dans tous les sens, de filons qui se prolongent fort loin, puisqu'on en retrouve des traces à 80 kilomètres de là, sur les deux rives de la rivière d'Orange.

Près de la baie de Camtoos, distante d'environ 30 kilomètres de la baie Delagoa, on trouve, sur la pente escarpée d'un ravin profond, un filon de plomb sulfuré de 1 décimètre d'épaisseur, traversant un grès quartzeux appartenant au terrain de transition : l'essai de ce minerai a donné pour résultat 50 pour 100 de plomb et un demi pour 100 d'argent.

Entre Algoa-Bay et Graham's-Town, à 18 kilomètres de la mer, près de la rivière de Boschjesman, il existe un escarpement formé d'un conglomérat de galets et de sable d'environ 150 mètres. Vers les deux tiers de cette hauteur, on trouve une grotte qui peut avoir 5 mètres de largeur sur 3 mètres de hauteur, dont le sol est recouvert d'une épaisse couche d'alun de plume, dont les filets soyeux et déliés ont plus de 15 centimètres de longueur, et qui s'implantent sur une couche de 3 centimètres de magnésie sulfatée. Ce terrain paraît appartenir à la formation tertiaire; il renferme, à sa partie supérieure, une grande quantité d'huîtres analogues à *Ostrea virginica* de la molasse du bassin du Rhône.

Enfin, il existe à Calédon, à Bocfeldt et à Beaufort, des gîtes de manganèse oxidé, de grenat, de topaze et de prénhite.

Le pays possède plusieurs sources d'eaux minérales fort précieuses. On en compte une à Graff-Reinet : l'eau en est froide, mais elle est fort riche en soufre. A 8 kilomètres à peu près de Cradock, dans le Sommerset, il existe une source minérale sulfureuse dont la température est de 30 degrés centigrades. On l'administre avec succès en bains.

Le village de Calédon compte deux sources thermales, dont la température est de 33 degrés ; elles tiennent en dissolution une grande quantité de chlorure de sodium. On les emploie en médecine dans les rhumatismes chroniques et dans les maladies de la peau. Le même district possède encore deux autres sources thermales, celle de Coyman's-Kloof, à une température de 45 degrés; elle contient du chlorure de sodium. L'autre est située à Roodeberg ; sa température est de 34 degrés; elle tient en dissolution un peu de carbonate de chaux.

Il existe en outre, dans le pays, un grand nombre de sources et de lacs salés. Plusieurs sont situés à 320 kilomètres dans l'intérieur, et à 1500 et 2000 mètres au-dessus du niveau de la mer. Le sel s'y prend spontanément en croûtes qui ont de 15 à 18 centimètres d'épaisseur, et qu'on exploite pour servir à la consommation du pays.

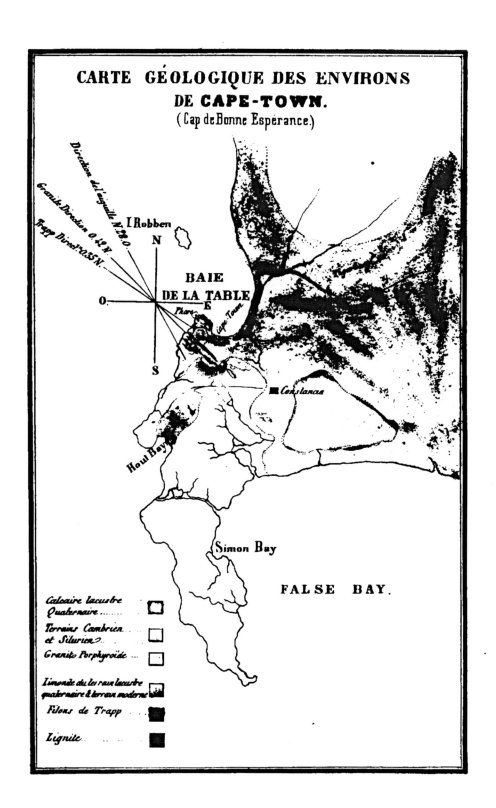

CARTE GÉOLOGIQUE DES ENVIRONS
DE **CAPE-TOWN.**
(Cap de Bonne Espérance.)

NOTE

sur

LE COMMERCE DES PHILIPPINES.

Commerce intérieur.

Le commerce intérieur ne peut se faire qu'avec de grandes difficultés.

Les communications par terre, pendant les cinq ou six mois de la saison pluvieuse, sont souvent impossibles. L'immense quantité d'eau qui tombe sur le sol et qui descend des montagnes, forme de vastes lacs dans les champs, et laisse dans les chemins une boue si épaisse qu'on ne peut aller même à cheval, et qu'on est obligé de se servir du buffle qui, par sa taille et ses habitudes, convient mieux pour ce genre de voyage. La route est coupée par une foule de rivières et de cours d'eau, par où les eaux se rendent à la mer. Les ponts de pierre sont fort rares, et ceux de bois ne pouvant résister à l'impétuosité des courants, on les démonte, dès les premières pluies, et on en conserve les matériaux pour les rétablir l'année suivante, au retour de la saison sèche. A défaut de ponts, on est obligé de traverser les rivières sur des bacs en bambous; mais comme ces bacs sont à la charge du village (pueblo) voisin, ils sont généralement fort mal entretenus (excepté dans les provinces de Bulacan et Tundo), et il est rare qu'on y passe sans se mouiller. Pour aller de l'extrémité de Luçon à Manille, il faut passer au moins cent bacs.

Les communications par mer ne sont pas plus faciles. Au commencement des moussons, il y a des coups de vents épouvantables, et lorsque la mousson est établie, elle est très dure à remonter : aussi se passe-t-il quelquefois des mois entiers sans communications d'une île à une autre.

Enfin, comme les gouverneurs des provinces se livrent tous au commerce et surtout à celui de l'intérieur, ils arrêtent naturellement par tous les obstacles possibles ceux qui viendraient leur faire concurrence, et ils s'attachent à monopoliser entre leurs mains les achats et les ventes ; mais, ne pouvant, d'un autre côté, s'absenter du chef-lieu de la province et obligés, dès lors, de se servir d'agents, dont l'intelligence et la probité inspirent peu de confiance, ils se voient dans la nécessité de circonscrire leurs opérations dans un certain cercle, lors même qu'ils posséderaient assez de capitaux pour accaparer toutes les affaires du marché.

Malgré tant de difficultés , comme il n'y a point de port mieux situé que celui de Manille, les denrées et marchandises, tant pour l'exportation que pour la consommation de ses 150,000 habitants, y affluent constamment de tous les points des Philippines. La capitale expédie également pour chacun de ces points les produits qu'elle a reçus de l'étranger. Il y a , en outre , quelques échanges entre les provinces. Une province envoie souvent du riz dans une autre où la récolte a manqué.

La province de Pangasinan fournit le sel, le sucre , l'huile et le poisson sec aux provinces d'Ilocos, de Cagayan , à la Nouvelle-Ecija et à la Haute-Pampenga. Celle-ci exporte beaucoup de viande de gibier sèche , appelée Etapa. Le coton des Ilocos est porté dans presque toutes les provinces. Les buffles de la Lagune viennent en grande partie de la Nouvelle-Ecija. L'indigo de Bulacan et de la Lagune se vend dans l'Iloilo , les Camarines et autres points. Les *Piñas* et *Sinamayes* de ces dernières sont partout recherchés comme objets de luxe. Les cotonnines pour voiles de navires, fabriquées dans les Ilocos du nord , et les cordages en abaca de l'Albay , sont également des articles de consommation dans tous les ports.

Il y a encore quelques points qui fournissent à d'autres des bois de construction et des bambous. Les bois se coupent sur les montagnes : lorsque l'arbre a été abattu et dépouillé de ses branches, on le fait traîner par un buffle à la rivière la plus voisine, où on le laisse jusqu'à la saison des pluies. Alors on place les madriers unis ensemble sur un train de bambous, et deux ou trois hommes suffisent pour les faire arriver à leur destination. Les bambous se transportent par nombreux paquets de vingt-cinq, attachés à la file les uns des autres, et qui occupent souvent sur une rivière l'espace d'un mille.

Yligan (dans la province de Misamis, île de Mindanao) est un point où les *Mores* viennent faire leurs échanges. Ils apportent annuellement de 8 à 10,000 *cavanes* de Palay (riz), de 20 à 30 cavanes de cacao, de 1,200 à 1,400 cavanes de café, 50 à 60 taëls d'or en poudre, une grande quantité de *petates* très fins, des couvertures, des cress, des campilans travaillés par eux et tout ce qu'ils prennent dans leurs courses à l'intérieur ou dans leur pirateries sur mer, y compris l'argent qui a peu de prix pour eux. En échangé de ces articles, ils emportent des plats, des tasses, des mouchoirs de couleur, des objets de quincaillerie, et surtout des cocos, et des *bongas* [1], que leur terre ne produit pas. Les habitants d'Yligan, dont le nombre ne passe pas 1,500, sont continuellement exposés aux attaques des *Mores*.

Le commerce intérieur des îles emploie 32 bateaux de cabotage de plus de 100 tonneaux ; 190, de 40 à 100 tx ; 116, de 15 à 40 tx ; 53, de 6 à 15 tx, et 163 de 2 à 6 tx, sans compter les barques qui parcou-

---

[1] Bonga est le fruit d'une espèce de palmier ; les habitants des Philippines mangent ce fruit préparé avec du betel et de la chaux, et avec leur salive, devenue rose, ils frottent le nombril des petits enfants pour les préserver des fortes impressions de l'air et des coliques. Le fruit ainsi préparé se nomme *buyo*.

rent les rivières et les lacs, et dont le nombre ne va pas à moins de 100,000. Il y a en outre une grande quantité de charriots et de chevaux qui transportent les marchandises.

De la province de Pangasinan sortent chaque année un certain nombre de marchands ambulants, qui soit pour leur compte, soit pour commission vont vendre dans les différentes provinces les produits de leur pays et ceux qu'ils vont acheter à Manille. Ils forment des sociétés, opérant sur des capitaux qui atteignent quelquefois 8 à 9,000 piastres, et au retour de leur tournée, qu'ils font ordinairement pendant les six premiers mois de l'année, ils remboursent aux prêteurs capitaux et intérêts et se partagent les bénéfices. On les appelle dans leur pays même Chinos (chinois) de Pangasinan, à cause de leur manière de trafiquer.

Commerce extérieur.

Peu après l'établissement des Espagnols dans les îles Philippines, commença entre Manille et l'Amérique un commerce, qui consistait principalement en produits et objet fabriqués de l'Inde et de la Chine. Ce commerce atteignit en peu de temps un haut degré de prospérité et donna les plus belles espérances. Mais Cadix et Séville virent peu à peu diminuer leurs affaires, à mesure que les marchés de la Nouvelle-Espagne se fournissaient des marchandises qu'envoyaient les Philippines. De là, grande lutte entre les spéculateurs de la colonie et ceux de la métropole, et le gouvernement fut obligé de limiter le commerce de la première. En 1765, on envoya la frégate de guerre *Buen Consejo* dans le but d'établir, s'il était possible, des relations commerciales directes entre Manille et l'Espagne. Le port de Manille était alors visité par quelques navires de la Chine et de l'Inde, très rarement par ceux d'Europe. Jusqu'en 1780, l'exportation du sucre, la seule qui eût quelque importance, ne dépassait pas 30,000 piculs. En 1785, fut établie la compagnie des Philippines, à laquelle on concéda le monopole du commerce entre la colonie et la métropole. On n'admettait alors dans le port de Manille que les bâtiments chinois ou *mores*, pour fournir le chargement du navire d'Acapulko. Mais, à la faveur de cette permission, il venait des navires français ou d'autres nations européennes, sous nom et pavillons mores. Un matelot passait pour le capitaine, et le capitaine véritable, pour un interprète. C'était le matelot qui achetait, vendait et réglait les comptes.

En 1789, le port de Manille fut ouvert aux navires étrangers.

En 1809, on permit à une maison anglaise de s'établir à Manille. En 1814, lors de la paix générale, cette permission s'est étendue à tous les étrangers, et a été maintenue depuis, avec plus ou moins de restrictions.

Le dernier galion qui fit le voyage d'Acapulko s'appelait *Rey Fernando*. Il partit en 1811 et revint en 1815. Lorsque les ports d'Amérique échappèrent à la domination espagnole, les communications entre les deux pays furent interrompues et elles ne se rétablissent aujourd'hui que lentement.

Les commerçants et même tous les habitants de Manille ont cru longtemps que l'interruption des voyages du navire d'Acapulko amènerait infailliblement la ruine de la colonie. La suite a montré leur erreur. Voici un état des marchandises entrées et sorties en 1810, que nous comparerons ensuite avec le commerce actuel :

ENTRÉES.

	Piastres fortes.
Marchandises du Bengale	650,000
— de la côte de Coromandel	500,000
— et argent d'Europe, États-Unis, Maurice, Yolo, etc..	475,000
— de Canton, Macao, Lanquin et Amoy	1,150,000
Argent et or frappés de la Nouvelle-Espagne. . . .	2,100,000
Grains, cuivre, cacao et autres —	125,000
Argent et or frappés du Pérou.	550,000
Cuivre, cacao, eau-de-vie, etc. , du Pérou. . . .	80,000
	5,330,000
Consommation de toutes espèces de marchandises étrangères dans le pays	900,000
TOTAL. . . .	6,230,000

SORTIES.

	Piastres fortes.
Pour le Bengale et Madras en argent frappé. . . .	1,100,000
— — en cuivre et autres marchandises.	90,000
Pour la Chine, en argent frappé.	1,550,000
— en nids d'oiseaux, nacre, écaille de tortue, cuirs, cornes, poisson salé, coton, riz, sucre, ébène, etc., etc.	175,000
Pour l'Europe et les États-Unis, en indigo, sucre, piments, etc.	250,000
Pour Acapulko en produits de l'Inde et de la Chine	1,100,000
Pour Lima, en produits de l'Inde, de la Chine et du pays.	530,000
TOTAL. . . .	4,795,000

De ces deux états, il résulte : que le commerce des Philippines, à cette époque, se réduisait, pour la majeure partie, à recevoir les trésors de la Nouvelle-Espagne pour remettre en échange les produits de la Chine et de l'Inde ; que l'importation des marchandises étrangères, qui se consommaient aux Philippines, était de 900,000 piastres fortes, et l'exportation des produits du pays, tels que sucre, indigo, cuirs, etc., n'atteignait pas 500,000 piastres fortes. Manille, par conséquent, n'était alors qu'une échelle ou port d'échange, et tous les gains se répartissaient entre les commerçants qui avaient le monopole du galion d'Acapulko, tandis que l'exploitation du sol tirait de cette espèce de trafic fort peu d'avantages.

On jugera, d'après les tableaux ci-après, de ce qu'est devenu le commerce de Manille depuis 1810.

NOMBRE DE NAVIRES ENTRÉS A MANILLE,

AVEC INDICATION DE PAVILLON, PROVENANCE, TONNAGE ET VALEUR DE L'IMPORTATION,

En 1843.

NATIONS.	PROVENANCE — Espagne.	Ports étrangers d'Europe	AMÉRIQUE du Nord	AMÉRIQUE du Sud	Batavia et ses dépendances.	Singapore.	Soulou.	Iles Moluques.	Mer du Sud	Java.	Nouvelle-Zélande.	Chine.	Nouvelle-Hollande.	TOTAL des Navires	TONNEAUX.	VALEUR de L'IMPORTATION.
Espagnols	4	»	»	»	»	9	1	1	»	»	»	23	»	39	40,254	
Anglo-Américains	»	»	8	1	2	»	»	»	3	»	1	7	1	23		
Ligne Anséatique	»	»	»	»	»	2	»	»	»	»	»	»	»	3		
Belges	»	»	»	»	»	1	»	»	»	»	»	»	»	1		
Chinois	»	»	»	»	»	»	»	»	»	»	»	9	»	9		P.tres 2,864,125 3 46
Français	»	1	»	»	2	2	»	»	»	2	»	4	»	7	48,299	
Hollandais	»	1	»	»	»	1	»	»	»	»	»	»	»	6		(La piastre forte vaut 5 fr. 50 c.)
Anglais	»	2	»	»	3	1	»	»	»	»	8	65	43	92		
Portugais	»	»	»	»	»	»	»	»	»	»	»	»	»	1		
Prussiens	»	»	»	1	»	»	»	»	»	»	»	»	»	1		
Suédois	»	»	»	»	»	»	»	»	»	»	»	4	»	1		
Totaux	4	4	8	2	7	16	1	1	3	2	9	112	44	183	58,550	

NOMBRE DE NAVIRES ENTRÉS A MANILLE (SUITE.)
En 1844.

NATIONS.	Espagne.	Ports étrangers d'Europe	Amérique du Nord	Amérique du Sud	Batavia et ses dépendances.	Singapore.	Soulou.	Iles Moluques.	Mer du Sud	Inde.	Afrique.	Chine.	Nouvelle-Hollande.	TOTAL des Navires	TON-NEAUX.	VALEUR de L'IMPORTATION.
Espagnols.........	7	»	»	»	»	5	4	3	»	»	»	45	»	64	45,949	
Anglo-Américains...	»	1	10	1	2	»	»	»	2	3	1	24	1	45		
Ligne Anséatique ...	»	»	»	»	»	2	»	»	»	»	»	1	»	4		6,142,602 p.**** 72
Belges	»	»	»	»	»	1	»	»	»	»	»	1	»	2		
Chinois	»	»	»	»	»	»	»	»	»	»	»	3	»	3	62,753	
Danois	»	»	»	»	»	»	»	»	1	»	»	»	»	4		
Français	»	»	»	1	»	2	»	»	»	»	»	1	»	7		
Hollandais	»	3	»	»	3	»	»	»	2	»	»	3	»	6		
Anglais	»	»	»	»	»	5	2	3	»	»	»	70	10	95		
Malais	»	3	»	»	»	1	»	»	»	»	»	6	»	4		
Portugais........	»	»	»	»	»	»	»	»	»	»	»	6	»	6		
Suédois	»	»	»	»	»	»	»	»	1	»	»	»	»	4		
Totaux......	7	7	11	2	5	16	6	6	6	3	1	154	11	235	78,672	

NOMBRE DE NAVIRES SORTIS DE MANILLE.

AVEC INDICATION DE PAVILLON, DESTINATION, TONNAGE ET VALEUR DE L'EXPORTATION.

En 1843.

NATIONS.	Espagne.	Ports étrangers d'Europe	Amérique du Nord	Amérique du Sud	Batavia et ses dépendances.	Singapore.	Soulou.	Moluques.	Mer du Sud	Inde	Chine.	Nouvelle-Hollande.	TOTAL des Navires	TONNEAUX.	VALEUR de L'EXPORTATION
Espagnols	4	»	»	1	4	8	4	3	»	»	20	»	44	12,003	
Anglo-Américains	»	»	17	»	»	»	»	»	»	»	7	»	24		
Ligne Anséatique	»	1	»	»	»	»	»	»	»	»	1	»	2		
Belges	»	1	»	»	»	»	»	»	»	»	»	»	1		
Chinois	»	»	»	»	»	»	»	»	»	»	7	»	7		
Français	»	3	»	»	»	»	»	»	»	»	4	»	7	47,249	3,397,263 p^tres à 30
Hollandais	»	»	»	»	5	»	»	»	»	»	»	»	5		
Anglais	»	25	»	»	»	14	»	»	2	6	21	22	95		
Prussiens	»	»	»	»	»	»	»	»	»	»	1	»	1		
Suédois	»	1	»	»	»	»	»	»	»	»	»	»	1		
TOTAUX	4	31	17	1	10	22	4	3	2	6	62	22	185	59,222	

NOMBRE DE NAVIRES SORTIS DE MANILLE (SUITE.)
En 1844.

NATIONS	DESTINATION — Espagne	Ports étrangers d'Europe	Amérique du Nord	Batavia et ses dépendances	Singapore	Soulou	Moluques	Mer du Sud	Inde	Chine	Nouvelle-Hollande	TOTAL des Navires	TONNEAUX	VALEUR de L'EXPORTATION
Espagnols	7				5	3	2	2		36		55	42,857	
Anglo-Américains			47							30		47		
Ligne Anséatique		3								4		4		
Belges		4		4								2		
Chinois										5		5		
Danois		2										4		
Français				8	9	1				6		8	63,243	3,580,654 p^{res} 6 36
Hollandais		23										8		
Anglais				4				9	5	37	43	97		
Malais				4						6		7		
Portugais										6		1		
Suédois										4		1		
TOTAUX	7	30	47	10	15	4	2	11	5	122	43	236	76,100	

	Bijoute-rie.		Horloge-rie.
	Ptres.		Ptres.
AFR	»	»	»
AMÉ	»	0	762
	»	»	216
ASI	»	0	84
»	1674	13	440
»	»	»	»
»	»	»	»
»	»	5	231
»	»	»	325
»	»	»	»
»	»	2	798
EUR	7432	5	252
»	»	»	»
»	»	2	1047
»	»	»	»
	9106	17	4155

A DES

	ivre.		Plomb.		P.
	Ptres.		Ptres.		
AMÉ	»	»	»	»	
ASIE	»	»	682	50	
»	72	»	4875	»	
»	»	»	»	»	
»	»	»	»	»	
»	»	»	»	»	
»	»	»	»	»	
»	»	»	»	»	
»	502	50	2676	»	
EUR	»	»	»	»	
»	»	»	»	»	
»	30	75	6	25	
»	322	25	»	»	
	327	50	8239	75	

DESTINATION.		Ptres.
Amérique du Nord États-Unis		
ASIE.	Batavia.............	»
»	Chine.............	»
»	Iles Moluques........	»
»	Soulou.............	570
»	Inde.............	242
»	Nouvelle- Hollande...	»
»	Mer du Sud.........	»
»	Singapore	»
EUROPE.	Villes Anséatiques....	»
»	Espagne.............	»
»	France.............	»
»	Angleterre...........	»
»	Autres pays	»
TOTAL.................		782

DESTINATION.		c.
Amérique du Nord Etats-Unis		
ASIE.	Batavia.............	50
»	Chine.............	50
»	Iles Moluques........	75
»	Soulou.............	»
»	Inde.............	»
»	Mer du Sud.........	»
»	Nouvelle-Hollande...	50
»	Singapore	»
EUROPE.	Espagne.............	»
»	France.............	»
»	Angleterre..........	75
»	Autres pays	»
TOTAL		»

	Soierie.	Cha-peaux.	Sibucao.	Tabac.	Porte-Cigares.	Toile de piña et Sinamaye.	VALEURS TOTALES.
	Ptres.	Ptres.	Ptres.	Ptres.	Ptres.	Ptres.	Ptres.
»	» »	» »	8734 »	1825 37	» »	6244 25	609,271 49
»	» »	388 75	8099 »	39144 75	» »	» »	64,385 62
»	562 12	6698 87	19413 1/2	25361 88	146 1/2	4848 37	993,220 85
»	540 87	47 25	» »	2094 »	» »	» »	34,554 87
2	297 25	» »	» »	17 »	» »	» »	22,372 23
»	» »	» »	3744 »	45089 62	75 »	» »	178,996 12
»	» »	390 »	» »	13540 50	» »	100 »	439,508 99
»	36 »	» »	» »	1527 88	» »	» »	24,129 38
»	» »	1533 »	7263 »	29925 37	» »	324 »	62,498 76
»	» »	» »	1630 »	22343 87	» »	36 »	64,148 74
»	5520 50	126 75	4130 »	284636 37	927 3/4	10554 37	425,997 99
»	» »	879 »	1521 »	3102 50	100 »	» »	69,420 13
»	2700 »	315 »	18462 »	22080 25	40 »	747 50	504,024 99
»	» »	» »	2143 »	394 »	» »	» »	55,864 75
2	9656 74	10378 62	72136 1/2	461074 36	4289 1/4	22791 49	3,242,391 91

Thé.	Tissus de coton.	Tissus de laine	Tissus de soie.	VALEURS TOTALES.
Ptres.	Ptres.	Ptres.	Ptres.	Ptres.
365 »	» »	» »	» »	8,346 12
1714 25	20 75	» »	12 57	7,353 50
» »	11732 70	3356 75	» »	96,323 43
» »	5236 »	475 25	» »	8,648 03
» »	22424 75	» »	» »	29,750 47
» »	3488 »	» »	» »	4,417 65
» »	2732 50	» »	» »	9,695 90
530 »	» »	» »	» »	990 »
» »	11253 62	4953 62	» »	25,604 23
731 75	6250 »	» »	71072 25	124,052 12
5175 »	» »	» »	» »	15,981 12
» »	» »	» »	» »	6,994 »
» »	» »	» »	» »	106 25
8513 »	63138 32	5785 62	71084 82	338,262 82

RÉSULTATS GÉNÉRAUX

DU COMMERCE DES PHILIPPINES EN 1844.

	COMMERCE NATIONAL		COMMERCE ÉTRANGER		OPÉRATIONS D'ENTREPOT			TOTAL DE L'IMPORTATION ET DE L'EXPORTATION.
	Par Navires Espagnols.	Par Navires Étrangers.	Par Navires Espagnols.	Par Navires Étrangers.	Par Navires Espagnols.	Par Navires Étrangers.	Pour la Consommation.	
IMPORTATION.	Piast.. Réaux 149,260 4 13	Piast.. Réaux »	Piast.. Réaux 4,802,510 6 84	Piast.. Réaux 1,357,540 6 77	Réaux 447,202 6	P.... Réaux 386,087 4 28	P.... Réaux 255,368 4 80	
EXPORTATION	688,372 4 60	2,223,938 1 39	243,801 5 64	416,279 4 17	480,465 2 48	457,797 4 08	»	P.... Réaux. 7,725,256 7 15

EXPORTATION

DES PRINCIPAUX PRODUITS DES PHILIPPINES.

	En 1843.	En 1844.
Abaca.................	6,912,900 kilogr.	7,326,132 kilogr.
Huile de coco	218.640 »	284,064 »
Coton................	337,260 »	134,112 »
Indigo.	» »	645,224 »
Anil	597,504 »	» »
Riz	4,768,380 »	29,486,580 »
Sucre................	23,311,068 »	21,975,816 »
Café................	707,844 »	973,104 »
Cuirs de vache	707,388 »	741,840 »
Cire	4,416 »	» »
Bois de construction ...	12,426 pièces.	8,953 pièces.
Médrinaque	5,500 pièces.	35,307 »
Miel	262,752 kilogr.	72,864 kilogr.
Mongos	295,260 »	99,504 »
Or en lingots,........	9,813 Taëls.	8,266 taëls.
Petates..............	4,225	» »
Nattes	»	4,378 »
Rhum................	4,181 gallons	» »
Sibucao..............	3,553,896 kilogr.	5,006,472 kilogr.
Chapeaux	20,072 pièces.	21,795 pièces.
TABACS en feuilles. Cagayan	4,033,152 »	249,024 »
Gapan........	151,872 »	141,312 »
Ygorotes	19,872 »	» »
Bisayas.	307,104 »	1,240,080 »
fabriq. pour l'Espagne.	9,732 »	276 »
pour l'étranger.	126,060 »	93,936 »
Porte-cigares.........	»	14,584 »

ÉTAT DES DROITS PERÇUS PAR LA DOUANE DE MANILLE PENDANT L'ANNÉE 1844.

IMPORTATION.

NOMBRE de TONNEAUX.	DERECHOS REALES. DROITS ROYAUX.			PARTICIPES. (8)			DEPOSITO (7)	TOTAL.
	Almoxa-rifasgo. (1)	Toneladas. (2)	Balanza. (3)	Averia. (4)	Subvencion (5)	Reemplazo (6)		
	Ptres Réaux	Ptres Réaux	Ptres Réaux	Ptres Réaux	Ptres Réaux	Ptres Réaux	Ptres Réaux	Piastres Réaux
78,672	162,090 4 38	15,408 1 67	1,554 2 18	29,291 0 34	37,720 2 71	24,295 1 92	9,237 5 37	279,596 7 77

EXPORTATION.

DERECHOS REALES. DROITS ROYAUX. Almoxarifasgo.	PARTICIPES.		DEPOSITO	TOTAL.
	Subvencion.	Reemplazo.		
Piastres. Réaux.	Piastres. Réaux.	Piastres. Réaux.	Ptres Réaux.	Piastres Réaux
870 3 80	34,745 4 11	23,697 3 86	5,257 7 15	64,571 2 92

TOTAL.. 344,168 2 69

Total des *Droits royaux* sur l'importation et l'exportation................ 179.923 1 03

Salaires des employés et autres frais de perception................ 11.337 2 50

Produit net pour le Trésor royal.......... 168,585 6 53

(1) Droits d'entrée, ancien mot arabe.— (2) Droit de tonnage du navire.— (3) Balance, droit attribué aux frais de régie des bureaux et à l'administration de la métropole.— (4) Recette pour les travaux à faire dans les ports et les rivières (anciens droits de navigation.)—
(5) Taxe pour les frais de la guerre d'Amérique.— (6) Taxe pour les frais de remplacement des troupes. — (7) Droit de magasinage de 1 p. 0/0 à l'entrée et 1 p. 0/0 à la sortie, avec faculté de laisser, deux ans, les marchandises en entrepôt, et pour la troisième année de payer 1 p. 0/0 en sus; cette taxe n'appartient pas au trésor mais au corps commercial de Manille, qui en administre l'emploi.—
(8) Accroissement de droit de tant pour cent de l'almoxarifasgo (droits accessoires).
Toutes ces divisions se résument en un droit unique de 14 p. 0/0 de la valeur.

BALANCE GÉNÉRALE DES VALEURS

EN 1844.

IMPORTATION.

	Piastres.	Réaux.		
Commerce national. . . .	147,260	4,13		
Commerce étranger. . . .	3,160,054	5,38	4,142,602 p.	0,79 r.
Entrepôt à l'entrée.	833,289	7,28		

EXPORTATION.

	Piastres.	Réaux.		
Commerce national	2,912,340	5,99		
Commerce étranger	330,684	1,81	3,580,654 p.	6,36 r.
Entrepôt à la sortie	338,262	6,56		

Différence en faveur de l'importation . . . . 561,947 p.   4,43 r.

Il résulte des états qui précèdent :

1° Que le mouvement du commerce des Philippines en 1844, s'est élevé à 7,723,256 piastres 7,15 réaux.

2° Que la différence en faveur de l'importation, est de 561,947 piastres 2,43 réaux ;

3° Que les droits perçus par la douane en 1844, se sont élevés à 344,168 piastres 2,69 réaux, les droits royaux étant compris dans ce chiffre pour 179,923 piastres 1,03 réaux ;

4° Qu'il est entré, en 1844, 1,090,230 piastres d'argent et d'or monnayé, en lingot (*pasta*) et en poudre, et qu'il en est sorti pour 238,403 piastres ;

5° Qu'en ramenant à 100 le commerce général des Philippines, on trouvera en 1844 :

Pour le commerce national sous pavillon Espagnol.				10 — 85
—	—	—	Etranger.	28 — 80
—	étranger	—	Espagnol.	34 — 23
—	—	—	Etranger.	26 — 12
				100 — »

6° Que la marine marchande Espagnole a pris 45, 08 de la totalité des frets payés pour le transport des marchandises importées ou exportées en 1844 ;

7° Que la population des Philippines étant de 3,103,445 ames d'après l'Almanach de 1842, et l'importation des marchandises introduites pour sa consommation s'élevant à 3,309,312 piastres 1,51 réaux, il résulte que chaque individu a consommé, en moyenne, pour 8,53 réaux ;

8° Que l'exportation du marché s'étant élevée à 3,242,391 piastres 7 80 reaux, ce chiffre correspond à 8,35 réaux, par individu ;

9° Que, en 1844, il est entré cinquante deux navires et sorti cinquante-un navires de plus qu'en 1843, le mouvement commercial ayant augmenté, en quantité de 1,461,868 piastres 1,31 réaux.

TARIF.

Les droits à l'importation sont :

1° Sur les produits de fabrication étrangère de 14 p. 0/0 par pavillon étranger et de 7 p. 0/0 par navire espagnol.

2° Sur les productions de l'Espagne de 8 p. 0/0 par pavillon étranger et 3 p. 0/0 par pavillon espagnol. Mais ces indications ne peuvent être d'une grande ressource attendu l'arbitraire qui règne dans la fixation des valeurs.

Les droits d'exportation sont ainsi réglés :

Sous pavillon espagnol à destination de { l'Espagne 1 p. 0|0. / l'étranger 1 1|2 p. 0|0

Sous pavillon étranger à destination de { l'Espagne 2 p. 0|0. / l'étranger 3 p. 0|0.

Le riz est exempt de droits à l'exportation sous pavillon espagnol et acquitte un droit de 4 1/2 p. 0/0 par pavillon étranger.

Les marchandises peuvent être mises en entrepôt, moyennant un droit d'1 p. 0/0 d'entrée et d'1 p. 0/0 de sortie sur la valeur, et 1 p. 0/0 additionnel, si elles restent en entrepôt plus d'un an. A la fin de la deuxième année, elles doivent être mises dans la consommation ou exportées : mais, quand cela est nécessaire, on peut facilement obtenir une prolongation de délai.

Les navires, à leur arrivée, ne peuvent communiquer avec la terre qu'après la visite du capitaine du port, et 30 heures après cette visite, il faut présenter à la douane le manifeste de la cargaison, avec indication des marques, numéros et volumes; mais le navire peut garder son chargement pendant 40 jours, en dépôt, sans le débarquer ni sans payer aucuns frais, excepté la poudre, les pistolets et les armes prohibées.

Les marchandises étrangères se vendent généralement aux termes de trois à cinq mois, et, quelquefois aussi, au comptant avec 2 1/2 p. 0/0 de décompte. Les articles d'exportation s'achètent presque toujours au comptant.

Malgré la diminution de moitié des droits dont jouissent les marchandises exportées par navires espagnols, la part des commerçants espagnols dans les opérations totales de la colonie est à peine du tiers : le commerce étranger s'est emparé des deux tiers des affaires. Les Anglais et les Américains ont à Manille de fortes maisons : les Français n'en ont que deux, MM. Vidié frères et M. La Gravère.

Cette infériorité du commerce espagnol tient à plusieurs causes : d'abord au manque de capitaux suffisants pour entreprendre de ces grandes opérations qui nécessitent des avances considérables : puis à l'absence de vues, aux habitudes vieilles et routinières des négociants espagnols qui font le commerce à peu près comme s'ils en étaient encore au galion d'Acapulko, et, en troisième lieu, à certains vices de la législation douanière, qui, comme il arrive souvent, à force de précautions contre la fraude, n'a réussi qu'à mettre des entraves au commerce de bonne foi. (Exemples : art. 184 de la loi de 1839 : aucun navire venant des Philippines ne peut toucher aux points intermédiaires, sous peine de voir son chargement dénaturalisé. — Art. 173 de la loi : l'évaluation des marchandises doit se faire à Cadix (où on ignore souvent le prix réel des marchandises, surtout de celles de Chine). Alors que le galion ne pouvait exporter de Manille que pour une valeur de 500 piastres fortes de certaines marchandises, et que la loi s'éludait au moyen d'une évaluation très basse, cette précaution eût pu être nécessaire : mais aujourd'hui elle est vexatoire, et ne peut que déranger les calculs de l'expéditeur).

Les maisons étrangères de Manille, à cause de leurs immenses capitaux qu'elles augmentent chaque jour par des opérations de banque, se contentent généralement d'un bénéfice modique, qui ne peut satisfaire une maison espagnole avec son faible capital de 20 à 40,000 piastres. Il se fait par exemple à Manille une opération de commerce très simple et fort avantageuse : un commerçant de Londres expédie un navire à Manille, avec une lettre de crédit pour sa maison ou son correspondant. Celui-ci achète des sucres, et, pour les payer, reçoit une traite du capitaine du navire sur Londres à six mois de vue, traite qu'il négocie au moyen d'un endossement donné à celui qui la prend. Le navire part chargé et arrive à Londres après une traversée de 4 à 5 mois, et la traite n'est payable qu'après 9 ou 10 mois (3 à 4 mois pour aller de Manille à Londres, et 6 mois de vue). En sorte que le spéculateur a le temps de recevoir et de vendre les sucres avant de les payer.

Plusieurs maisons d'Europe ou d'Amérique envoient leurs navires dans les mers de Chine et à Manille, sans donner d'ordre précis à leurs capitaines. Ceux-ci font alors toutes les affaires qui se présentent et peuvent rencontrer d'excellentes occasions, soit pour spéculation, soit pour fret.

Le port de Manille est ouvert aux navires de toutes les nations amies de l'Espagne. Les droits de port pour les navires étrangers sont de 2 réaux par tonneau et 15 à 21 piastres, selon ce qu'ils portent (*segun su porte*) ; ceux qui ne chargent ni ne déchargent, ne paient que la moitié du droit, ou 1 réal par tonneau.

La monnaie de Manille est la *piastre*, divisée en *réaux* et en *grains* (granos). La piastre vaut 8 réaux, et le réal 12 grains.

Les poids sont : la *livre*, qui pèse 2 p. 0/0 de plus que la livre anglaise ; l'*arrobe*, de 25 livres espagnoles, ou 25 1/2 livres anglaises ou enfin de 12 kilogrammes. — Le *quintal*, de 4 arrobes, 100 livres espagnoles ou 102 anglaises, et le *picul*, de 5 1/2 arrobes ou 137 1/2 livres espagnoles ou 140 livres anglaises.

Le *caban*, ou mesure pour les grains, contient 3,47 pieds cubiques. La *vare* est de 36 pouces : mais les marchandises de coton et quelques autres se vendent à la yard de 36 pouces anglais, laquelle est de 8 p. 0/0 plus grande que la vare.

La corge est de 20 pièces.

TABLE DES MATIÈRES

Contenues dans le premier volume.

◎

Lightning Source UK Ltd.
Milton Keynes UK
UKOW010014270613

212876UK00012B/1507/P